JN302995

DV加害者が変わる

解決志向グループ・セラピー実践マニュアル

モー・イー・リー／ジョン・シーボルド／エイドリアナ・ウーケン
玉真慎子／住谷祐子 訳

Solution-Focused Treatment of Domestic Violence Offenders:
Accountability for Change
Mo Yee Lee, John Sebold, Adriana Uken

金剛出版

Copyright © 2003 by Oxford University Press, Inc.
Solution-Focused Treatment of Domestic Violence Offenders:
Accountability for Change
was originally published in English in 2003.
This translation is published by arrangement with Oxford University Press.

序
Foreword by Insoo Kim Berg

　私は毎年多くの発表，ワークショップ，スーパービジョンやコンサルテーション・セッションを行っていて，そこでリー，シーボルド，ウーケンの業績についても語ってきたが，大多数の聴衆は強い好奇心を示しながらも疑わしく思っているようだった。その臨床家たちの疑問は，ドメスティック・バイオレンスほどの深刻な問題歴をもつ人が，しばしば最小限の介入しかしないと説明されるモデルで果たして治療できるのかということである。彼らは「これほどの重大な問題が解決志向モデルのような『対決せず，非難せず，尊重するアプローチ』でどうやって治療できるのか」「パーソナリティ障害や暴力に頼る習慣をもつこうした加害者たちは，再教育され，愛する人に及ぼす害悪を自覚させられるべきではないのか」と疑問に思う。

　解決志向モデルがクライアントとともにする作業は実は，「当人に解決の責任をとらせること」だと説明すればわかってもらいやすいかもしれない。これは，援助関係についての伝統的見解とは次の2点で異なる新しい立場である。つまり解決志向療法は，深刻な問題を抱えるクライアントをも徹底して尊重するとともに，どんな過去であれクライアント自身がそれをコントロールすると信じる解放的で楽観的な姿勢をもつ。クライアントに今までとは違った行動をさせようとし，そのことに責任をもたせようとすることによって，著者たちはクライアントに変化を求めるのだが，それは読んでいただけばわかるように柔らかな口調で伝えられる。クライアントは，裁判所命令に従うためにはグループに留まらなければならないし，そのためには目標を考え出さなければならないと言われる。このように迫られるとクライアントは変わらざるをえない。セラピストはこの変化を起こすために，何をいかにすべきか細かく指示するのではなく，到着地点を教え

るのでもなく,変化のプロセスを導く役割を果たすのである。

　数年にわたって私はジョン・シーボルドとエイドリアナ・ウーケンと度々話し合ってきたが,二人のクライアントへの尊敬,想像力への賞賛,小さな成功を愛しむ気持ちに深い感銘を受けてきた。最初の電話によるコンタクトから終結まで,著者たちは不満をもつことも多いクライアントを引き込む方法を——初回セッションから宿題完成の最終セッションまで——詳細に,段階ごとのガイドラインのなかで述べている。そのガイドラインにはクライアントと自分たちの働き方についての哲学と信念が示されている。

　彼らのこの独創的な思考能力が,非病理的姿勢に立ってこの深刻な問題を治療するための大きな可能性を示す治療モデルを生み出したのである。私は本書を一人の献身的学究と二人の革新的で想像力に満ちた専門家の先駆的業績として推薦するものである。

インスー・キム・バーグ
ウィスコンシン州ミルウォーキー
2002年1月

はじめに
Foreword

　私たちはこれまでドメスティック・バイオレンス（家庭内暴力）加害者と関わるときに，暴力問題に責任をもたせようとして心理教育的で対決的なアプローチを使ってきた。他の多数のセラピストと同様に私たちも「やる気がない」「非協力的」「難しい」とラベリングされるグループ参加者に前向きな変化を起こせないことに意気阻喪していた。ミルウォーキーのブリーフ・ファミリー・セラピー・センター（BFTC）のインスー・キム・バーグ，スティーブ・ディ・シェイザーと彼らの同僚の実践に刺激されて，私たちは「相手に問題の責任を負わせるのではなくて解決に参加させる治療アプローチ」の実験に踏み切った。私たちはグループ参加者の多くの肯定的変化に驚くことになった。

　本書は，以下のような人々を対象に書かれた。①ドメスティック・バイオレンス加害者と関わっている援助職，②解決志向療法または長所志向の心理専門家，ソーシャルワーカー，セラピスト，大学院生，③裁判所命令を受けたグループ参加者を扱う専門家たち。私たちは参加者が自分たちの生活に役立つ違った行動をするために長所を生かし，目標達成を助ける方法について，インテイク・アセスメントから終結まで実践的で段階的なガイドを提供する。

　第1章は，ドメスティック・バイオレンスの加害者への治療の現状を取り上げ「問題の責任追及」対「解決への主体的関与」との間の議論に焦点をあてる。第2章は，グループ参加者のアセスメントと最初のコンタクト（電話連絡）を中心に述べる。私たちは解決志向の観点からアセスメントについて詳細に議論する。問題歴と暴力の深刻さに焦点を置く伝統的アセスメントとは異なり，私たちは長所と例外に強調点を置き，参加者が自らアセスメントするという立場をとる。ここでは初回の電話コンタクトから始まる段階的プロセスとアセスメント面接に，

変化への主体的関与を持ち込む方法を説明する。第3章では，有効なグループ規範を形作るために不可欠な八つのグループ・ルールを取り上げる。これらは参加者にとって有益な行動を助長し，無益で散漫な会話や行動を除いて，有効なグループ規範を確立する上で不可欠である。さらにチームとして機能するための有効な課題と役に立つ考え方を検討する。

第4章，5章，6章では，治療プロセスのさまざまな段階を詳しく述べる。私たちはゴール作りによって，参加者に自分と関係のある身近な状況に気づかせる。そうすると，彼らは自分の長所と実行可能な解決法を発見する。第4章では目標設定のプロセスを中心に述べる。参加者のゴール作りを援助する上での臨床的難題を検討し，彼らが目標設定に苦しむときに援助する技法を提案する。第5章は，目標設定段階から進んで変化のプロセスにおける目標の活用について述べる。参加者が目標に向かう努力をして良い結果を得た場合，その変化を強め，拡げる技法を議論する。同時に，変化が見られない参加者を援助するための詳細な実践的提案も準備している。第6章では，最終セッションにおいて変化を強化する治療技法を中心に述べる。

私たちのグループ治療モデルは，多くの伝統的グループモデルとは異なっている。伝統的グループモデルは解決を求める個人の実践が基本でグループ・プロセスは二次的なものであるが，私たちは，グループ・プロセスは変化を起こすための主要で前向きの力を与えるものと見ている。第7章では，ドメスティック・バイオレンス加害者との関わりの段階によって，グループ・プロセス活用法が異なることを述べる。

第8章では，参加者が自分の生活を前向きに変化させるための原則と手段をともに考える。ここでは，知らない姿勢，別の選択肢を創り出すことの重要性，変化における遊び心の役割，プロセスのなかでの有効な治療的対話と疑問について述べる。第9章では，ドメスティック・バイオレンス加害者のためのグループ治療を行う際に直面する共通の困難な状況を扱う。第10章には，私たちのプログラムの結果をまとめてある。プログラム参加者および配偶者・パートナーに「参加者の人間関係行動と自己評価の変化」「この治療プログラムの経験とそれへの見解」について述べてもらった。また，参加者の再犯率を検討するために公式の逮捕記録を使用した。第11章には，プログラムについての私たちの最終的考察（このプログラムの修正可能な部分，他の参加対象への有効な適用，ドメスティック・バイオレンスへの対応方法等）が示されている。

本書はこの分野の臨床家と研究者との協力の賜物である。(著者名はアルファベット順である)。プルマス郡精神衛生センター所長ジョン・シーボルドと上級セラピストのエイドリアナ・ウーケンは，1991年からドメスティック・バイオレンス加害者のための解決志向グループを開発し，運営してきた。オハイオ州立大学准教授モー・イー・リーは研究者かつ解決志向セラピストであり，この治療プログラムの評価を担当した。

　私たちはまず，インスー・キム・バーグが，本書を書くよう励まし，たえず注意と友情を与えてくれたことに感謝する。また，プルマス郡地方検事ジェームス・レイチェル，プルマス郡判事アイラ・カウフマンとギャレット・オルニー，並びに主任保護観察官トム・フレイディの支援なしには，このようなグループを維持することはできなかっただろう。従来のドメスティック・バイオレンス治療プログラムを提供してきた外部からの反対や脅威に直面しながらも，彼らは私たちの仕事を容認してくれた。彼らの援助と参加者の紹介なしにはこの仕事は不可能だった。さらには，プルマス郡保安官事務所，地区検察局，被害者相談プログラム，および年々増え続ける再犯率のデータを提供してくれた保護観察所に対し深く感謝したい。また，ソーシャルワーク教職員賞プログラムを通してのロイス／サミュエル・シルバーマン基金とニューヨーク・コミュニティ・トラストの支援にも感謝する。

　ブリーフ・ファミリー・セラピー・センターのインスー・キム・バーグとオハイオ州立大学のトニー・トリポディ，ギルバート・G・グリーンには原稿の精査に対して，ラトガース大学のアルバート・R・ロバーツには思慮深いフィードバックと絶えざる励ましに対して，マーシャ・キーマンには，ニューヨークの新聞編集者として著作には物語と読者があることを思い出させてくれたことに対して，心からお礼を申し上げたい。最後に，この著書の出版を現実のものにしてくれたオックスフォード・ユニバーシティ・プレスに感謝している。

　エイドリアナ・ウーケンは，このプロジェクトを信頼していつも励ましてくれる娘のリンゼイ・ビュイス＝ケリーと親友のダニエル・ブレイク・イングリッシュに感謝している。

　ジョン・シーボルドは，カレン・ジャガードの変わらない愛情に感謝し，ジョシュ・ジャガード・シーボルドにはその著作を通して与えてくれた影響に感謝している。

　モー・イー・リーは，母親のショー・イーアン・チャンには生命という最大の

ギフトを与えてくれたことに対して，クウォク・クワン・タムには情熱を与えてくれたことに対して，そして二人の息子ツェ・ヘイとホク・ヘイには笑いと好奇心を教えてくれたことに感謝している。

　私たちはお互いに友情をもち，共感し，挑戦し，称賛できることのすばらしさを味わっている。

　最後に，12年間にわたり，私たちのドメスティック・バイオレンス・グループに参加してくださった方々一人ひとりからの恩義に深く感謝したい。彼らは私たちを信頼し，意欲的に働き，変化への勇気で私たちを元気にし，驚かせてくれた。彼らは私たちにとって最高の教師であった。

目次　DV加害者が変わる
解決志向グループセラピー実践マニュアル

序…3　はじめに…5

1
序論──解決についての説明責任 …13

「従来型」の治療プログラム…16／ドメスティック・バイオレンス加害者の解決志向治療─解決についての説明責任…21／解決志向グループ治療の原則と仮定…22／プルマス・プロジェクトについて…28／結論…30

2
解決志向アセスメント面接 …31

問題点と私たちの懸念…33／解決志向アセスメント…38／治療プログラムへの参加予定者の視点…40／アセスメント面接の立ち上げ─最初の電話コンタクト…41／アセスメント面接の目的と課題…43／特別な集団のアセスメント…50

3
グループ・ルール，宿題，チーム・アプローチの活用 …58

グループ・ルール…58／宿題…62／チームとしての活動…64

4
役に立つゴールを作る …71

ゴールと義務的参加者…72／ゴール作りの課題を与える…73／旅の創造─ウェルフォームド・ゴールを作る…75／漠然としたゴールをもつ参加者…80／ゴール作りの途中で参加者が「行き詰まった」とき…92

5
ゴールを活用して変化を促す …109

前向きな結果を報告する参加者…110／参加者が「何の変化もない」または「そのゴールは有効でない」と言うとき…121

6
変化を確実にする────「成功の言語」...136

ゴールを見直し, 進歩を評価し, 将来の計画をたてる...137／自分に有意義な変化の説明と「新しい」アイデンティティを確かなものにする...137／有益な努力とゴール達成とを意識的に関係づける...139／ゴール達成を「自分のもの」とする...140／コンプリメントの役割...141／変化を確実にする...142

7
グループ過程を活用する────「分かち合いの言語」...148

ゴール作成の段階...149／ゴール活用の段階...150／確立の段階...151／参加者のグループ過程の経験談─分かち合いの言語...151

8
有効な仮説と手段...156

有効な仮説...156／有効な治療的対話...165／ブラックホールへの対処法─巻き込まれないこと...174

9
特定のグループとの共働作業...176

裁判所命令により治療を受ける人...176／物質乱用問題がある人...182／怒ったり攻撃したりする人々...190／精神障害と診断された人々...200／多様な民族・人種的背景を持つ人々(マイノリティ出身の参加者)...206／読み書きができない人...211

10
治療プログラムの評価...213

治療プログラムの評価に関する課題と問題点...213／参加者はグループ治療での自分の経験をどう言ったか...228／参加者の配偶者とパートナーは治療プログラムについてどう言ったか...244／考察...247／結論...250

11
おわりに...252

プログラム修正の可能性...252／他のグループへの応用─可能性の拡大...254／ドメスティック・バイオレンスへの対応方法...255／結論...261

付録ⅰ　ドメスティック・バイオレンスの理論的視点...263
付録ⅱ　宿　題...268
付録ⅲ　グループのルール...269

文献...271　訳者あとがき...279　索引...283

DV加害者が変わる
解決志向グループセラピー
実践マニュアル

Solution-Focused Treatment of
Domestic Violence Offenders:
Accountability for Change

1
序論──解決についての説明責任
Introduction: Accountability for Solutions

　音楽の世界では，音符は各々にリズム，音，音量というようなさまざまな要素と関連して選ばれ，各音符はまわりの音符と調和を保たねばならない。ジャズでは作曲者たちは自身が演奏者であることが多く，お互いに反応しながら新しい音楽的アイディアを創り出していかねばならない。これを達成しようとすれば，音楽家は音符同士の関連とそれに対する幅広い知識をもっている必要がある。音楽家は共演する他の音楽家の音符を注意深く聴き，それに正確に反応しなければならない。音楽家は，他の演奏者によって確立されたテーマと調和する新しいテーマを演奏し，提案し，拡大する必要がある。私たちの仕事も音符の代わりに言葉を使うという違いを除けばほとんどこれと同じである。言葉の一つひとつは，価値，目標，言葉にまつわる意味も創り出す役割をもっている。このように言葉を考えることは魅力的でもあり，やりがいを感じさせる。そこから言えることは，変化を起こさせるために会話を使う人々は，音楽家が音楽に対するのと同じように言葉に対して真剣でなければならないということである。

　長年にわたって私たちは自分をクライアント，患者，被害者，加害者を治療するセラピストだと考えてきた。私たちは関わる人々を「反社会的」「ボーダーライン」「抑うつ的」「攻撃的」または「統合失調的」などとラベル付けし，まるでそうした呼び方が個人を正確に全体的に描写しているかのように考えてきた。私たち自身と私たちが関わる人々を描写するために使った言葉は，私たちが彼らとその問題に関する専門的知識をもっていると考えて何かをしてきたことを示している。これらの言葉はおおむね単純で不正確だとわかってきた。さらに問題なのは，そのことが私たちの人々に対する考え方を制限し，その結果人々の能力を過小評価するように思われることだ。当然のことながら，私たちは彼らにあまり期

待しなくなってしまったのである。

　私たちが考え方と行動の仕方を変え始めると，さまざまなラベルは仕事の上で経験してきた現実とは全く関係がないように思われてきた。ドメスティック・バイオレンス加害者は変化していく過程で，欠陥よりも強さをはるかにはっきりと見せ始めた。変化の可能性は無限にあると思われたのである。私たちは自分を，ラベルやカテゴリーで規定されるクライアントを治療する専門家とはもはや思っていない。

　私たちは私たちと関わる人々について，否定的仮定を最小限にするような言葉を選ぶことにした。本書全体を通して私たちがグループのメンバーを示す場合に「参加者」という言葉のほうを好むのは，それが彼らと私たちの役割を正しく説明するからである。彼らは，新しいアイディア，計画，目標を作り出す仕事を私たちとともに行っているのだ。私たちは自分を基本的にはファシリテーター（まとめ役）と考えている。私たちの主な課題と機能は，参加者が建設的な変化を起こすのに役立つゴール作りとその達成を助けることだと認識している。

　本書は，ドメスティック・バイオレンスの加害者に対して前向きの変化を起こすための治療にファシリテーターができることを，実践的，段階的に提案している。これはインテイクから終結までのガイドであり，親密な関係のなかでの暴力をやめようとする参加者を助けるために，彼らの長所と目標達成を強調する方法を取り上げている。ドメスティック・バイオレンス加害者への解決志向アプローチの実践的基本原則を論じる前に，ドメスティック・バイオレンス治療の全体的視野から私たちのプログラムを見てみたい（ドメスティック・バイオレンスの詳細な理論的説明は《付録ⅰ》を参照されたい）。さらに人間の変化の本質についての私たちの仮説と信念を理解していただきたいと願っている。私たちは解決志向療法を「単に治療上のまたは面接上の技法であるばかりではなく，独自の新しい考え方である」として重要視している。

　下記に引用した文は，数人のグループ参加者が提出した宿題である。プログラムの終了時に，私たちは参加者にグループから学んだことを約１ページにまとめて提出してもらうことにしている。ドメスティック・バイオレンス加害者から直接声を聞くことは，仕事を進める上で大いに参考になる。

参加者1

「なぜこのプログラムが良い結果をもたらしたかというと，人をけなしたり，恥をかかせたりしないからです。このなかでは生活について，またどうなりたいかについて考えさせてくれます。このプログラムから得たことは，誰でもどういうわけかより良い人間になるために自分を変えたり，向上させたりできる何かをもっているということです。私は自分自身が前より好きだし，家族は私が変わったことに気がついています。家族と不機嫌にならずに楽しく過ごす時間が増えました。私は自分の家族や生活から離れられるからだけではなく，クラスの仲間たちと会って彼らが話してくれる良いことを聞けるので，クラスに出席することが本当に好きです。ときにはうまくいかないこともあります。その結果を引き受けなければならないし，とても勉強になります。私は自分が良い人間だとわかっているけど，今ではクラスの人も私を良い人間だと思っていることがわかっています。クラスメートの幸運を祈ります。そして私と同様に道を踏み外さないように願っています」

参加者2

「このクラスに最初に入ったときには，私にとって何か役に立つことがあるとは思えなかった。でも今，このクラスが終わるときになって，うまく説明できないけれど，前よりずっと穏やかになっている感じがする。小さなことでキレることはなくなった。今まではろくに考えないですぐ行動して，それがトラブルの種だった。でも今では考えてから行動するのでうまくいくようになった。

今までは自分の悩みを父親と話すことができなかった。今は彼と話し，自分の気持ちと考えを伝えることができる。父や義母と落ち着いて話すことができるので，なんでもじっくりと話し合うことのできる家族になってきたと思う。妻，子ども，父も入れて家族全員が前よりずっと親しくなった」

参加者3

「この8週間のドメスティック・バイオレンス・プログラムを始めたばかりのときは，このクラスは，なぜ私たちがこのクラスに入れられたのかということに話が集中するのだろうと思っていました。驚いたことに，このクラスでやっていることは私たちがここにいる理由とは関係がないんです。ゴールがドメスティック・バイオレンスとどうつながるんですか」

「このクラスで学んだことは，いったん自分の目標を作り，自分を向上させる訓練をすると，その後のことはすべてうまくいくようになるということです」

「一日の見通しをもって計画を立て，予定通り動くようになったと思います。だらだらとではなく賢く時間を使うことで，前よりずっと物事がはかどります。だから自分が前より好きだし，それが私を幸せにしてくれると思います」

「自分のことが好きでいる限り，キレることはほとんどないと心から信じています」

「誰でも自分自身の運命を作り上げるものです。肯定的で前向きでいることと，自分がして欲しいように人にもする考え方は役に立ちます。目標を少なく単純にすると，集中しやすく前向きで，幸せな気持ちになれます。おかげで感情をコントロールでき，忍耐強くなりました。忍耐強くなると，人間が丸くなります。問題が大きくても小さくてもずっと理性的に処理できます。だからキレることがなく，その結果，暴力もなくなるのです」

「もしゴールを守り通し，自分自身について前向きな態度を持ち続けられれば，もうドメスティック・バイオレンスの問題を起こすことはありません」

「従来型」の治療プログラム

　社会を悩ませ，家族と子どもたちを深く傷つけるドメスティック・バイオレンスを終わらせようとする努力に対して，社会のなかからさまざまな反応が起こってきた。1970年代には犠牲者と子どもたちを保護するために暴力被害女性運動（battered women's movement）が始まり，それがドメスティック・バイオレンスを法的に処罰するのみならず，加害者への治療にまで拡大していった（Roberts & Kurst-Swanger, 2002; Schechter, 1982）。ドメスティック・バイオレンス加害者の治療プログラムは暴力被害女性運動の求めに応じた自発的な男性の反応として始まった。彼らは家父長的信念に基づく女性への暴力に対峙しようとした。最初の加害者プログラム EMERGE が生まれたのはボストン地域シェルターで働く女性の要求によってである（Schechter, 1982）。現在ではこうした治療プログラムは総合的組織的対応の不可欠な部分となっており，裁判所は保護観察中のドメスティック・バイオレンス加害者を，刑期をつとめる代替としてプログラムに送り込むことが普通になっている。全米的に治療プログラムが拡大したとはいえ，その理論と実践に関しては決して一枚岩ではない。大部分の治療プログラムは主としてフェミニズム的，個人的，家族システム的という三つの視点の影響を受けている。

フェミニズム的視点

　フェミニズム的視点は，社会文化的要因と権力のジェンダー分析に焦点を絞る。この視点は，家父長的信念と社会的構造に基づく男性支配と女性嫌悪が女性に対する暴力の根源だと主張する。フェミニストによる治療プログラムの目標は，ジェンダー役割の固定化を加害者に気づかせ，女性の平等を再認識させ，自分の虐待行為に責任をもたせることである（Mederos, 1999; Pence & Paymar, 1993）。言い換えると，治療目標は暴力の中止だけでなく加害者の再教育なのである。

個人的視点

　個人的視点から実施される治療プログラムでは，加害者の個人的病理と生育歴が暴力の根元的原因とみなされている。この立場では治療にメンタルヘルスの視点を取り入れることが普通である。すなわち加害者が暴力的行為をやめるには精神保健，薬物乱用，パーソナリティの問題に取り組まなければならないのである（e.g., Adams, 1988; Dutton, 1995; Hastings & Hamberger, 1988; Holtzworth-Munroe & Stuart, 1994; Kantor & Straus, 1987）。さらには，加害者の根深い無意識の攻撃性を特定するために臨床的アセスメントが重要であるとする。治療目標の一つは怒りの処理（アンガー・マネジメント）を教えることであり，もう一つは虐待行為に至る心理的トラウマを特定して解決することによって加害者の内面的または行動的パターンを変えることである。

家族システム的視点

　家族システム的アプローチはドメスティック・バイオレンスを相互作用と関係性の両視点からとらえる。暴力行為はカップルが不一致を修復しようとして増幅していく報復パターンの一部であることが多い（Lloyd, 1999; Margolin, 1979）。治療目標は，カップル相互に健全な関係を作り出すためのコミュニケーションと葛藤解消のスキルを向上させようとするものである。しかしながら家族システム的アプローチは非常に厳しい批判にさらされている。というのは，このアプローチが暴力の性による違いを無視したり，過小評価したりするので，それによって犠牲者を危険にさらすことになるからである。カップルをともに治療する方法はド

メスティック・バイオレンスのプログラムでは稀にしか行われていないが，多くのプログラムは治療カリキュラムの一部としてコミュニケーション・スキルを重視している。さらにこの家族システム的アプローチ実践者のなかから，カップルの治療を始めるための評価の枠組みと尺度を開発している人も出ている（e.g., Bograd & Mederos, 1999; Lipchik & Kubicki, 1996）。

　現在では，ドメスティック・バイオレンスの病因を理解する上で個人的／社会文化的要因が支配的なために，ドメスティック・バイオレンス加害者のための治療プログラムは主として個人的要因を扱う認知行動的アプローチ（e.g., Rosenbaum & O'Leary, 1986; Saunders & Azar, 1989）とドメスティック・バイオレンスの社会文化的根源を重視するフェミニズム的視点を基本としている（e.g., Martin, 1976; Walker, 1984; Warrior, 1976; Pence & Paymar, 1993）。ドメスティック・バイオレンスは個人的／社会文化的病理に由来すると認識されているので，グループアプローチにおいてもまた暴力を振るわないための知識やスキルが加害者に欠如していると仮定されている（Geffner & Mantooth, 1999; Saunders & Azar, 1989）。こうした仮定に基づく治療方向は，ドメスティック・バイオレンスの加害者は再教育プロセスによって変化できるし，する必要があるというものとなる。その結果，これらの治療プログラムの中心的要素は暴力についての教育，怒りの処理（アンガー・マネジメント），葛藤コントロール，コミュニケーション・トレーニング，ストレス・マネジメント（Geffner & Mantooth, 1999; Russell, 1995）などの直接的教育と，家父長的力を認識することおよびそのコントロールの二つになる（Pence & Paymar, 1993）。したがって心理教育的プログラムの内容は，参加者が暴力行為を認識し，納得し，彼らの問題に完全に責任を取り（Lindsey, McBride, & Piatt, 1993; Pence & Paymar, 1993; Russell, 1995），怒りを処理する新しい方法を学び，配偶者と効果的にコミュニケーションを行うということになる（Geffner & Mantooth, 1999; Sonkin, 1995; Wexler, 1999）。

　ドメスティック・バイオレンス加害者の治療の進化にとって，フェミニズム的認知行動グループ療法の果たした重要な貢献は過小に評価されてはならない。しかし，一方で臨床的見地と結果から，こうしたプログラムの効果については疑問の声が上がっている。その治療上の障壁は動機づけの問題である。加害者はしばしば防衛的でたえず言い逃れをし，沈黙か表面的同意を示し，暴力の問題を持ち出されたときには反論する。臨床家はこうした例を見飽きるほど見てきた

(Murphy & Baxter, 1997)。プログラムには一切参加しなくなる加害者も多い。あるプログラム・ディレクターの調査によると治療プログラムの約半分において，インテイクで受け入れた男性の50％以上が脱落していた（Gondolf, 1990）。カズキー，ハンソン，クロフォード，ラロンド（Cadsky, Hanson, Crawford, & Lalonde, 1996）はカナダの男性加害者治療プログラム参加者の75％が中断に終わったと報告している。

さらに専門家の一部は欠陥・非難・対決に焦点を当てるやり方が暴力を止め，加害者に建設的変化を起こすことができるのかに疑問を持ち始めていた（Edleson, 1996; Uken & Sebold, 1996）。非難は加害者が被害者を脅し，自分の虐待行為を正当化するために使う主な方法であるから，治療に対決と非難を持ち込むことは虐待関係と同様の無益なダイナミックスを再現することになるかもしれない。欠陥に焦点を絞って批判的スタンスで治療することは，ドメスティック・バイオレンス加害者の性格を考慮すれば疑問である。暴力的な男性の一貫した特徴は，親の暴力・過度の飲酒・自己主張の弱さ・低い自尊感情を経験したり見たりしてきたことである（Hotaling & Sugarman, 1986; Jenkins, 1990; Saunders, 1995）。その結果ドメスティック・バイオレンスの多くは，社会の周辺部で暮らす不安定な人たちが低い自己評価を高めようとして他人を犠牲にする例と考えられる。ドメスティック・バイオレンス加害者のパーソナリティ研究によると，その多数は自己愛性・境界性パーソナリティ障害というプロフィルに適合する（Dutton, 1995; Hamberger & Hastings, 1990）。自己愛的・境界的な人々は非常に自己意識がもろく，一般的に対決と批判にはうまく対応できないことが立証されている（Kernis & Sun, 1994）。そのため，このような人は指示とスキル・トレーニングを批判や拒否と感じる可能性がある。そうなると重要な疑問が生じるのだが，それは「欠陥・非難・対決を重視するアプローチは，暴力を見たり経験したりした，もろい自己意識をもつ加害者の行為を変えうるのか」ということである（Lee, Greene, & Rheinscheld, 1999; Uken & Sebold, 1996）。

進行中の複数の治療プログラムの有効性についてはその実証的研究結果はまだまとまっていない。いくつかのドメスティック・バイオレンス加害者治療プログラムの結果を比較検討した諸論文では，プログラム完了1年後の再犯率は一般的に20％～50％であるとしている（e.g., Edleson, 1996; Rosenfeld, 1992; Tolman & Bennett, 1990, Tolman & Edleson, 1995）。一方でこれらのプログラムから初期に脱落する割合は相当高い（Cadsky, Hanson, Crawford, & Lalonde, 1996; Edleson &

Syers, 1990)。ドゥルース・モデル（Duluth Model）が基礎としているドゥルース家庭内虐待介入プログラムの再犯率は40%であった（Shepard, 1992）。ドゥルース・モデルはフェミニズム的認知行動的視点を採用しているドメスティック・バイオレンス加害者治療に最も多く活用されているアプローチである。ソンダース（Saunders, 1996）もまた，フェミニズム的認知行動治療モデルによる再犯率を45.9%と報告している。最近のこの二つの実験的効果測定では虐待者治療プログラムは概して効果がないことになる。ブロワード実験（Broward Experiment: Feder & Forde, 2000）では，裁判所に義務づけられたドメスティック・バイオレンス加害者が実験群と対照群に無作為に振り分けられた。対照群の加害者は治療なしに1年間の保護観察を課せられ，実験群の加害者はそれに加えて26回のグループ治療を受けた。調査結果によると，加害者の態度・信念・行動に関して明らかな効果は見られなかった。実のところ，治療プログラムを課された加害者は全セッションに参加しない限り，対照群の加害者よりも再逮捕されやすい傾向があった。デイヴィス，テイラー，マックスウェル（Davis, Taylor, & Maxwell, 2000）はブルックリン（ニューヨーク）におけるもう一つの実験的効果測定の評価を行った。治療プログラムに同意した加害者に39時間の治療（26週か8週を選択）か，ドメスティック・バイオレンスに無関係の地域サービス・プログラムを無作為に課した。その後の暴力行為被害の報告では，実験群と対照群の両者に統計的有意差はなかった。

　援助職の人々は願望，約束，論争にたえず悩みながらもドメスティック・バイオレンス加害者治療に効果的な方法を求め続けている。ハンソン（Hanson, 2002）はドメスティック・バイオレンスの加害者治療の分野は実験的であると同時に政治的でもあるという。「人があることをするのはそれが有効だからではなく，正しいからだ。『正しい』というのは専門家によって『現実』の究極的定義として布告されたことなのである（Berger & Luckmann, 1966, p.118）」。つまり有効性が明確でない研究と実践の効果測定が災いして，ドメスティック・バイオレンス加害者への現行の治療プログラムを援助提供者が繰り返す事態を招いてもいる。

訳註1　ドゥルース・モデル（Duluth Model）：1984年，ミネソタ州ドゥルース市のドゥルース家庭内暴力介入プロジェクト（DAIP）において作成され，大きな影響を与えた加害者更生プログラム。車輪の図を使って加害男性の暴力による支配意識と行動を変えようとする24週の実践的カリキュラム。（ペンス／ペイマー著『暴力男性の教育プログラム　ドゥルース・モデル』誠信書房，2004）

ドメスティック・バイオレンス加害者の解決志向治療
――― 解決についての説明責任

> 参加者は問題について話したり再確認したりすることによってではなく，治療の目標を定めて解決を構築することによって自分の問題の主人公となる。

　解決志向のアプローチは問題と欠陥に焦点を絞るのではなく，解決を作り上げる責任をドメスティック・バイオレンス加害者に担わせる。解決志向アプローチは，スキル上の欠陥という視点や教育的／社会的コントロールモデルによる治療とは異なるものである。しかし，加害者の解決・能力・長所を重視するからといって暴力行為の破壊性を過小評価するものではない。解決志向のグループ治療モデルは攻撃的または暴力行為の罪を否定したりはしないのである。他の治療プログラムと同様にこのモデルは，犠牲者に対して暴力を引き起こした加害者の責任を認め，ドメスティック・バイオレンスに対する地域社会の反応と調和するものである。さらに，解決志向治療プログラムの有効性は暴力行為に強力な処罰を科す法的システムのサポートがあればこそである。私たちはまた，解決志向アプローチをドメスティック・バイオレンス加害者治療の究極の万能薬とは考えていない。むしろ私たちは，親密な関係のなかの直接的で目に見える暴力をやめさせるための多元的社会的努力の一部として私たちのプログラムをとらえている。加えて解決志向アプローチでは，加害者の生活を素早く変化させる効果的治療技法を開発することが犠牲者と加害者を尊重することになり，倫理的責任を果たすことになると考える。

　ドメスティック・バイオレンス加害者のための解決志向グループ治療が主張することは，長所重視の視点に立ち，「プロブレム・トーク[訳注2]」ではなく「ソリューション・トーク[訳注3]」に集中することで，比較的短期間に積極的で長続きする変化が起こりうるということである。伝統的なアプローチとは異なり，そのようなアプローチは「欠陥と非難」とは対照的に「解決と長所」の言葉とシンボルを使う。治療

訳註2　プロブレム・トーク：問題についての話（誰がいつ，なぜ，どうした，など）。解決志向アプローチでは，これをすればするほど問題が大きくなるとされる。

訳註3　ソリューション・トーク：解決についての話（どうなりたい，どうしたいなど）。解決志向アプローチでは，これを深めれば解決に近づくとされる。

はまず例外と解決に導く行動を明確にし，次に系統立った解決構築のプロセスによってそれを増大させるのである。

解決志向グループ治療の原則と仮定

> 人は一人ひとりが独自の個人である。だから，プロクルステスの寝台のように人間行動の仮定的理論に合わせて人を作り上げるのではなく，心理療法は個人のニーズの独自性に合わせて形成されねばならない。
> （Milton Erickson, in Zeig, 1985, p.viii）

「人はどう変わるのか」という問いは，長年人間を引きつけてきたし，これから先もずっと続くだろう。ほとんどのドメスティック・バイオレンス加害者は，裁判所から命令された刑罰を避けたり，軽減してもらったりするために治療を受けにやって来る。中には暴力行為の解決を実際に探し求める人たちもいるかもしれない。治療的経験を通して人はどう変わるかについての私たちの想定は治療方針に重大な影響を及ぼす。

解決，長所，健康な面に焦点を絞る

参加者が答えをもっている

私たちはクライアントができないことよりもできることに焦点を絞る。クライアントの問題や欠陥を話し合ったり探し出したりしようとするのではなく，クライアントが自ら成功した問題の処理とその活用に焦点が絞られる（Berg & Kelly, 2000; Berg & Miller, 1992）。解決に焦点を絞ることは，参加者の長所を「素朴に」信じているわけでもなく，単純な「ポジティブ・シンキング」によるものでもない。このアプローチは，焦点を参加者の能力，長所，達成度に絞れば，彼らは解決をずっと素早く発見するものだという臨床観察から生まれた（Berg & Dolan, 2001; Berg & Reuss, 1998）。変化を起こすためのソリューション・トークに焦点を絞ることは，理論的にはシステム的視点（Bateson, 1979）と言葉が現実を作り出すという考え方（de Shazer, 1994）とによっても支えられている。

システム的視点

　システム的視点の一つの基本的仮定は，変化はたえず起こるということである。ドメスティック・バイオレンス加害者はいつでも虐待しているわけではない。それと同様に，あらゆる問題パターンには何らかの形のルールに対する例外がある（de Shazer, 1985）。こうした見解は参加者の長所と可能性に対する私たちの信念の根底にある（Berg & DeJong, 1996）。参加者が自分には欠陥や問題があると思っているにもかかわらず，彼らはより満足のいくような方法か，違った仕方で状況に対処しているときが必ずある。その人が対立と違いを解消するために攻撃的・暴力的でないときがあるに違いない（Lee, Greene, Uken, Sebold, & Rheinscheld, 1997）。こうした例外は解決への糸口となり（de Shazer, 1985），参加者が自分では「気づかない」長所と資質を示すものである。セラピストの課題はこうした例外がどんなに小さく稀であっても，参加者にそれらを気づかせ，増幅し，保持し，強化することを助けることである（Berg & Kelly, 2000）。参加者がいったん問題のない行動を取り始めたら，彼らはすでに解決構築の途上にある（Berg & DeJong, 1996）。

　システム的視点のもう一つの主要な仮定は，システムのあらゆる部分は相互に関わりあい，全てが連結しているということだ。システムの一部分の変化は他の部分の変化をも導き出す（Bateson, 1972; Becvar & Becvar, 1996; Keeney & Thomas, 1986）。言いかえると，システムの異なる部分間の直線的関係よりも円環的関係に焦点が絞られる。同様に，治療において配偶者の一方を扱うだけで夫婦の関係に有益な影響を引き起こすことができる。さらに，加害者の問題行動を変えるためには，解決が暴力問題と直接関わっている必要はないと言える。システムの異なる部分間の相互関係はあまりに複雑なので，問題の原因を理解しようとすることは根本的に無益である。問題すなわち関係のなかの暴力がまずどうして起こるのかを確かめることはほとんど不可能と言っていい。参加者の経験の重要性と問題の歴史の見方を過小評価するわけではないが，解決志向のファシリテーターは「最初に何が問題を起こしたか」よりも「現在何が起こっているか」がより重要だと考える。

言語と現実

　私たちは，問題についての対話よりも治療的解決についての対話に集中することが倫理的でもあり，より効果的でもあると確信している。私たちはプロブレ

ム・トークを強調せず，ソリューション・トークに焦点を当て続けようと意識的に努力している。この意識的努力は，現実を作り出すという言語の役割についての関心から生まれている。解決志向療法は「言語は個人的意味と理解を表現し，会話のなかで社会的に構築される媒体である」としている（de Shazer, 1991, 1994）。さらに言えることは，ある事柄の意味は常に参加者が説明し，分類し，構成する状況と言葉によって決まる（Wittgenstein, 1958）。個人により認識され経験されうる現実の限界は，説明するために利用できる言葉により形成され，それらの意味は本質的に不安定で変わりやすい。ファシリテーターが考慮すべき中心的問題は，ドメスティック・バイオレンス加害者が「好都合に」現実を説明し，構築する場合に，彼らを助けるための治療のなかでいかに言葉を使うかということである。

　言葉は本質的に現実を作り出し，保持する上で強力なので，望ましい言葉は「変化の会話」つまり解決の現実を作り出し，保持するための参加者の努力を助長するような会話である（de Shazer, 1991; Walter & Peller, 1992）。私たちは参加者が「問題の表面に留まる」ことを助ける言葉を使うほうが望ましいと思っている（de Shazer, 1991）。この対話は問題に「深く」入り込むことを避け，それよりも目標と目に見える行動と進歩する生活を新しく有益な方法で描写することによって，意味と解決を構築することをめざす（de Shazer, 1994; Miller, 1997）。病理や問題について話すことは自己成就的予言（言い続けると本当になること）になり，問題のある現実を維持したり解決しようとしたりする私たちの注意をそらすことになる（Miller, 1997）。同様に私たちは，参加者の暴力問題を定まったもので不変だとラベル付けする診断や言葉には賛成できない（Berg & Miller, 1992; de Shazer, 1994）。参加者の問題の訴えを病気として扱い，「深い」原因を繰り返し探ろうとすることは，参加者をさらに弱くすることになるだろう。このことは特に，まだ成果を上げていない自尊感情が乏しい加害者について言える。病理または欠陥矯正アプローチも「暴力のない望ましい生活」よりもドメスティック・バイオレンスの「問題」のほうに治療的努力を集中することになる。

　ドメスティック・バイオレンス加害者の治療への解決志向アプローチは，解決，長所，健康な面を強調する。それは過去 10 年間に強まってきたヒューマン・サービス的アプローチ，すなわちエンパワーと長所重視のアプローチと一致するものである（Rees, 1998; Saleebey, 1997）。参加者をエンパワーし長所を活用するために，セラピストは「エンパワーの言葉」（Rappaport, 1985; Rees, 1998）と「長所の語彙

目録」(Saleebey, 1997) を駆使して変化を起こす会話を生み出すのである。

解決についての説明責任

　問題と欠陥を強調せず，健康と長所に焦点を当てることは，解決志向療法が容易だということではない。私たちは参加者に問題ではなく解決に関わらせて，責任をもたせるのである。問題や欠陥に対する参加者の責任を問わないことで，私たちは，解決構築に向けられる参加者の責任を支えることに全ての治療的エネルギーを注ぐことができる。変化に難しい作業が求められることは間違いない (Berg & Kelly, 2000)。ディヤングとバーグ (Dejong, & Berg, 1996) は，解決構築の過程には訓練と努力が必要だと述べている。不満に対する解決策と実現方法を明確に見通すことができれば，参加者に治療は必要ないはずだ。解決志向療法に説明される「解決」とは，グループ参加者が決定し獲得するゴールという形で作り上げられるものなのである。バーグとミラー (Berg, & Miller, 1992) は解決とゴールの特徴は参加者にとって個人的に意味があり重要なものであるとする。すなわち，達成可能なほど小さいもの／具体的で明確で行動的であるために成功の指標が作られ目に見えるもの／肯定的に述べられていて，何かが足りないのではなく存在するものとして表される／参加者の生活という背景状況のなかで現実的で実現可能である／努力が含まれることがわかるもの。

　明確で具体的で達成可能なゴールの形成は，グループ参加者に背景状況と自分の長所と資質を特定させ，知らせ，発見させ，再び結びつけることになると信じている。

現在と将来の方向づけ

　問題は過去に属するものであるのに対して解決とゴールは現在と将来に存在するので，グループ参加者が解決に責任を負うためには，治療の焦点は現在と将来の適応を助けることに当てられねばならない。過去を掘り下げることは問題の歴史を話し合うことになりやすく，その結果プロブレム・トークが生じる。私たちはそれよりも問題を含まない将来を描写するように参加者を助ける質問をする。私たちはまた，彼らが問題のない将来を手に入れるための最初の小さなステップを特定させる。そうした描写は参加者に将来への希望をもたせ，生活に前向きな

変化を生み出すはっきりした方向を発見させることにもなる。

参加者が自分のゴールを決める——参加者が構築する解決

　私たちは社会構成主義（Neimeyer & Mahoney, 1993; Rosen & Kuehlwein, 1996）に影響を受けて，解決は客観的「現実」ではなく，個人による私的で狭い，意味作りの活動であると信じている（Miller, 1997）。ゴールまたは解決の重要性と意味は協力的過程のなかで個別に構成されるものである。ゴールに対する個人の方向づけと定義は，彼らの行動と人生経験のもち方と明らかに重要な関係がある。参加者は唯一の個人的経験の「精通者」であり，唯一の解決の「創造者」であるから，彼らが治療のゴールを決め，変化の主たる開始者となるのだ（Berg, 1994）。外部から強いられた治療のゴールは，参加者のニーズには合致せず，無関係なことが多い。治療のゴールを参加者が決めてそれを個人的に意味があると思えば，進んで努力しようとするものだ。

協力的治療関係

　解決の構成主義的見解は，参加者対ファシリテーター関係にとって重要な意味がある。参加者は自分の経験，現実，願望に関する唯一の「精通者」であり「専門家」である（Cantwell & Holmes, 1994）から，彼らのストーリー，説明，ナレーションは治療過程において取り上げるべき唯一の確かなデータである。彼らのストーリーは，ファシリテーターが診断と治療計画を得るために用いる公式の治療理論から引き出されるようなものではない。また，ファシリテーターは参加者の問題に対する正しい答えを知っている専門家でもない。ファシリテーターは，参加者に個人的に意味あるゴールを構成・発展させ，治療に役立つ状況を準備する。同時に彼らはゴールに耳を傾け，理解し，弱点やラベルではなく長所を探すことによって，参加者の視点に立つことができる（Belenky, Clinchy, Goldberger, & Tarule, 1997）。階層的な治療者対クライアント関係の代わりになるものは，もっと平等で協力的な関係である。加害者は暴力のない生活へのゴールを決めて達成する専門家の役割を担う。グループのファシリテーターは変化と解決をめざす対話を加害者と作り上げる専門家の役割を果たす。協力的アプローチは，参加者自身の長所に対する専門性と知識を尊重するので，治療を通して肯定的変化を起こす動機

づけを強める（Lee, Greene, & Rheinscheld, 1999; Murphy & Baxter, 1997）。このようなアプローチでは参加者はよく聴いてもらい，尊重されていると感じるので，治療に関わりやすくなる。参加者を治療に関わらせ，動機づけを強める作業は，裁判所命令で参加した自発性の乏しい人々に対しては特に重要である。

活用―――非指示的・非教育的アプローチ

解決志向のセラピストはクライアントがもたらすどんな資源も活用する（de Shazer, 1985）。その原則とは，クライアントがもつ資源・スキル・知識・信念・動機・行動・症状・社会的ネットワーク・環境・個人的傾向を望ましい結果に結びつけるために活用するというものである。こうした実践の方針は，いかなる問題状況にも例外が存在するという私たちの信念から生じている。グループ参加者にとって見知らぬ新しいものを「あなたにはこれが最善だ」と教えるのではなく，参加者がすでに行っている問題のない行動の状況に注目する。このような例外を活用してその上に積み上げていくことは，参加者が実行可能な解決を作る上で効率的で有効な方法である。私たちの経験上，参加者は彼ら自身が発見した解決に最大の精力を傾ける。ファシリテーターの役割は，参加者が生み出す例外を表現させ，刺激し，強め，拡げ，まとめることである。グループ参加者にファシリテーターが考える「モデル」に合わせたスキルを教えたり，介入したりすることはしない。それは彼らの生活にとって必ずしも適切でも現実的でもないからだ。

最初のドミノを倒すこと―――小さな変化

解決構築アプローチでは「千里の道も一歩から」という諺に沿って，ゴールに到達するためには参加者が最初の小さな一歩を言葉で表すのを助ける（Berg & Dolan, 2001）。究極の解決のビジョンがあっても，最初の小さな一歩がはっきりしない場合は，その解決は遠くて漠然としすぎている。たとえば参加者が「私のゴールはパートナーともっとよくコミュニケーションをとることです」と言うときには，心配になる。こうした言葉にはそのゴールに到達するために彼が取るべき明確な行動の段階が示されていないからだ。私たちは変化の過程で参加者が「最初のドミノを倒す」ことを助ける。言い換えれば，最重要事項は，参加者が自ら定めた正しい方向に向かっていることがわかる最初の小さな一歩を踏み出せ

るように助けることである。

　小さな変化に注目することはまた，治療の「ミニマリスト」アプローチにも沿ったものである。小さな変化は，エネルギーの消費が少ないだけでなく可能性が高く実行しやすい。参加者は小さなものでもとにかく成功を経験すると勇気づけられる。ミニマリスト・アプローチはベイトソン（Bateson, 1972），ワツラウィック，ウィークランド，フィッシュ（Watzlawick, Weakland & Fisch, 1974）からも提唱されている。彼らはシステム論の立場から，フィードバックが繰り返されることにより，予測不可能な方法で人の平衡を乱す変化が引き起こされることに懸念を示している。繰り返し行われる不首尾の解決行動が問題を最初に作り出すのである。（Watzlawick, Weakland & Fisch, 1974）。ドメスティック・バイオレンス加害者の問題へのファシリテーターからの最善の対応は，参加者にとって意味がある生活への極少の介入である。参加者が，受け入れられる解決の内容を決める。私たちにとっての最重要事項は，参加者が望ましい変化への最初の小さな行動をはっきりさせるのを助けることである。

プルマス・プロジェクト（Plumas Project）について

　本書のドメスティック・バイオレンス・グループ治療は女性と男性のセラピストが共同で行う解決志向の，ゴールを目指すプログラムである。私たちは1991年に，初めて試験的にドメスティック・バイオレンス加害者の治療に解決志向アプローチを用いた。この治療モデルにはそれ以来の実践経験，知恵，過ちからの学習の積み重ねが反映されている。治療では8回のグループセッション（1時間／1回）が3カ月の期間内に実施される。グループは最初の3セッションを毎週，残りは隔週に行うのが普通である。後半にセッション間の間隔が長くなると，参加者にとっては解決行動を実践する時間が増えることになる。

　8セッションは，考え方として4段階に分けられる。各段階の主な課題を要約すれば以下のとおりである。

第1段階　導入（セッション1）
・グループのルールと仕組みを明確にする
・協力的関係を作る
・ゴールを作る宿題を与える

第2段階　役に立つゴールを作る（セッション2と3）
・参加者が，役に立つウェルフォームド・ゴール[訳註4]を作るのを助ける
・参加者が解決，変化，例外，過去の成功に注目できるよう助ける
・参加者が役に立つゴール作りに「行き詰まった」とき，助ける

第3段階　ゴールの活用：解決のイメージ（solution picture）を拡大する（セッション4，5，6）
・前向きな変化を見直す
・参加者が実生活の解決的行動を拡大し，増幅し，強化するのを助ける
・行動と前向きの結果の関連に気づくように参加者を助ける
・参加者の前向きの変化を強化し，コンプリメントする

第4段階　変化の再確認とお祝い（セッション7，8）
・ゴールを再考し，進歩を評価し，将来の計画を練る
・個人的に意味ある変化を認識し，それと「新しい」アイデンティティとを結合させる
・参加者の行動と前向きな結果との関連性を確認する
・ゴール達成を認め，コンプリメントする
・変化を祝う。ゴール達成の主人公は参加者であることを確認する

　治療過程の各段階には，それぞれの課題と過程がある。変化は歯切れよく直線的に分類されるものではなく，継続的・円環的・らせん的なものであることを決して忘れてはならない。各段階の治療課題が重なり合うことは予想されるし，適切な治療課題の選択は主として，個々の参加者の独自の状況と治療への反応から導き出されねばならない。

訳註4　ウェルフォームド・ゴール（Well Formed Goals）：(参加者が) 望む解決に役立つゴールで，実行可能な形のもの。

結　論

　私たちの経験からすれば，ドメスティック・バイオレンス加害者の治療に解決志向を用いるときには，新しい一連の治療技法を学習したり体得したりするだけでは十分とは言えない。援助職の専門家にとってこの過程にはパラダイム転換が求められる。参加者には普通，資源よりも欠陥と問題がたくさんあるように見える。私たちはそのなかから隠れた長所，資源，創造力を発見しようとし，またそうすることによって協力関係を作る。このパラダイムにおいては参加者の長所を尊重するファシリテーターの能力が，治療成功への重要な第一歩を形成する。（ファシリテーターはときには参加者の自己尊重以上に彼らの長所を尊重する。）このようなパラダイムの転換は臨床家にとって必ずしも容易ではない。以下の章で，ドメスティック・バイオレンス加害者とともに解決を作り出す旅を始めたい。

2
解決志向アセスメント面接
The Solution-Focused Assessment Interview

> SFBTを学ぼうとする人々がしばしば陥る罠は，背後や水面下を見る誘惑が強いときに表面に留まっていられなくなることである。
> スティーブ・ディ・シェイザーの書簡，2001年9月5日

　アセスメントはこれまでドメスティック・バイオレンス治療の分野で二つの重要な役割を担ってきた。アセスメントの一つ目の役割はドメスティック・バイオレンスの問題理解である。つまり問題の経過，問題を起こす危険要素，自他に及ぼす暴力の影響と現在の症状についてである。包括的アセスメントは加害者に暴力にまつわる問題の理由を理解させるのに役立つと思われている。そのことが問題への洞察を深めさせ，有益な行動に変え，親しい関係内の暴力をなくすと考えられている。

　アセスメントの二つ目の役割は加害者の深刻な暴力の危険性を査定し，予測することである。これは一つ目の役割とは別のレベルの重要性をもつ。暴力の危険性の正確な査定と予測は，効果的な治療を選ぶ上で加害者のためのプログラム作りに役立ち，被害者と支援者が現実的安全策を作る上で役に立ち，判事と検事が加害者の保護観察の程度を決めるのに有用である（Weisz, Tolman, & Saunders, 2000）。言いかえれば，暴力の予測は加害者の治療と被害者の保護のどちらにも重要である。専門職としては加害者の暴力を予測する責任も負わなければならない。タラソフ判例[訳注1]は，暴力の危険から被害を受けるおそれのある人を守るために，援助職には妥当な保護を実施する法的義務があることを明確に示した（McNeill, 1987）。

訳註1　タラソフ判例：カウンセラーがカウンセリング中に潜在的被害者が出ることを知った場合は，該当者に警告する義務があるとした1976年のカリフォルニア最高裁判決。

要約すれば，従来のアセスメントは問題の経過を入手して，問題の影響を明らかにし，現在の症状を理解し診断を下し，治療計画を作るというものだった。セラピストは問題の分野に特有の知識をもつ専門家とされており，クライアントの診断に最適な治療パターンを作る。つまり，優れたスキルをもつセラピストはクライアントの問題を明確に知らされた場合には，症状を取り除く「最善」の治療計画を作成できるということである。セラピストもクライアントも共に問題が「なぜ」起こったかに関心があり，それがわかればクライアントの洞察が得られ，その結果，行動の変化が現れて問題がなくなると信じている。

　たとえば妻に身体的な虐待を加える夫について考えてみよう。伝統的なプログラムは，なぜ暴力を振るうのかを加害者に洞察させ，暴力の経過と程度を知ろうとする。暴力の根源は個人と社会文化的領域の両方にあるとされている。セラピストは加害者に対して，暴力の拡大する傾向について教育し，暴力を引き起こす家父長的信念を自覚させ，暴力のさまざまな形を指摘し，生育歴，現在の夫婦関係，生活環境や配偶者虐待の問題に関係があると思われる考えについての探究を助ける。また，セラピストは夫に対し，彼の否定的感情をより健康的で非暴力的なやり方で処理する方法を教えようとする。そこで仮定されていることは，加害者が自分の虐待行為を認識して周囲に与える影響に責任を感じるなら，暴力は減るはずだというものである。

　ドメスティック・バイオレンスのアセスメントの特徴を詳細に調べてみると，その実践のもとには実証主義的パラダイムがあることがわかる。実証主義的パラダイムは現象を説明し問題を解決する際に因果関係を基礎として客観的，理性的，直線的思考を強調する（Katz, 1985）。暴力問題の経過の詳しい理解とそれが現在の症状とどう関わるかに関する正確なアセスメントは，治療の選択を特徴づけ，ひいては治療を成功させることになる。問題を洞察し特定することが王道とまではいかないとしても，クライアントの建設的変化への第一歩なのである。ドメスティック・バイオレンスの分野で予測が強調されるのは，実証主義的パラダイムの還元的思考法の影響でもある。援助職がドメスティック・バイオレンス加害者を綿密に調査して，彼らを支配している根本的原則やルールを発見したら，ドメスティック・バイオレンスの問題を正確に理解し，予測し，治療できるというのである。

　実証主義的パラダイムのさらに根本的な仮定は，調査される（または治療される）対象は観察，アセスメントまたは治療を行う人の外にある客観的に独立した

存在ということである。言いかえるとドメスティック・バイオレンス加害者を独立した存在として調査し，この特別なグループの人々を特徴づける統一したパターンまたは特質を発見できるということである。このような考えから臨床的診断が重要視される。すなわち臨床的診断によってドメスティック・バイオレンス加害者のタイプ別に共通する特徴が臨床家にわかるので，治療決定の妥当な基礎として使われることになる。実証主義的パラダイムのもう一つの暗黙の理解はセラピストが専門家の立場を取っていることである。人間の問題を理解し解決する科学的方法は，領域別の専門性と経験的知識に基づいていなければならないので，人間の問題を評価し，解決するために知識と専門性をもつ正式に訓練された専門家によって実施されねばならない。

このような型のアプローチでは，解決と問題は直接的に関わっているとする。その解決とは洞察力を養って暴力という問題に「立ち向かい」，問題の責任を取り，それを非暴力的に処理する方法を学ぶことである。セラピストは問題の原因を査定し，問題処理のより良い代替案を加害者に学習させる専門家の役割を担う。将来の変化への答えは過去の行動をみつけ，責任を取ることにかかっている。

問題点と私たちの懸念

従来のアセスメントがドメスティック・バイオレンス加害者の特徴のみならず問題の経過の理解に多大の貢献をしていることには疑う余地がない。とはいえ暴力を予測し，加害者を分類し，治療を提供するために従来のアセスメントが使われることの意味については私たちは懸念を抱いている。ドメスティック・バイオレンス加害者の調査と治療に関する臨床観察によって得られた経験的証拠によると，私たちの懸念が当たっていることが示されている。

経験的証拠

ドメスティック・バイオレンス加害者の現在のアセスメントは，二つの主要な分野に焦点を絞っている。すなわち（1）類型学的調査：暴力行為や再発に関わりのあるドメスティック・バイオレンス加害者のパーソナリティ傾向と潜在的精神障害。（2）深刻なドメスティック・バイオレンスの危険の査定と予測。ドメ

スティック・バイオレンス加害者のアセスメントの情報としては，類型学的調査（e.g., Dutton, 1998; Holtzworth-Munroe & Stuart, 1994）／リスク・マーカーの研究（e.g., Saunders, 1995; Wilson & Daly, 1993）／統計的または保険統計的方法（e.g., Campbell, 1986; Kropp, Hart, Webster, & Eaves, 1999）／臨床判断とサバイバーの予測（de Becker, 1997; Hart, 1994; Weisz et al., 2000）等が挙げられる。

　類型学的文献によれば，ドメスティック・バイオレンス加害者と再犯者は一般に他の人々とは違う人格的特徴をもつとされる。これらの特徴を考慮して臨床家は適切な治療を行い，深刻な暴力や再犯の危険を予測する。類型学的文献によれば，ドメスティック・バイオレンス加害者は反社会的であったり，精神病的であったりする可能性があるというのが通説である（Dutton, 1998）。治療プログラム参加者の約25％は，大体において暴力的または反社会的タイプに属する（Holtzworth-Munroe & Stuart, 1994）。すなわちこのグループの加害者は特に危険性があり，再犯の傾向があり（Dutton, Bodnarchuk, Kropp, Hart, & Ogloff, 1997），治療に抵抗を示す（Wallace, Vitale, & Newman, 1999）。男性ドメスティック加害者の最も暴力的タイプの人々は，同時に他人に対しても暴力的な傾向があり，精神病的傾向を示す（Gondolf, 1988）。また，暴力的加害者は介入とカウンセリングに無反応（Rice, 1997）であるとか，収監や厳格な保護観察という形で拘束することが妥当である（Dutton, 1998; Jacobson & Gottman, 1998）などという研究がある。

　リスク・マーカーの調査は深刻な暴力と関係のある要素を特定することに焦点を絞っている。たとえばソンダース（Saunders, 1995）は諸調査で常に発見される3要素を特定した。すなわち攻撃性，アルコール乱用，両親による虐待である。1985年全米家庭内暴力調査のデータを使い，ストロース（Straus, 1996）は18要素を明らかにした。そのなかに含まれるものとしては警察介入，薬物乱用，極端な男性支配,児童虐待,家庭外での暴力,頻繁な言葉による攻撃などが挙げられる。ドメスティック・バイオレンスの反復予測アセスメントの標準化された質問紙はまだ開発が始まったばかりである。キャンベルにより開発された危険アセスメント（Campbell, 1986）は，傷害の深刻度を査定するもので，家庭内殺人を予測するために広く活用されている。クロップと同僚（Kropp, Hart, Webster, & Eaves, 1999）は配偶者危険誘発アセスメント（SARA：Spousal Arousal Risk Assessment）のチェックリストを開発した。暴力の反復予測能力はさらに実験的テストが必要とされるが，この手法は既知グループ妥当性を充たしている。反復される暴力を予測する能力は今後の実験をまたねばならない。加えて臨床的判断も治療への反

応と時間経過後の変化を評価するために伝統的に活用されてきた（Harris, Rice, & Quinsey, 1993; Milner & Campbell, 1995）。

　従来のアセスメントは治療の選択肢を決め，暴力の危険性を予測するために加害者の特徴やタイプを特定する。また治療上の責任分担に関する裁判所と種々の専門機関の期待に応える。アセスメントに強い関心が示されるが，暴力行為の正確な予測は私たちの手の届かないところにある。臨床家と研究者はアセスメントに対するたゆまぬ努力にもかかわらず，正確な予測が難しいことに気づいている（Monahan, 1996）。暴力を正確に予測する標準化された質問紙の有効性は今後さらにテストされる必要がある。リスク・マーカーの特定は暴力にかかわる知識を与えてくれる点で非常に有効である。しかし暴力を振るいそうな人が実際にはそうしない場合も多いので，予測にこれを活用することには限界がある。

　さらに重要なことは，加害タイプ・アセスメントによってハイリスクの家庭内加害者を過度に一般化することは，危険であると経験的証拠が示している。ゴンドルフとホワイト（Gondolf & White, 2001）は，ピッツバーグ，ヒューストン，ダラス，デンヴァーにおいて虐待者プログラムの男性参加者840人に対して多地域評価研究を行った。ミロン臨床多軸目録第3版（MCMI-III）を使い，580人のパーソナリティ特性を次の3グループに分類した。すなわち15カ月の追跡調査中，①配偶者に再び暴行しなかった（394），②一度暴行した（68），③反復暴行した（122）。全体として精神障害の徴候は比較的低かった（9%の一次的精神障害と11%の二次的障害）。サンプルの約25%が中程度のパーソナリティ機能障害を示した。③「反復暴行者」の大多数（60%）には深刻なパーソナリティ機能障害や精神障害は見られなかった。再暴行の2タイプ②，③間にはパーソナリティ機能障害，精神障害またはパーソナリティ類型に関して大きな違いはなかった。反復加害者たちに強く見られたのは次の傾向である――比較的若い，薬物乱用問題がある，配偶者をひどく虐待する，全体的に暴力的である，他の犯罪のため逮捕されたことがある，3カ月以内に治療プログラムから脱落した。②，③両タイプを問題別にくらべるとその差は少なかった（たとえば10%かそれ以下の違い）ので，臨床的に考慮すべき重大な意味はないと言える（Gondolf & White, 2001）。

　この研究はドメスティック・バイオレンス分野の著名な研究者により，優れた計画のもとに実施された。加害者ははっきりした精神障害者だという一般的認識や「思い込み」は，この調査によると正しくないことになる。パーソナリティ特

性と精神病理学上の精密なアセスメントによれば，大部分の加害者は「反復的暴行者」でさえも特に障害をもつとは思われない。この調査はさらに，将来の暴力の危険を予測するためにパーソナリティ障害，精神障害またはパーソナリティ類型をもとにしたアセスメントを使うことに注意を促している。言いかえれば，再暴行者と他の参加者の間には，ハイリスクの加害者を臨床家に予測させたり特定させたりできるような相違はないということである（Gondolf & White, 2001）。

臨床的観察

従来のアセスメントは，ドメスティック・バイオレンス加害者の特性の理解には大きな貢献をしているが，加害の再発予測の有効性は疑わしい（Gondolf & White, 2001）。私たちは加害者タイプ・アセスメントの治療的意味についても懸念をもっている。

ドメスティック・バイオレンス加害者は同質グループではない

類型学的調査は加害者の共通の特徴の理解に大きく貢献したが，同時に加害者の大多数は違いよりも類似性が強いことを示唆した。人には，ある特性に合致する行動をした加害者を見ると彼はまさにその特性のままの行動をするに違いないと想定する傾向がある。私たちが治療にそうした想定が使われることを懸念するのは，個人の独自の特徴が見過ごされるからである。ある行動が特殊なタイプの加害者の代表的行動だと見られるとすれば，重要で複雑な個人的状況や要素が無視されてしまう。しばしば加害者の行動の意味が否定的に解釈される結果，加害者の表面的説明が取り上げられず，長所も認められなくなる。

プロブレム・トークは問題の現実を持続させる

セラピストと加害者がドメスティック・バイオレンスの経過，ルーツ，ダイナミクスの理解を強調しすぎると，プロブレム・トークに焦点を絞る対話に膨大な時間とエネルギーを費やすことになる。解決をみつけるために問題を理解する利点はあるとしても，現実を持続させるという言葉の機能からすると加害者とプロブレム・トークをすることには賛成できない。解決志向のセラピーでは，言葉は人が個人的意味や理解を表現し，会話をとおしてそれを社会的に構築していく媒体であるとみなしている（de Shazer, 1991, 1994）。言葉は現実を作り出し持続さ

せるという意味で本質的に強力なので，アセスメントにおける病理の拡大やプロブレム・トークは，意図しないまでも問題のある現実を持続させ，加害者とセラピストの注意を解決作りからそらすことになるかもしれない（Miller, 1997）。私たちは加害者の暴力行動を堅固で不変なものとしてラベルづけする診断や言葉遣いに用心している（Berg & Miller, 1992; de Shazer, 1994）。というのは，そのような問題を病的なものとして扱ったり「深く」原因を掘り下げたりすると，自己成就的予言が加害者をさらに無力にするからである。私たちは，治療は現在と未来に存在する解決に焦点を絞るべきだと信じている。

援助専門家への不可能な要求

従来のアセスメント・モデルは，ドメスティック・バイオレンスの分野で働く専門家に非現実的な要求を突きつける。専門家は問題のタイプ，範囲，深刻さを決定するだけでなく，具体的治療法を適切に用いることが期待されている。理想的には，専門家は担当する個人を治療して成功の可能性を正確に予測すると同時に，前歴と行動に基づいて将来の暴力をも予測できなければならない。専門家は加害者の過去の正確なアセスメントに基づいて暴力を止める治療タイプを決定するとともに，各々のタイプの治療に伴うリスクも予測しなければならない。たとえば，この加害者には認知行動的アプローチのほうが教育的モデルよりも有効だろうか。この加害者には強力で直接的な対決が必要か，それとも長期の継続的な再方向づけが必要か。この加害者は集中的個別セラピーにより未解決の情緒的問題に取り組むべきか，それとも夫婦セラピーが必要だろうか。つまり熟練した専門家は正確で包括的アセスメントを行い，個々の加害者にとって正しい治療モデルを作り上げ，それによって暴力が止められるはずである。

一方で調査と臨床観察によれば，従来のアセスメント・モデルはアセスメントを明確で具体的治療法に結びつけることが未だできていない。標準的な精神保健の専門家の間では，特定の個人に適する具体的治療法はもちろん，診断名さえも合致しない。援助職の専門家と研究者は加害者の将来の行動を正確に予測することは難しいと主張してきた。つまり専門家たちは，人々が正直に話してくれてもなかなか正確な予測はできないと言う。援助職は，専門家らしく責任を果たしたいという願望と，治療における不確定性との板挟みになっている。とはいえ，他の人々の変化過程を正確に予測したり責任を取ったりすることができるとはとても言えない。

解決志向アセスメント

　従来のアセスメント・モデルと同様に，私たちはドメスティック・バイオレンス加害者の行動改善にアセスメントが重要な貢献をしていることに異論はない。しかしながら，私たちはアセスメントをかなり異なる視点から見ている。従来のモデルの場合，セラピストはアセスメントを施行し，各々の個人に適する治療モデルを決定するためにそれを使う熟練者である。さらにアセスメントはドメスティック・バイオレンスの問題の公式化された知識に基づいている。つまりアセスメントは専門知識をもとにしていて，治療過程とは明らかに異なる別のものであると考えられている。

　一方，解決志向アセスメントは異なる一連の仮定を伴うので，当然異なるゴールをもつことになる。私たちのプログラムにおいては治療とアセスメントは相互に密接に絡み合っている。その過程では，加害者との最初の接触から変化を活性化させるためにあらゆる努力を払う。さらに重要なことは，私たちはファシリテーターを査定者と見るのではなく，参加者を査定者として見るほうが治療により有益だと考えている。言いかえると，解決志向アセスメントは専門家支配ではなく参加者中心ということである。その結果，非熟練者としての姿勢を保つことで参加者との非階層的対話を生み出す点が従来のモデルとは違ってくる。アセスメントの間にファシリテーターはクライアントの長所と資源を探し，協力関係を作り上げるためにコンプリメント[訳註2]を使う。参加者をコントロールすることは一切行われない。このアプローチは，専門家が教育とコントロールによってクライアントがすべきことを決定するアプローチとは異なる哲学に基づいている。つまり私たちのアセスメントを形成しているものは次の二つの信条である。

①ファシリテーターは表面に留まる────状況に基づく理解

　専門家としての私たちは，人が自分や他人を傷つけるおそれがあるかどうかを日常的に観察しているが，当人が自分の意図，状況，資源をもとに私たちの援助を活用すれば，再暴力を振るわずに済むことがわかった。このような「表面」の

訳註2　コンプリメント（compliment）：解決志向アプローチにおける「ほめる」こと，「ねぎらう」こと。

問題は，何が役に立つかを決める上で診断または複雑なアセスメントよりもはるかに重要である。私たちは紹介されてきた人々を同質者のグループとか加害者然とした特徴をもつ人々とはみなさない。人はそれぞれの場面で特徴のある反応を示すが，その反応は彼らの状況理解が変わると変化する。私たちのアセスメントの過程は，人が加害者のプロフィルに適合していることを確認することではなく，その人の長所と個性を引き出すことを目指している。

効果的な解決志向アセスメントにおいては，ファシリテーターは表面に留まることが必要である。そしてある特定の瞬間になぜある行動をするかについての「深い」推測を避け，むしろ現われているなんらかの可能性に注意を向ける。同時にこのアセスメントでは，ファシリテーターは参加者が達成したいゴールを特定し前進していけるように助けなければならない。

②加害者が査定者になる——— 選択の重要性

さまざまな点で，ファシリテーターではなく参加者がアセスメントを完成させる役割をもつほうが有効だと考えられる。参加者がプログラムを評価し，査定し，自分のニーズに合うかどうかを決定するのである。ファシリテーターがこの視点からアセスメントに取り組めば，プログラム参加は加害者から治療の選択肢の一つとして評価されるようになる。現状では加害者のなかには治療や受刑を避けたり，遅らせたり，無視したりする人もいることを私たちは経験上知っている。裁判所命令をうまく「かわす」方法として，郡から郡へ，州から州へ渡り歩く加害者さえいる。

このように見てくると，アセスメントは参加予定者が行わねばならない一連の評価と選択であることがわかる。たとえるならば，参加者は次第に深いプールに入って行く機会を与えられるようなものだ。最初はアセスメントに関わり，次に料金を払い，グループに参加し，ゴールを選び，何か違うことをし，最後に成し遂げたことに意味を与える。このモデルでは，ファシリテーターにはグループに参加するなら期待に応えなければならないと参加者に伝える役割がある。

ファシリテーターは，グループは選択肢の一つであり，受け入れても拒んでもよいことを参加者に理解させなければならない。自分に有益だと思う選択をした参加者は積極的なパートナーになる。こうして，参加者をグループ過程に深く関わらせ，変化への責任を彼らに転じることができる。その結果，彼らは自分にとっ

て過程がどう役に立つかを評価し始める。参加者がグループ不参加を決めたとしても，それが彼らにとって役に立つのであればファシリテーターはそれを認める。関係当局を「自分を支配する人」と見る人にとってはこうすることが特に有効である。なぜなら参加者が自分にとって本当に有益だと思う選択をしやすくするからである。参加者が二つまたはそれ以上の選択肢のなかからグループ参加を選ぶということは，彼らが自分の生活をコントロールし始める長い道のりの始まりとなる。

治療プログラムへの参加予定者の視点

　私たちのプログラムへの参加者の反応はさまざまである。生活を向上させるために希望と意欲をもつ人ももちろんいるが，私たちの経験では，自分の行動を変える望みをもってアセスメントに参加する人は少数である。その人たちはすでに自分で変える努力をしていることが多い。またある人々はプログラムが彼らを「直してくれる」だろうという希望をもっていて，自分の生活に違いをもたらすために何かをする責任を負うつもりはない。その他の多数はかなり骨の折れる人または「抵抗する」「敵意のある」「難しい」と説明される状態で参加する。この状態の人々に共通する主張は，彼らが不当に逮捕され，当局は理不尽にも彼らの権利を奪っているということである。もともとこうした人は，私たちは法制度と密接に提携していて，本当に彼らの話に耳を傾けたり理解したりしようとはしないと思い込んでいる。彼らは恥をかかされたり，「悪いヤツだ」「虐待者だ」「関係づくりができない」と言われるだろうと思っている。ある場合には彼らは自己決定能力がないと思われていると疑っている。多数の人々は，「怒りの処理（アンガー・マネジメント）」のように物事のやり方を変える方法をファシリテーターが教えてくれると期待している。

　一般的には，参加予定者の多くは対決の姿勢で迫られるだろうと思ってアセスメントにやって来るのだが，それが起こらないので驚く。彼らが恐れ，怒り，恥，不安を感じるのは当然であり，多くの研究発表においてもコントロールされる恐れに対してそのような自然の反応が起こると述べられている。ディヤングとバーグ（Dejong & Berg, 2002）は，強制に対しては挑戦，抵抗，支配を打倒する願望が起こるのが自然だと述べている。人間は自分がコントロールされたら自己の尊

厳が奪われたと感じるものなのだ。それに対して，ある人は自分の側のストーリーを話さねばならないと感じ，話すと当初の不安が減り，他の問題に集中しやすくなる。腹を立てて，アセスメント参加を命じた「制度」を攻撃する人もある。というのは彼らはアセスメントは過ちを告白させ，虐待の責任を受け入れさせる「強制制度」の一部に違いないと思い，私たちが審判したり非難したりするだろうと予想しているからである。

アセスメント面接の立ち上げ——最初の電話コンタクト

　最初のコンタクトは，ファシリテーターがクライアントと共働関係を始める最初の機会となる。ファシリテーターはクライアントを迎え入れる準備をしなければならない。このモデルではファシリテーターは専門家の役割をとったり，問題解決をしようとしないことが重要である。そうではなくて，参加予定者は有効な決定をするスキルをもち，その責任をとれると信頼しなければならない。ファシリテーターは参加希望者に敬意をもって審判せずに接する。参加者によっては敵意をもったり，自分本位だったり，ファシリテーターを裁判制度の延長だと思ったりしていることを考えると，最初のコンタクトはファシリテーターにとって大変骨の折れるものになる。穏やかな物腰を続け，参加者の攻撃的言動に巻き込まれたり反応したりしないことが重要である。参加者の望みと，そのための次のステップの発見を助けることに注意を集中すべきである。ほとんどの場合，次のステップはグループが役に立つかどうかを個人が評価できるようにアセスメントの予約をとることである。ファシリテーターはグループについて中立的で何も知らない姿勢をとることが重要である。特に重要なことは，参加者がプログラムに参加する義務があるとか，そうすることが彼らの大きな利益になるとかなどと参加者に押しつけないことだ。ときには参加者が自分の罪悪感，無知，動機づけなどについて議論を始めようとすることがある。私たちはそのような議論に関わらずに，何を求めているかをはっきりさせることが最も有効だと考えている。

　最初のコンタクトは，参加予定者からの「ドメスティック・バイオレンス・クラス」への参加申込の電話であることが多い。普通，次のような形でコンタクトが始まる。

参加者（以下 P）　もしもし，そちらのドメスティック・バイオレンス・クラスについて誰かと話したいんだが．

ファシリテーター（以下 F）　はい，保護観察所からの紹介ですか．

P　いや，判事からだ．

> 参加者がプログラムに申し込んだことを委託してきた機関に知らせるために，この情報を入手しなければならない．

F　わかりました．まずインテイク面接の予約をしてほしいんです．そのとき二人で書類を作ったり，私がグループについて説明したりします．グループ参加費用が200ドルだと判事から聞きましたか．

> 私たちは，これだけの費用がかかることを最初から参加者に知って欲しいと思う．なぜならこの金額の負担と支払いについてしっかり考え始めてほしいからだ．費用を払うことにはさまざまな利点がある．たとえば，参加者は自分に役立つ資源に投資することで責任を分担することになるし，投資の代償を受けることも期待できる．

P　うーん，そんな金はないな．クビになって無職なもんでね．

F　仕事のことは残念ですね．次のグループは3週間後に始まるんですが，それまでに費用をなんとかできますか．

> 私たちは，参加者がお金がないと言うときにはいつでも「どうするつもりですか」と尋ねることにしている．こちらが彼らのためにこの問題を解決しようとはしない．彼らは自分でこの問題を解決するスキルをもっていると私たちは想定する．11年間のグループ運営経験によると，この問題でグループに参加しなかった人はいない．

P　そうだな．そのころまでには仕事に就いているだろう．ただ，判事に次の水曜の法廷で俺がグループに申し込んだって言わなきゃならないんだ．

> 参加者は何カ月も，ときには何年も前からグループに参加するように命令されているのに，次の出廷日直前に電話してくることがよくある．その場合に，彼らになぜ遅くなったかを問いただすことはしない．私たちは彼らが必要なことを得られるようにできるだけのことをする．

F　大丈夫ですよ．インテイク面接が終わり次第，判事に通知しましょう．来週月曜日の4時はどうですか．

P　いいよ．ワイフを連れてきてもいいかな．彼女も本当のところこのグループに入るべきなんだ．

F　残念ですが，このグループは裁判所命令の人だけのためなんですよ．でも彼女は，もちろんこのクリニックの別のセラピストと話せますよ．

参加者は配偶者を同伴したがることが多いが，このグループはカップルを同時には入れないことにしている。カップルの両者が私たちのプログラムに参加命令を受けていることもあるが，その場合には二人を別々のグループに入れる。配偶者とは別々のグループに参加するほうが良い結果が出ることがわかってきたからだ。

　ファシリテーターは参加者が彼ら自身の生活の専門家であるとの認識をもってたえず非審判的，受容的態度で彼らを参加させようとする。参加者は，起こったこと，「制度」がだめなこと，自分はここにいる必要がない，自己防衛のためにやったことなどを話題にしたがる。ファシリテーターはいずれにしろ，こうした会話を引き出したり奨励したりはしないで，できるだけ早く手近な課題に話し合いを戻そうとする。会話を変える方法の一つとして，「その話の前に一つ尋ねていいですか……」と話し始め，次に最初の電話コンタクトで入手すべき他の事柄に会話を進めていく。参加者がもとの話題に戻っていくことはほとんどない。
　私たちは責めることに関心がないので参加者は防衛的になったり攻撃的になったりする必要がないのだが，彼らがそれを信じるまでにはある程度時間がかかる。私たちは参加者の「ストーリー」が彼らの将来の成功に影響するとは思わないし，それらを審判するつもりもない。「起こったこと」の話に関わらないことにはもう一つの理由がある。それは，そのストーリーの真偽を決める立場に自分が立ちたくないからである。有罪か無罪かを決めるのは法的制度であり，グループファシリテーターの役割ではない。ファシリテーターの課題は，できるだけ短期間に参加者と協力関係を作って変化を起こさせることである。

アセスメント面接の目的と課題

　解決志向のアセスメントの中には，次の四つの主要な目標に取り組まなければならない。(1) 共働関係を作り始めること，(2) 変化への方向づけをすること，(3) 現在と将来の変化への努力の種を蒔くこと，(4) グループへの期待を明確にすること。上記のアセスメントの目標は順番にリストにしてもいいが，実際には混ざり合うこともあり，ときには1回の短い会話中に複数の目標に取り組むこともある。またアセスメント自体も，全体の過程とは別のものとして述べられているが，実際には多かれ少なかれ，全体的相互作用の一部なのである。人間はたえず変化

していくので，ある時点で強調すべき重要なことが後には重要でなくなっていることもある。したがってファシリテーターは，参加者が自分に役立つことと役立たないことを過程の全段階で常に評価し直せるように助けることが必要である。

共働関係を作り始める

　参加候補者と最初に会うのはアセスメント面接の場面であることが多い。そこでのやりとりの調子が将来のグループ作業につながるので注意が必要である。ファシリテーターは積極的に共働的雰囲気を導入すると同時に，参加者に何を期待されているかを明確に理解してもらわなければならない。つまり非審判的態度を保ちながら，参加者に「今までとは違う何かをすること」が期待されていることをはっきりと伝える。非審判的態度とはファシリテーターが参加予定者の行動について何も尋ねないというのではなく，むしろ変化の強制とか押しつけとは正反対の純粋な好奇心からの質問がなされるということである。たとえば参加予定者に彼らがしていることがうまくいっているかどうかを尋ねて自己評価してもらうことは，この相手尊重の姿勢を表すことでもある。ファシリテーターが参加者の判断基準や言葉を使って注意深く傾聴すると，参加者には敬意をもって十分に注意を集中されていることがわかる。この関係は上下関係ではないので，参加者が生徒でファシリテーターが教師ではないし，ファシリテーターが診断・治療する医師で参加者が「患者」というわけでもない。ファシリテーターも参加者も違う分野の能力をもつ人として認識されるので，相互に学び合うことができる。参加者は自分の生活の専門家であり，ファシリテーターは有効な質問をし，個人の長所と資源を明確にし，違いを作り出すためにすべきことに焦点を絞らせ，彼らのゴールに向かう手助けをする専門家なのである。参加者は一つの診断名とか「加害者」ラベルの体現者としてではなく，長所も短所も具えた一人の人間として見られる。各々が独自の人として認識されるのである。

　アセスメント面接の間に，参加予定者の過去や現在の行動と考えについて対決する必要はない。目的は参加者が将来，新しい違った行動を作り出すとの理解のもとに相互に満足な共働関係を始めることなのである。

変化への方向づけをする――― 能力を発見し長所を明確にする

　アセスメント面接中に変化に向けた第一歩を踏み出すために，参加予定者の能力に焦点を移すことが特に重要である。解決志向モデルの仮定は，全ての参加者は自分の生活のある分野で有能であり，建設的な未来を共働して作り上げるためには，彼らの長所が現在の問題と無関係に思われたとしても，すでにうまくいっていること（長所）から始めることが最善である，というものである。彼らはすでに手段，スキル，能力をもっていると認めることが，建設的な未来への望みをつなぐことになる。人の長所を知ることは，ファシリテーターの仕事の妨げになる先入観をなくし，グループ過程中にさまざまな資源を掘り起こす助けとなる。

　クライアントの長所を尋ねるファシリテーターの質問には次のようなものがある。「あなたの最近の成功にはどんなことがありますか」「すごく努力してやったことは何ですか」「やめにくい習慣をやめたことがありますか」「人からどんなところをほめられますか」。このような質問は，参加予定者とファシリテーターに参加者の潜在的能力と資源を査定する機会を与える。同時に，そのような質問をすると，参加者には自分の資源を探す能力がどのくらいあるかをファシリテーターが査定しやすくなる。その結果，ファシリテーターはグループ過程において参加者に必要な支え，励まし，枠組みの予想が立てやすくなる。またそのことによって参加者が受け入れられるコミュニケーションのペースや，決断を迫る質問と支持的表現とコンプリメントの間の望ましいバランスに関するヒントが得られる。

種を蒔く――― 問題の例外を探す

> セラピストが患者について知り，理解し，信じていると思っていることは限られた範囲のことが多く，間違いも多い。　（Milton Erickson, 1980, p.349）

　私たちは，人は最善を尽くしたいと思っていると想定し，その人のもつ長所を狭い視点と広い視点の両方から探すことがアセスメントの一部として有益だと考えている。このようなアセスメントの部分として，視点を絞り込んだり，もしくは視点を広げたりして参加予定者は，司法機関に呼ばれた問題について，さまざまな気持ちでアセスメント面接にやって来る。ある人はまだ出来事や状況の渦中

にあって動揺しているし，それから距離をおいている人もいる。怒りが強い人はその怒りを権威，ファシリテーター，家族，他の個人などに向けるかもしれない。そのときには，ファシリテーターが「情緒的に苦痛な出来事への怒りに焦点をあてること」と「現在の問題についての例外に視点を移すこと」のどちらが参加者に役立つかを決める助けをすることが重要である。

参加予定者が，グループに紹介されるもととなった問題を話し始める場合には，それを話すことが彼らに役立つかどうかを尋ねると良い。ある人は「こういう場所ではその出来事を話さなきゃならないんだろう」と思い，ある人は「否定的な出来事を話すのは無益で，状況を悪化させるんだけど話さねばならない」と思いこんでいる。後者にはどんな役立つことをしているかを尋ねて，話を有益な方向に向けることができる。たとえば「今，何がうまくいっていますか」「生活がうまくいくようにどんなことをしていますか」「生活を少しでも良くするためにどんなことをしていますか」「しなければならないことにどうやって集中するんですか」

アセスメントに来る原因になった出来事を自分から話さなければならないと信じている人に有効だと思うことは，暴力を振るう可能性があるのにそうしなかった場面を私たちが探すことである。その目的は三つある。(1) 参加者にうまくいくこといかないことを考えさせる，(2) 参加者はいつも暴力的ではないという事実が強調される，(3) 参加者は自分の行動をコントロールできるのだと主張できる。さらに次のような質問で詳細な情報を集めるとよい。「暴力的にならないためにどんな違ったことをしたか」「それをどうやってやりとげたか」「いつしたか」「どこでしたか」「誰が気づいたか」。ここで自分が述べた詳細な情報によって参加者は変化の起こり方を正確に細かく理解し，もう一度繰り返す手がかりを得る。また「過去に成功したことがあるんだから，今から自分を変えることができる」という自信をももつ。

過去に参加者がうまくやったことを知るだけでなく，うまくいかなかったことを知るのもときには有益である。参加者の多くはアセスメントに来所する前に，自分の行動を変えようとかなりの努力をしている。結果としてうまくいかなかったかもしれないが，この努力を探し出して賞賛する必要がある。これがなされないと，参加者の行動は価値がなかったことになり，さらに悪いことには，そんなことは起こらなかったことになる。私たちの経験からすれば，認識されたことは現実になり，認識されなかったことは存在しない。三人の野球の審判の話はこの

考えを思い出させてくれる。

　最初の審判は「意味」の作られ方をほとんど知らなかったので「私はボールを事実どおりに判定する」と言った。二番目の審判は人間の知覚とその限界について少々知っていたので「私はボールを，私に見えたように判定する」と言った。三番目の審判はヴィトゲンシュタインとともにケンブリッジで学んだので「私が判定するまでそのボールは存在しない」と言った。
　　　　　　　　　　　　（Neal Postman, quoted by O'Hanlon & Wilk, 1987, p.23）

　参加者の長所を探す質問をすると彼らへのコンプリメントを探し出すことができ，それをアセスメントの間に使ったり将来のために書き留めておいたりできる。参加者各人のコンプリメントの受け取り方と，どのコンプリメントに反応したり特別な意味を感じたりしたかに気づくことは重要である。アセスメント過程で協力関係を築くときに，コンプリメントの影響力を過小評価してはならない。ファシリテーターが参加者の達成したことに心から感銘を受ければ，参加者は「自分は有能な人間で前向きの未来を作る能力がある」と思える。
　参加予定者が重要だと思う成功体験を引き出すために具体的な質問をする。つまり，次のように尋ねられると参加者は自分の成功体験を話しやすい。「あなたが生活のなかでやりとげたことで最も自慢できることはどんなことですか」「やめにくいことをやめたことがありますか」「難しくて大変なことを変えたことがありますか」。私たちの経験ではアルコール，たばこ，薬物をやめたと答える人が多い。そこでファシリテーターは驚き，好奇心，コンプリメントを示し「おぉ，やめられたの。どうやって？」と応える。薬物をやめ続ける自信がどれほどあるか，この成功をさらにどう積み重ねていくかなどを尋ねることは有効である。参加者が（薬物等を）やめたら，子どもや配偶者がどう違ってくるかを尋ねることもできる。このような質問は，参加者が生活を変える方法を参加者とファシリテーターの両者に理解させるだけでなく，生活を改善するための重要な経験をしていることを参加者に認識させることになる。グループ参加以前の変化はグループ内で成功するというプラスの指標であり，さらに変化を積み重ねるために活用できる。
　このように各人の能力を信頼して協力関係を作るアプローチをとると，参加者は「未来への希望」と「彼ら自身や周りの人々に有益な変化を起こせるという感

じ」をもってアセスメント面接を終える。彼らは，ファシリテーターは判断を下したり非難したりするのではなく，彼らの生活の質を高めるための協力者であると気づいて帰っていく。さらには，参加者は彼らに求められているゴール達成作業について考え，将来の変化はどんなものになるかと予想し始める。

グループに期待できることを明確にする

グループの進め方の紹介

アセスメント面接の主要な要素の一つは，参加者にプログラムの詳細な説明をすることである。プログラムの概要説明は以下のような形でなされると有益である。

1. 参加者がグループに何を期待できるかを伝える。大部分の参加者は，グループに参加した経験がないので，参加することへの恐れ，ためらい，不安を表すだろう。これから起こることがわかれば不安を取り除くことができる
2. 変更可能なものとできないものの基準を明確にする
3. 参加者に何が求められているかを知らせる

グループの運営規定

参加者には次のことが説明される。

- グループは1時間のセッションを8回行う
- 初回セッションへの参加は必須であり，そのときグループ・ルールとゴール作りの説明がある
- 遅刻しないで出席する
- 欠席は1回のみで例外は認められない
- 短期間に達成すべきことが多いので，2回欠席した場合には始めからやり直しになる
- 参加者は各グループ・セッションで，出欠用紙がファシリテーターに戻される前に着席していなくてはならない。遅刻して出欠用紙にサインできなかったときにはそのセッションは欠席扱いになる
- グループ開始の2週間前までに，全8セッションの日程を含む通知が参加者に郵送される。（ファシリテーターは参加予定者がスケジュールを合わせられるようにできるだけ早く開始予定日を通知する）

・初回グループ以前に参加費全額を納入しなければならない

ゴールの説明と宿題

　アセスメント面接の最後に，グループの過程で参加者がすべきことが次のように説明される。参加予定者は8回のセッションで到達すべきゴールを作らなければならない。ゴールという言葉を聞くと参加者は混乱するが，これは実際にゴール作成の過程を観察したり経験したりすると解決する。ゴールは，参加者が生活や関係を改善するために選んで達成しようとするものだ。それには，重要な他者によって気づかれるような今までと違った行動が含まれていなければならない。最初の3週間は参加者がゴールを作り，それを具体的なものにするために使われる。ファシリテーターはゴール達成のための行動を具体化する援助をする。

　参加者はいったん到達可能なゴールを作り上げたら，セッションとセッションの間にその達成に努力し，その結果を報告する。ファシリテーターは毎週のグループで，前の週に目標達成のためにどんな違った行動を取ったかを尋ねる。私たちは参加者が目標に向かって何をしているかについてたくさん質問をする。参加予定者にはその時点から何をすべきか考え始めるように求める。そうすれば，グループ開始までには何らかの考えがまとまっていて，さらにはゴールに向かって努力し始めてさえいるかもしれない。

　ゴールの概念の次に宿題の説明がある。その宿題は，ある質問に対して1ページの答えを書いてくることである。質問の例としては「小さなことでいいんですが，関係がうまくいくようなことは何でしょうか」または「あなたの生活に前向きな影響を与える人は誰で，なぜかを説明してください」などがある。宿題は1ページ一杯に書くことになっている。ファシリテーターは参加者の文章力にではなく考えだけに関心がある。読み書きができない人は自分の考えと言葉そのままを書いてくれる人を探すことが望ましい（宿題のリストは《付録ⅱ》参照）。

　ファシリテーターはグループ過程のなかで，変更可能なものとそうでないものを明確に理解していなくてはならない。混乱と不要な対立を避けるために，どの参加者に話すときにも一貫性が特に重要である。以下のリストが有効なガイドとなるだろう。

グループの変更不可能な規則と変更可能な規則

変更不可能な規則
・初回グループに参加する
・8セッションのうち最低7回の出席が必要
・定刻に来所する
・ゴール達成の努力をする
・宿題をする
・参加費を払う

変更可能な規則
・関係改善のゴールの対象は，8セッション中に定期的に接する機会のある人なら誰を選んでもよい
・その関係を改善すると信じられる具体的行動を選ぶことができる。ただしその行動は何かが不在なのではなく，何かが存在するものでなければならない
・そのような行動を何回するかを選ぶことができる。(ただし継続性があり，進歩が見られる限り)

　アセスメント面接の最後の項目は質問の有無を尋ねることである。プログラムは十分に説明されているので，この時点での質問はほとんどない。参加者がグループの開始時期を尋ねることがあり，わかっていればおおよその日付を知らせる。グループには少なくとも8～10人が必要であり，紹介の件数によって開始日が決まることを説明する。プログラムに参加するために生活に支障をきたすことがよくあり，参加するために仕事を休まねばならないことも多い。グループはできるだけ遅い時刻に設定されるが，それでも人によっては時間に間に合わない。私たちは特別な計らいをしないし，職場から休みをとる助けもしない。私たちは，グループに参加したり定刻に到着したりする方法を参加者が責任をもって探し出すと考えている。

特別な集団のアセスメント

　私たちのプログラムに紹介される人々の多くは薬物乱用，さまざまな精神障

害，広範な暴力行為などを抱えている。1996年から2002年の間の私たちの調査結果によれば，参加者の61.4％が薬物乱用，18.8％がⅠ軸の精神障害と診断され，25.5％がⅡ軸のパーソナリティ障害，4.5％が脳外傷をもっていた（詳しくは10章参照）。ファシリテーターはアセスメント過程でそのような情報を使うか使わないか，それに注意を向けるか向けないか。私たちのプログラムでは，アセスメントの過程で診断をつけようとしたり，診断によって治療を決定しようとはしない。それよりも私たちは，グループにおける各参加者の「表面的」行動を査定することに関心がある。そういう行動は，各人に意味のあるゴール探しに関係があるからである。

　各人は自分の価値基準から生まれる独自の解決を作ることが期待されているので，参加予定者は解決のために協力し，解決を作る能力があるかどうかを考慮することが重要である。また，怒りや不満をグループ過程で処理する能力があるかどうかを参加予定者自身が査定するのを助けることも重要である。参加予定者は，他の問題を抱えていたとしても，グループ時間内と次のグループまでの間になすべき責任を免れることはできない。つまり，ファシリテーターから見れば「グループから利益を得るために参加者が基本的にしなければならないことがある」ということである。

　すなわち（1）質問を聴き，答える，（2）明確で十分に定まったゴールを作る，（3）各セッションでそのゴールに向けた行動について説明する，（4）ゴールに向けた自らの努力を評価する，（5）セッション内やセッション外での怒りを適切に処理する，（6）グループのルールに従う，（7）完全にしらふでセッションに参加する。参加者が以上の7条件を満たすことができれば，診断・化学物質依存・感情コントロールの問題をもっていても，私たちは参加者を助けられると信じている。経験上，紹介された人々の大多数は，これらの条件を満たすか，そうする可能性をもっているように見える。ともかく，アセスメント面接の結果によってプログラムから個人を除外したことはない。

　参加予定者が7条件の一つを満たすことができないとしても，その条件を満たすような援助を受けることができればよい。たとえば人によっては時間の追加，簡単な用語，繰り返し，明確化，ゆっくりしたペースなどが必要になる。その他，効果のあった以前の治療に戻る必要がある人や，支援サービスが役立つと思われる人がいる。このような問題について参加者と工夫して取り組むことがファシリテーターの責任である。私たちは，誰もが満足のいく参加方法を探せないはずは

ないと考える。

　参加者がアルコールや薬物問題，精神障害，「反社会的特質」を抱えている場合，その人のグループ活用能力における問題点はグループに持ち込まれることが多い。たとえば，参加者によっては明確なゴールを作り上げること，定刻に出席すること，しらふでの参加，グループ内での感情処理などが困難になることがある。そうした問題が起こると，ファシリテーターはその人が違った行動をとる必要があることを自分で判断するように助ける。こうした形の評価作業は，グループ過程で起こることもあるが，状況によってセッション後またはセッション間で追加セッションを設定しなければならない。このような評価作業の対象はグループ過程中に観察される「表面的」行動である。私たちはアセスメント過程で診断をつけようとしたり，診断によって治療を決定したりするより，グループの途中で評価するこのようなアセスメント過程のほうを選ぶ。というのは，そのほうが私たちの「臨床的印象」や「臨床的診断」ではなく，参加者の実際の行動を評価するものだからである。私たちの臨床的印象は普通，臨床的偏見に基づいている。それに対して肝腎なのは参加者の実際の行動なのである。

アルコールと薬物問題

　薬物乱用は，義務により来所するクライアントのかなりの率を占める問題である。私たちのプログラムでは，義務的クライアントの61.4％がアルコールまたは薬物乱用の問題をもっていた。調査はまた，慢性的アルコール乱用は，そうでない場合よりもひどい暴力行為を起こす明確な指標であることを裏づけている（Blount, Silverman, Sellers, & Seese 1994; Heyman, O'Leary, & Jouriles, 1995; Tolman & Bennett, 1990; Wesner, Patel, & Allen, 1991）。参加者からよく聞くことは，暴力が起こるときは彼らか配偶者のどちらかがアルコールか薬物の影響を受けているということだ。

　アセスメントによって，参加予定者はアルコールと薬物が生活に及ぼす影響を考え始める。限られた支持や励ましを効果的に使って状況を改善する人もいるし，大変な資源と努力を投じても脱け出せない人もいる。以下のアウトラインは，アセスメントのときに現実的で意味あることに注意を向けるためのものである。(1) アルコールと薬物使用を軽減・中止するために参加者が現在行っているあらゆる努力を発見し，支援することは重要である，(2) 薬物とアルコール使用につ

いて個々人と議論することは役に立たない，(3) 薬物とアルコールについてのグループの期待をはっきり理解しておくことは参加者にとって有益である，(4) 参加者は期待に応える責任があることを十分に理解しておくことが有益である。

　アセスメント面接中に，グループがある日にアルコールまたは薬物を使用することを私たちは絶対に許容しないと全参加予定者に伝える。私たちは参加者がグループを彼らの利益のために使う最善の機会にして欲しいので，グループがある日には完全にしらふでいなければならないことを伝える。このメッセージは全参加予定者に率直で実際的なものとして抵抗なく受け入れられてきた。「もし参加者に薬物やアルコールの影響があると思われたら，グループから出ていかなければならない」と伝えて私たちの決意を強調する。これが参加者の問題行動を変えるきっかけとなる。同時に，こうした行動が，彼らと家族にとって否定的結果を招くかどうかを考えさせることにもなる。多数の参加者にとってグループがある日に禁酒を約束することは，従来の行動からすると重要な例外になる。グループの日に実際に禁酒するとそれはもう一つの例外となり，それが作り出す違いを認識する機会を彼らに与える。また，この日のための新しい禁酒行動は重要な変化を起こすきっかけとなる。

　ある人は飲酒をやめ，薬物使用もやめてアセスメント面接にやって来る。彼らは飲酒は問題を起こすだけであり，刑務所へ行くぐらいなら禁酒しようと思うだろう。このような参加者に禁酒とその利点を認識させて，その考えを深めさせることがファシリテーターの重要な役目である。禁酒の利点を認識する行動が重要なのは，彼らと周囲の人々にこの変化の意味と価値を再評価させるからである。

　グループの基本的条件を満たすならば，アルコールや薬物使用を理由にして乱用者が治療から締め出されることはない。変化は場所と時間を選ばない。「正しい治療」に到達するために「正しいとき」に「正しいドア」に向かって歩き出すことを待っていては，何かが起こる機会を遅らせるだけである。アプローチ上のこの転換は「薬物・アルコール治療センター」の治療を拒否してきた人にとって特に重要である。もし参加者が自分で設定したゴール達成に取り組むことができれば，完全に禁酒したり，薬物使用を大幅に減らしたりすることができる。なぜならそれが彼らのゴール達成の妨げになることがわかるからである。

　アセスメント面接中に，個人があの「出来事」以来使用していないと言えば，私たちはこれにコンプリメントし，どうやってそれができたかの情報を得る機会として活用する。私たちはやめ続ける自信がどれほどあるか，この違いによって

関係にどんな変化が生まれたかを尋ねることがある。問いただしたり説教したりはしない。友人，家族，雇用主，裁判所がすでに薬物使用問題で彼らと対決していることが想定できるので，私たちは過去にうまくいかなかったことを繰り返したいとは思わない。

　ゴールを決める段階になると，参加予定者が禁酒をゴールにしたいと言うことがある。その場合には，私たちはある行動をやめることは望ましいゴールではないと説明する。というのは，何かをやめることは何かの不在であり，ゴールは，しないことよりも何かをすることでなければならないからである。私たちは禁酒の努力を続けるように励ます一方で，何かをするほうへ転換するように助ける。

薬物・アルコール問題に取り組むヒント
・薬物・アルコール使用を減らしたりやめたりするのに役立つ努力を査定する。
・薬物・アルコール使用の結果についてのグループ・ルールを厳密に明確に説明する。
・薬物・アルコールの使用歴によって参加者を締め出さない。
・参加者に薬物・アルコール使用をやめさせる責任を負わない。

精神医学的問題

　アセスメント面接中に，参加予定者が典型的なメンタルヘルス上の症状を示すことがある。私たちは地域の精神保健施設で働いているのでメンタルヘルス上の診断を日常的に適用している。大部分の参加者は「対人関係の問題」と診断される。また反社会性・自己愛性・境界性パーソナリティ障害を含むパーソナリティ障害が多数を占める。それよりは少ないが，統合失調症や双極性障害のようなⅠ軸診断が下されることがある。全般的には，参加予定者のグループ活用能力にかかわる診断上のラベルづけと分類には限界があり，不十分な予測しかなされないと考えている。私たちは治療を決定したり，プログラムから個人を締め出すためには診断を使わない。私たちは，人はカテゴリーではないし，診断が帰結を予測することはほとんどできないと信じている（DeJong & Berg, 2002）。

　アセスメント面接中に精神障害の症状を呈している人を認識することは有益だと考えている。というのは，このような参加者は資源を探すために特別の援助が

いるかもしれないし，グループ内で効果的に関係づくりをする助けが必要になるかもしれないからである。重ねて強調したいことは，アセスメントの焦点はグループ内での目に見える行動であって，事前の臨床診断から推測されるような行動ではない。このような参加予定者とは，この問題に直接，間接に取り組むことが有益である。個人が特定の症状をもっていたり，特定の症状を治療するために投薬を受けていると述べるときには，直接話し合うことが最も有効である。そうすれば治療を受けている参加予定者と，グループ参加の妨げになりうる症状の対処法をともに探すことができる。

　もう一つ重要なことは，ファシリテーターは，参加者にとってどんな修正が必要か，または有効かを考えねばならないことである。脳器質性障害をもつ参加者に対してはさらに忍耐が求められる。そのような人には単純で具体的な言葉遣いが必要になるが，彼らは行動を変化させる可能性をもっている（詳細は9章参照）。

　私たちはすべての人を独自の人として扱い，彼らの反応を私たちの質問の基礎にしている。特別の援助を必要とする人が必ずしも精神医学的診断を下されているわけではない。私たちの調査結果によると，精神障害をもつ人とそうでない人との間にドメスティック・バイオレンスの再発に関して大差はない。メンタルヘルス上の症状をもつ人の多くは，以前は除外されていた分野でも，効果的な参加者となりうることがわかってきた。アセスメントの過程は，参加者に彼らのエネルギーともてる資源を活用させる機会となる。

暴力の激しさ

　私たちは個人を暴力のタイプ，程度，頻度によってグループからふるい落とすことはしない。そのような事実の詳細は公的方針を決定する上では価値があるが，私たちの目的にとっては役に立たない。私たちに紹介される人たちは，治療するしないにかかわらずその地域に暮らしている。裁判所がこの人々が地域にいて安全であると判断するならば，そうでないと証明されない限り，彼らは私たちのプログラムに受け入れられる。いったんグループに入れば，参加者は暴力のタイプや程度によって異なる扱いはされない。

　ドメスティック・バイオレンス・プログラムへの紹介は，裁判所，保護観察所，ときには仮釈放委員会から行われる。紹介される人々の犯罪は，ドメスティック・バイオレンスによる虐待のあらゆる範囲に及ぶ。ドメスティック・バイオレ

ンスの加害者には典型的なタイプがあるわけではないが，次の2例から加害者の一面を見ることができる。ジェイは，二人とも酔っていたときに妻をソファに押し倒したので紹介されてきた。妻は腕と足にあざができていて，ジェイは3日間留置され，1年の保護観察となって私たちのプログラムに紹介された。一方リッキーは，妻と新しいボーイフレンドとのセックスを窓から見て二人を襲った。彼は妻の鼻の骨を折り，眼窩，耳，肩を痛めつけ，ボーイフレンドのあごの骨を折った。彼には前科がなかったので1年の拘置と3年の保護観察となり，拘置期間後のグループ参加が命じられた。私たちは，仮釈放委員会から仮釈放の条件としてプログラム参加を命じられた人を受け入れる。通常，私たちは参加者が犯した犯罪の性質を知らないし，知ることが役立つとも思わない。加害者の大多数は郡刑務所で数日から2年の刑期をつとめる。

　私たちは家庭での暴力を再発させないために，できるだけ短期間に変化を起こすことに集中する。参加者が問題行動を「認めること」や「責任を取ること」が関係改善に有効だとは思わない。問題行動に焦点を当てることはクライアントを萎縮させるだけでなく，私たちの変化促進能力をも限定しかねない。参加者の弱さや反社会的行動を知ることは，彼らの長所と資源を知ろうとする私たちの能力を損うことになるだろう。参加者の変化への能力を信頼するためには私たちが彼らの可能性，資源，長所を知るほうがはるかに有益である。また参加者が自分の能力と長所を信じることが彼らに肯定的未来を信じさせることにもなる。

アセスメント面接における有効な態度と行動

・「尊重」と「知らない姿勢」の立場を取る。
・参加者は自分の生活の専門家であることを認める
・参加者にとって価値あることを発見する
・目に見える「表面的」行動を査定する
・参加者の長所と資源を探す
・例外を探す
・各々の独自性を認める
・対決しない（問いたださない）
・告白を求めない
・教育しない

・従順を強要しない
・問題を解決しない
・臨床的診断をもとにした推測で理解や意味づけをしない

3
グループ・ルール，宿題，チーム・アプローチの活用

Using Group Rules, Assignments, and a Team Approach

グループ・ルール

　グループ・ルールは初回のグループ・セッションの始めに配られる（《付録ⅲ》参照）。これらのなかには8回のセッションの構成と規則が定められてあり，プログラムのなかで受け入れられることと受け入れられないことが簡単に分かりやすく記されている。多くの参加者は公平に扱われないのではないか，「公的機関」に利用されるのではないかと恐れている。ルールを読むと全員が平等で公平に処遇されることがわかる。ルールのおかげでファシリテーターは無用で横道にそれる会話をせずに済み，時間を有効に使える。グループ・ルールはグループを変化に集中させるすばらしい道具である。

　最初のグループ・ミーティングで，参加者に交代でグループ・ルールを音読してもらう。一つのルールを読むたびに質問があるか尋ねる。グループ・ルールの音読には四つの目的がある。(1) 参加者に反対意見，異なる意見を述べる機会を与える，(2) グループに留まるには参加と努力が必要であることを伝える，(3) 各参加者がルールを学び，理解し，必要なら反論する機会があったかどうかを確認する，(4) 文字が読めない人がいるかどうかがわかる。

　最初のミーティングは通常，ファシリテーターにとって大変骨の折れる仕事である。しかしこのルールを提示すると，参加者は自分が敬意をもって扱われることがわかり，ファシリテーターの骨折りは大幅に減る。ルールは人間関係の常識的なアプローチなので，大部分の難題は短い話し合いと説明で対処できる。大多

数の参加者にとってルールは賛同できるもので，たとえ誰かが難題を持ち出したとしても，大多数の参加者はその人の肩をもたないだろう。私たちはすべてのルールを淡々と敬意をもって説明する。ルールはすべての利益にかなう実践的で有効なものであると伝える。また，ファシリテーターはグループに対して責任があり，ルールはファシリテーターにとって特別な意味があることも伝える。

ルール 1. 出席

> グループ・セッションは 8 回行われる。出席できない時にはあらかじめ連絡しなければならない。欠席してもセッション時の宿題は提出しなくてはいけない。2 度欠席すると以後はプログラムに参加できない（欠席は 1 度まで）。私たちは保護観察所に参加者の出席状況を報告する義務がある。時間は厳守。出席表が回収された後の到着は 1 回の欠席とみなされる。

参加者は時間を守らなければならない。このルールはグループが重要で価値があることを示すものである。それはまた，彼らが関わって重要な仕事をすることを意味する。参加者の遅刻と 1 回以上の欠席は許されない。参加者は短時間のセッションで多くの作業をするので，全セッションに出席することが重要である。彼らにとって価値ある機会はすべて生かしてほしい。

ルール 2. 暴力

> いかなる形の暴力も禁じる。どのような暴力でも用いたらプログラム参加は打ち切りになる。

私たちは最初から暴力に対して非常に厳しい立場を取ることと，グループの内外のどんな種類の暴力も許容しないことをグループに知らせる。普通はこのルールに対してほとんど反対がない。私たちは暴力を振るう参加者を保護観察所に通報しなければならないし，彼（女）は以後プログラムに参加できない。

ルール 3. 守秘義務

> このグループ内で話されたことはすべて他言無用である。聞いたことには守

秘義務がある。このルールに違反したらプログラム参加は打ち切りになる。

　このルールについては時間をかけて話し合う。私たちは次のことを説明する。①参加者の問題は私的なものとして尊重される，②グループが安全で秘密が保持される環境であることを望んでいる，③グループ内にいる人のことを配偶者や友人に話してはいけない，④グループ内で学んでいることを話し合ってもいいが，他の参加者についての情報を漏らしてはいけない，⑤参加者が自分の個人情報をグループ内で過度に漏らしてしまい，傷つきやすい立場に立つことがある，⑥秘密保持に関する専門家の義務と参加者の秘密保持の例，⑦ファシリテーターはどの情報を誰にどんな状況で伝える義務があるか，⑧参加者がファシリテーターに地域社会で「ばったり出会ったとき」の対処法。参加者が声をかけない限り私たちからは何もしないし，声をかけられてもプライバシーを守る。安全と尊重は参加者にとっての重大な問題である。多くの参加者はグループ経験が乏しいので，私たちは安全で秘密の守られる環境を提供しようと努力する。

ルール4．アルコールと薬物

　もし薬物またはアルコールの影響が認められたら，グループ参加は許されない。つまりグループ・セッションのある日に少しでもアルコールや薬物を使用したら，グループから退出させられる。

　参加者には次のことを伝える。ミーティングに出席する場合には完全に出席する。薬物はいかなる形の使用も許されない。このルールを破った場合の結果を自覚してほしい。ファシリテーターがアルコールや薬物のにおい等に気づいたら，その参加者は名乗り出てその日のグループから退出してほしい。誰も名乗り出なければ，全参加者とファシリテーターが追加のミーティングに出席するという条件でグループが解散となる。名乗り出なければ全員に影響を与えるので，各参加者は他の人に配慮して行動して欲しい。これについて話し合った後に違反する人はほとんどいない。

ルール5．宿題

　書面による宿題はすべてを読み，完了しなければならない。宿題を完了できな

い場合,自分の責任で助けを求めなければならない。

参加者に次のことを話す。①参加者は宿題をやってこなければならない(《付録ⅱ》のリスト参照)。宿題は参加者が解決を探る過程で自分の資源に気づくように計画されている。②私たちは綴りや文法にではなく,この問題に関する彼らの考えに興味がある。③参加者はグループ・セッション中に自分の宿題を読んだり話したりするよう求められることがある。これは有効なグループ・ディスカッションのよい刺激となる。④読み書きができない参加者は,自分の考えやアイディアを代わりに書いてくれる人を探して宿題を完成させてもよい。

ルール6. グループでの討論

参加者はグループのなかで自分の考えや思いを討論しあうように期待されている。ファシリテーターや他の参加者の意見に不賛成の場合には,それを話すように勧める。その場合,他人の意見・考え・気持への敬意を忘れないで欲しい。

このルールの目的は,参加者に彼らとその意見が重要だと知らせることである。私たちは彼らが持ち込む情報に関心がある。このルールは彼らがグループ過程に積極的で活発に参加することを期待していることを伝える。参加者はグループ討論のなかでお互いに非常に学ぶところが大きかったと報告している。つまり誰もが貢献できる可能性をもっているし,協力し合うとその可能性が増す。このルールを話し合うとき,全員が参加しなければならないし,内気な人が,重要で独自の考えを述べることがあることも強調する。そのすぐあとで,参加者が自分は内気だが話したい気持ちが十分にあると言うことがよくある。内気な参加者が「グループで必ず意見を述べること」を自分のゴールとして設定することもある

ルール7. 相手を責めない話し方

他の人の行動に直接焦点を当てないこと,またそうすることは奨励されない。
変えることができる行動は自分自身のものだけなのだ。

このルールは参加者に変化する主体的責任があることを意味している。このおかげで多くのプロブレム・トークが省かれ,グループの時間が有効に活用される。このルールは,参加者にグループは恨みごとや非難を述べる場ではなく,生活に

有意義な変化を生み出す場であることを知らせる。

ルール8．ゴール

3回目のセッションの終わりまでにゴールを設定しなければならない。ゴールは次のようなものである。①あなたの生活を良くするもの，②これまであなたがしていない行動をするもの，③他人が見てその変化がわかるもの，④他人がそれによって前向きの影響を受けるもの。第3回セッションまでにゴールを作り出せないならグループに留まることはできない。

　最初は参加者のなかにはセッションに出席してさえいればグループを修了できると思う人がいる。ここでは，ゴールの具体的な詳細ではなく基本的要件だけを紹介している。参加者はグループの内外で努力する必要があり，行動を計画し実行することによって積極的で重要な違いを生み出すことができる。ゴールは参加者の生活と人間関係に前向きな変化をもたらし，その変化が他の人に見えるものでなければならない。

ルールの注意事項
・グループの初回セッションでルールを復習する
・ルールを単純なものにする
・討論のための時間を取る
・参加者による例外の提案には応じない
・議論や対決に巻き込まれない

宿　題

　8回のグループ・セッションの間に二つか三つの宿題を使う。最初の宿題は4回目のセッションの終わりに出され，5回目，6回目のセッション中にそれについての討論が行われる。最終の宿題は必ず7回目のセッションで出され，最終セッションで話し合われる。もし三つの宿題をすべて使うとすれば，二つ目の宿題は5回目か6回目のセッションで出される。宿題を二つにするか三つにするか

はゴールを話し合った後に使える時間の長さによる。全宿題を達成するためにゴールの話し合いの時間を犠牲にすることは決してない。実際にゴール作りの作業に多くの時間を費やしたときには，最終宿題だけを使った場合もあった。

　宿題は参加者の達成感を強め，変化への動機づけを確かめ，グループ完了後も努力が続くように計画されている。それぞれのミーティングでの仕事に集中できるように宿題はセッションの終了時に出される。参加者は次回までに各宿題について少なくともレポート用紙1ページ分を書いて来る。1ページに足りない場合には返されるので書き足さなければならない。最初の宿題を出すときには，ファシリテーターの希望事項を必ず繰り返して言う。

　最初の宿題は，「人間関係がうまくいくような小さなこと」について1ページ書くことである。私たちが小さなことを強調するのは，それが大きな変化へと変わっていくのだから，小さな実行可能な宿題に集中することが最も有効だと信じるからである。そのために「こうすれば良い関係を作れる」と彼らが信じていることを思い出してもらう。すると，忘れていた過去のうまくいった行動を意識するとともに新しい行動を考えることにもなる。宿題について話し合うことはグループ内の他の人々から学ぶ機会にもなる。

　第2の宿題では，参加者に前向きの影響を与えた人について書く。ここから，参加者が望む他人との関係作りについての有益な情報が得られる。それは参加者が行っているゴール達成のための作業に直接関係する。宿題をしながら思い出したことによって，参加者はゴールに向かってさらに努力する気持ちになる。

　最終の宿題は必ず第7セッションの終わりに出される。ここでは参加者にグループ内で学んだことの検討と，ゴール達成作業の評価が求められる。参加者は1から10までのスケールで10をゴール達成への強い努力，1を全く努力なしとして評価する。これが最終グループでの話しあいのよい準備作業となる。この宿題によって参加者が成功し続けるための調整や追加事項を確認することもできる。

　最終グループ・ミーティングの3カ月後に，参加者に宿題を返却する。それにグループ内の働きへのコンプリメントと，参加者への敬意を示す個人的思い出とを書いた手紙を同封する。最終の宿題も参加者にとって価値があると思うので返却することにしている。

チームとしての活動

　チームとして活動することには多くの有利な点と不利な点がある。このような形を選んだのは，ドメスティック・バイオレンスの加害者は対応が難しくセッション中の困難も多いので，二人のファシリテーターが協力するほうが働きやすいと考えたからである。これが的確な想定であったかどうかはまだ証明されていない。私たちが使っている解決志向アプローチは変化を生みやすい環境を作るし，対立のない方法をとるので，これまでファシリテーター一人でもセッション内で対処に困ることはほとんどなかった。それなのになぜ，私たちはチームとして活動し，他のファシリテーターにもそうすることを勧めるのだろうか。

　私たちは男女一対のチームとして働き，多くの理由からこれが特に有効だと考えている。第1に，女性ファシリテーターが一人だと怒りを向けられやすいが，チームに対しては和らぐ傾向がある。私たちが対象とする男性すべてが特に女性に怒りをもっているとは思えないが，男性によっては女性のファシリテーターに怒りをぶつけることがあり，男女のチームに対してはそれがはるかに少ないことがわかっている。この場合には，チーム作業のおかげで誤って向けられた怒りや対立を処理するエネルギーが不要になる。男女のチームの第2の利点は「男性と女性がともに働くこと」と「男女の違いを生産的に解決すること」の役割モデルとなることである。私たちはチーム内の小さな相互作用に注意し，相手の話をよく聴き，参加者に質問をしたいお互いの気持ちを尊重しながら，参加者からの情報も手に入れる。私たちはお互いに相手の話をさえぎることはしないが，相手へのコメントや質問は自由である。男女のチームとして，セッション中に意見が違うことを率直に見せ，相違点について話し合う。これが妥協し，進んで「譲る」ことのモデルとなり，実験ともなるのである。私たちはお互いの異なる意見を尊重しながらともに以上のことを行う。私たちは何か新しいことを試みながら，そしてお互いの見解を調整しながら解決に向けて「物事をきちんと実行する」ことが重要だと考えている。もちろんチーム内の意見の相違が焦点になるべきではない。なぜならそれは参加者の注意をなすべき仕事からそらすことになるからだが，意見の相違があれば率直に話し合う。

　二人で働く大きな利点は，一方のファシリテーターが有効な質問やコンプリメントを考えている間に他方が質問をするというように，どちらのファシリテー

ターも楽に動けることにある。特に，初めて解決志向アプローチを使う場合にこれが有効である。なぜなら，慣れないうちはプロブレム・トークに陥ったり，「解決志向の質問」と「問題・問題解決・過去の感情的出来事についての質問」とを混同しやすいからである。このように焦点がぶれても無理はないが，もう一人のファシリテーターと協力することによって解決志向アプローチへの取り組みに専心しやすくなる。もちろんこのことは，二人のファシリテーターに解決志向アプローチを貫く意志があることが前提である。

　二人で働くもう一つの利点はファシリテーターと参加者間のやりとりがスムーズに行われることである。チームで活動すると，参加者が常に質問について考えてコンプリメントに反応するというような十分に関わっている状態を保てる。このアプローチは短期間の性質を前提としているので，目的のない相互作用に割く時間はほとんどない。そのペースを体験して，参加者は質問やコンプリメントに集中して反応するように求められていることを素早く理解する。あるグループはこのことを「証人席に座る」と表現した。これは私たちから見ると，参加者が十分に関わり，反応に責任を負っていることになる。私たちは効率よく仕事がしたいと考えるが，限られた時間内で最も有効な質問をすることはその助けとなる。チームとして働くと，有効な質問やコンプリメントを繰り出してグループを集中させ続けることができる。

　チームを好んで使うもう一つの理由は，個人と家族セッションでワンウェイ・ミラーや電話を使う経験からきている。そのときに，観察者のほうが有効な反応を生み出しやすいことに気づいた。これは，観察者は独自の見解をもち，過程をより広い，巻き込まれない視点から見ることができるからだろう。また観察者には即時の反応を求められる重圧がないからでもあり，それが治療過程でのバランスを保っている。グループのなかで面接パートナーが参加者と関わっているとき，同席している私は自分を「思慮深い観察者」と感じている。まるでワンウェイ・ミラーの後ろにいるように，私はうまくいっていることを評価し，もっと有効なことは何かを考える。これは支援に大変有利な立場である。

　セッション中に参加者が脅したり，防衛的になるような問題が起こった場合，矢面に立たなかったほうのファシリテーターが解決に向けて焦点を切り替えるとうまくいくことが多い。そうした状況では，チームの一人に怒りやエネルギーが向けられることが普通なので，あとの一人が手近な作業に焦点を切り替える質問をするとよい。そのファシリテーターはまた，状況がさらに和らいだときを見計

らってグループから支持を引き出すこともできる。私たちの経験ではこのような状況は稀にしか起こらないが，起きたときにはチームで働いていることが非常に役に立つ。

チーム体制はトレーニングや専門教育のためには優れた環境である。観察やグループ・セッション後の会話によって私たちは相互に学び合う。良い仕事をお互いに支え，コンプリメントし，話し，実行するのである。解決志向の原則を維持する姿勢は，グループの後で相互に解決志向の質問をすることで容易に達成できる。こうした相互作用が私たちの仕事の基本である。

有能なチームとなるための「取り組み方」

有能なチームとなるためには，チーム内でも解決志向原則を広く使う必要がある。たとえば，仕事についての話し合うときに，今より有効なアイディアやアプローチを探したり実験したりしようという姿勢で行う。お互いに努力にコンプリメントし，パートナーがよくやっている点に注目する。具体的な細部にコンプリメントし，生産的だと感じた点に着目する。違うことができた可能性を見逃さないようにする。

私たちの治療環境では時間が特別に貴重な資源である。セッション後の二人の会話は短時間しかとれないので，それはグループの効果を増すための具体的アイディアの交換に使わなくてはならない。各セッション後に，私たちは簡単に口頭でチームの仕事を自己評価する。自己評価は自己批判になりがちだが，相互に行うとお互いの長所や仕事を評価することに焦点が向けられる。私たちが決して自分たちをほめないというわけではないが，お互いにではなく自分に厳しいほうが有益だと考える。私たちが特に意識している点は，セッション中にパートナーが行った特別に有効なことに注目することである。こうした観察を言葉にすることは，有効な面接場面を明らかにするので特に重要である。

チームのメンバーの一人が自分の仕事ぶりに満足できない場合には，どうすれば私たちがもっと有効に働けたかを考える。この場合には次の2点を話し合う。つまり「他にどんな質問とコンプリメントができたか」と「セッション中にもう一人のファシリテーターはどうすればもっと役に立てたか」である。

たえず変化する世界では創造性が必要だと思うので，私たちは共働して創造性を養いたいと思う。その場合に銘記すべきことは「何ができるか」「物事をどう

なすべきか」という観念を一時停止することである。つまり，私たち個人として，またチームとして，新しいアイディアが浮かんだときには一時停止してすぐに反応しないことが必要である。「それは今まで聞いたなかで最もばかげたアイディアだ」などとは思わないで，代わりに「そうするとどうなるんだろうか」と問いかけてみよう。こうした基本的転換に取り組むと，チームの創造性が増すばかりでなく，何倍も楽しく仕事ができる。

チームが楽しく働いているときには生産性が上がる。私たちはもちろん勤勉に働いているが，参加者とともにアイディアや行動を楽しむ能力もグループの有効性を高める。

以下はセッション後の典型的な話し合いの記録である。

ファシリテーター1（以下 F1）　どこから始めようか。
ファシリテーター2（以下 F2）　私はリックにとても感心した。彼が起こした変化はとても意味深いね。彼は夕食にレストランの予約をしようとしたが，妻は気乗りがしなかった。彼はとても腹を立てたけど，深呼吸して「長い目で見ればこのレストランで食事するかしないかは大した問題ではない」と自分に言い聞かせた。妻は彼が怒ってイライラすると思ったので，大変びっくりした。彼はそうした内面の感情とイライラを転換できたんだ。彼が「妻をもっと広い目で敬意をもって見なければならないし，自分や自分の欲求だけに関心をもってはいけない」って言ったのには仰天した。彼は「いつも文句のタネを妻の話から探していた。でも，今は思いやりをもって妻の話を聴こうとしてる」と言うんだ。これってすばらしくない？

F1　彼が自分の気持ちとか泣いたこととかを率直に話していたのがスゴイなあと思った。今では生活についての考えを変えて，自分のニーズだけでなく他人のニーズにも注意を払いたいって言うなんて！　その上これを職場の人間関係にも当てはめている。以前は自分がみじめだから，職場でも人をみじめにしてやろうとしていたけど，今では……

F2　初めて何か違うことをしたいと思ってる。

F1　私はアンナにも感服してる。彼女はゴールを作らなければならないことで腹を立ててたけど，変わり始めた。

F2　彼女が「もっと穏やかになりたい」と言ったときに，「その穏やかさはどこから始まるのか」というあなたの尋ね方はすごくよかった。

F1　彼女は自分の心からだと答えたよね。

F2　そこであなたは「それをどうやって起こしますか」と尋ねた。彼女はすぐそれを起こす方法を探し始めたんだから，あの質問は全くいいタイミングだった。

F1 あの質問への答えが全く見えてないときだったんで，あの瞬間が良いと思った。心の穏やかさの意味を彼女が具体的に考える機会になった。彼女はゴールに向かおうという気持ちを持ち始めたばかりだったのに，その質問に答えたんで感心した。

F2 そうですよ。まだ2回目のグループなのに，とてもすばらしい。人は子どもをもっていると，彼らのためにもっと良い生活をしたいと思うようになるようだ。私たちは彼女が子どもたちへの心配りを前面に持ち出す手助けをしたと思う。

F1 そう。「息子さんは，あなたの穏やかさにどのように気づきますか」と「それは彼にどんな違いを生み出すかしら」という質問は，彼女の役に立ったと思う。彼女が子どものときに求めていたものを引き出す助けになった。こういう種類の質問は，子どもが親との関係で経験したがっていることを考えさせると思う。

F2 そう。そこで次の質問は「子どもの頃求めていたものをあなたの子どもが手に入れるために，何をしなければならないか」というものになる。

F1 そう。そして「そのような経験をさせるためにどう取り組むべきか」

F2 あのあたりからこの女性と私たちがうまくいくようになった。

F1 そのとおり。

F2 ここでのあなたのもう一つの質問は「息子さんがあなたの年になったとき，あなたとの関係を息子さんにどう言って欲しいですか。あなたとの経験について息子さんにどう言って欲しいですか」

F1 それは答えるのが大変な質問だ。私がいつも驚くのは，子どもたちとの関係についてなら，こういう詮索がましい質問を彼らが許してくれることだ。それはグループの力だと思う。モー・イーと私は「グループはアイディアや考えを楽しめる得難い，居心地の良い場だ。その上，グループでは人は主役になる機会があるだけじゃなく，他人の変化の目撃者にもなれる」と話し合ったことがある。

F2 ほんとに。そういう環境を作りだすのが私たちのゴールの一部だ。私は最後のグループの後ではとても気持ちが高揚していた。アンナのこと，彼女の穏やかになるというゴールを考え始め，続いて今，私は穏やかさにどう取り組むんだろうかと考えた。私がこの人たちから学んでいるんだ。あらゆることは相互に関連があるし，私たちもグループの一部なんだ。

F1 それは私がジェリーの皿洗いについて感心したことと同じだ。彼は内心ひどくイライラしていたのに，なんとかしたいと思ったんだ。とても腹を立てていたのにね。

F2 そう，そう。彼は妻にとても腹を立ててるけど，同時に家族と一緒にいることが彼のすべきことだとも感じてる。自分ではうまくいくと思わないこの関係にどう努力すべきかというジレンマについて，あなたが彼に質問をしたことは良かった！

F1 　私は彼が妻と一緒にいる理由と，うまくいったことについてもっと聞きたかった。でもそれが生産的かどうかが気がかりだったので，もっと直接ゴールに集中する質問をすることにした。残り時間が気になった。

F2 　時間のプレッシャーは本当に大きい。そして普通はそれが助けになる。けれどこのときは，あなたは彼の過去の例外を探す手助けをしたいと思っていた。私は，彼がどれほど現在の家族関係を続けたいか，またはこの関係がうまくいく自信はどれほどかというスケーリング・クエスチョンを考えた。

F1 　私は，彼に過去にうまくいったことを考える機会をもってほしかった。

F2 　彼と私は，気乗りのしない関係のなかでは何をする気にもなれないと気づいた。それが皿洗いをする方向に動く助けになった。それより前には彼は何も違ったことはしないと決めていたんだけど，あなた（F1）との話の後で，彼は皿洗いをすると決めた。彼が一日中働いた後で，彼女は一日中何もしていなかったんだけど。

F1 　私たちが彼に「何らかの努力をする気があるかどうか」という質問をしたので，彼は皿洗いをする気になった。その次に私たちは彼に「自分の努力が役立つようにする気があるのか，または破壊する気なのか」決めるよう圧力をかけた。

F2 　そう，皿洗いの仕方次第だと言うことでね。それを彼女の面前ですることもできるし，別の形でもできる。彼がまだ相当怒っているとしても，そこで自分の目的が何かを考えたんだ。

F1 　そう。彼は，自分のゴールは妻に仕返しすることなのか，前進することなのかを決めなければならなかった。

F2 　……前進して事態をよくするか。そのおかげで彼はもう一度子どもたちのことを思い起こした。あのとき「あなたが前進したら，子どもたちは何が違うと気づくでしょうか」という質問をしてもよかったなあ。

F1 　そうだったね。……私は彼が皿洗いをすることについてどうアプローチしようかと思案してたんだけど，あなたがいてくれてとてもありがたかった。彼と関わってくれたので，その間にどうしたらいいか考えることができた。

F2 　そう。彼の意図を取り上げなかったら，努力が無駄になったかもしれない。もう一つ，私たちがチームとしてうまくいったと思った場面は，妻について否定的な言葉を減らそうとしていた男性が，それを数回言わないで我慢したときだった。

F1 　そう，私はアンナのコメントに気をとられたけど，あなたは彼のゴールへの努力を強めるためにすべきことに話を戻してくれた。それが必要だったし，あなたはその焦点に集中できていた。

F2 　すべきことが多いときに横道にそれないためには，チームとして働くことが有効なことが，今の例からもわかる。

F1 　最初の2回のグループで，私は彼の努力にとても感心した。

F2 　そうなんだ。彼は違うことをしようとしている。生活や家族について，もうすで

にやさしい話し方をしている。
- F1 彼は妻について前と違うように考えたり話したりしている。
- F2 彼は「俺は暴走族で腕っ節の強い男だったけれども，今は違う生き方をしたい」と言う。
- F1 今では，彼女が彼と一緒に乗りたいかどうかを尋ねて，そうなるのを辛抱強く待っている。
- F2 2回目のグループが済んだところなのに，もういろいろな良いことが起こっているね！

チームとして働くこと

- ・チームが良くやっていることに敏感に気づくこと
- ・コンプリメントし合うこと
- ・二人で話すとき，グループ参加者の作業についてコンプリメントすること
- ・特によくやっている人とその場面を観察すること
- ・パートナーが言葉で攻撃された場合には，代わって主導権をとること
- ・決定は二人ですること
- ・チームらしく話すこと
- ・グループの前でチームワークのモデルを示すこと

4
役に立つゴールを作る
Developing Useful Goals

　グループ参加者とともに私たちがする作業の大部分は明確な形のゴールを作ることである。治療の主な焦点としてのゴールが決定されると，行動を変える責任を参加者が担うことになる。ゴールが使われ始めると，何ができないかから何ができるかに注意の焦点が移っていく。そうすると参加者は他人や自分を責めるのではなく，今とは違うより良い未来を作る責任を感じるのである。
　ゴールができると，参加者が興味をもつ現在と未来の行動が実践しやすくなる。ゴールの範囲は参加者の想像力の範囲内なので，ゴールができると選択したという自覚が高まるだけでなく，参加者は自分の治療に積極的な役割を果たせるようになる。共働作業のなかで，彼らは自分にとって役立つと思うゴールを作ることが奨励される。
　私たちの作業では，ゴールはグループ参加の必須条件と規定されている。参加者は自分の利益になり，周囲の人々に利益をもたらすゴール作りの責任を負う。同時に彼らは各グループ・セッションで，ゴール達成に向けての努力をかなり詳しく報告しなければならない。私たちは参加者にとって望ましいゴール作りのための条件を明示して，彼らとともに働く。
　ゴール作りの目的は変化が起きやすい状況を作ることである。参加者が自分のゴールと合致する行動を始めたら，その行動がもたらす利点を参加者に気づかせる。ほんの小さな行動や考えの変化にも注目し，それが重要なものだと説明する。私たちの役割は，参加者が作り上げる目標とその結果としての行動が彼らにとって大きな利益があることを体験してもらい，そのための状況を作ることである。インスー・キム・バーグ，スティーブ・ディ・シェイザー，ゲイル・ミラーはこれを「あたりまえのことを予想もしなかったことに変える」と説明した。つまり，

私たちはそれは小さな変化を見落さないことだと考えている。

　参加者がすることの大部分は特に難しいことには思えないし，彼らのゴールが特別予想外にも見えないが，よくある行動がどんなに彼らと周囲の人々に目覚ましい利益をもたらすかを指摘することが私たちの役割である。このような体験をすると，参加者は新しい有能な自画像を描けるようになる。私たちは参加者がこの新たな自己を発見し創造する手助けをしたいと考えている。

ゴールと義務的参加者

　参加を義務づけられた参加者は，治療の過程で自分たちの失敗や欠点に焦点が当てられるのではないかと防衛的になり不安に思うことが多い。彼らは「関係当局」が問題と解決を事前に決定していると思いこんでいることがよくある。そして前もって決められている解決は，彼らに相当な苦痛と屈辱をもたらすだろうと予想している。そのため，ファシリテーターが彼らの問題に焦点をあてると義務的参加者は当然，「自分には問題はない」と主張する。この事実と「人が変わるためにはまず問題を認めなければならない」という常識とがあいまって，状況を難しくしている。その結果，ファシリテーターは義務的参加者は扱い難いか「共働するのは不可能」だと結論づけ，彼らのほうは「治療は苦痛で無益だ」と思い込む。

　私たちが強調したいことは，問題を認めることと行動の変化とは無関係であり，参加者にしつこく「問題を認めて過去の行動に『責任を取らせること』」は参加者にとってもファシリテーターにとっても望ましい状況にはならないということである。というのは原因探しと非難には複雑で多面的説明がつきもので，それが「変化に取りかかる」エネルギーをそいでしまうからである。社会的，政治的相互作用のあらゆる段階で人は自分の行動に責任をもつことに抵抗を示すが，ものごとが良くなりうると納得すれば進んで改善のために責任を取ろうとする。多くの場合，非難を一時棚上げする取り決めをすれば，ものごとは解決に向けて動き出す。人が責任をもてるのは現在と未来の行動にだけである。

　参加者が変化に意欲を示すのは次の場合である。（1）治療の方向と焦点を決定する際に積極的な役割を果たすことができる，（2）生活とその向上のための自分たちの知識が尊重される，（3）規定の条件の範囲内で自分のゴール決定を任され

る，(4) 過去の行動にではなく現在と将来の行動に責任を負う。

　義務的参加者は構造化されたゴール設定の枠組みを使えばさまざまな選択肢をもつことができる。参加者の信念と達成したいことに焦点が置かれる治療は，彼らにとって適切で有効であるとすぐに理解される。このような利点はさらに効果的な関係を作り出し，その結果さらに短期間に変化が達成できる。参加者が興味をもつ計画作りをファシリテーターが援助するならば，問題を認めさせてそれに焦点を当てるのとは反対に，関係作りが容易になることは明らかである。

　参加者は，私たちが彼らに問題を見直させようとしなかったことは非常にありがたかったと話してくれた。彼らが繰り返し話したことは「ここへ来たときに自分に問題があることはわかっていたが，それを再現させられることは状況を難しくするだけだ」ということだった。参加者の多くはいったん効果的解決をみつけると，古い問題を話すことに抵抗がなくなることがわかってきた。義務的参加者にとっては「自分には問題がある」というより，「ここへ来たときには問題があった」と言うほうがずっと容易なのだ。誰でも失敗に焦点を絞るより，これから達成できることに焦点を絞るほうが容易で生産的だと感じるはずだ。

　目標があれば，参加者に安全な方法で可能な解決を探させることができると同時に，自分の生活に変化を起こす責任を負わせることもできる。彼らは最初は変化のための計画を作り，変化を作ることに責任を負うが，さらには，行動上の変化から生じる影響を報告するところまで責任を負うようになる。自分にも大切な人にも価値があることをする機会を使わない人はいないだろう。

ゴール作りの課題を与える

　初回グループ・セッションにおいては，ゴール作りの課題は比較的直接的に説明される。次の方法でゴール作りの課題が出され，役に立つゴールの6条件が説明される。①「あなたの生活を改善する上で役に立つゴールを作り出して欲しい」，②「そのゴールは対人関係上のものでなければならない。つまりあなたがゴールに向かって努力するときに，別の人があなたの変化に気づき，あなたの行動の変化から影響を受けるようなものでなければならない」，③「別の考え方では，あなたがゴールに向かって努力しているビデオテープをもってきたとすれば，あなたが『している』違ったこと，さらにはそれらが他の人にどう影響しているか

をテープ上で指摘できるようなものでなければならない」，④「ゴールはあなたが普段していなかった何か『違う』行動でなければならない」，⑤「毎回ゴールへの努力について説明することになっているので，少なくとも週に2，3回は実行できるような行動でなければならない」，⑥「第3回目のグループ・セッションまでに全員が承認されたゴールを作り上げていなければならないし，それに向かって努力していなければ3回目以降グループに留まることはできない」

つまり条件を満たすゴールの定義は「新しくて，違った行動で，各グループ・セッションにおいて参加者が報告するために定期的に実行できるもの」である。ゴールは対人関係にかかわるものであるから他の人に影響を与えねばならない。ゴール作りができなければグループに留まる余地はない。

ゴール作りの課題に関する注意事項

- ゴールの課題が出される前にグループ・ルールを十分に話し合い整理しておくこと
- 課題についてできるだけ明確にすること
- 条件を満たすゴールの説明を十分に行うこと
- どれほど明確に説明してもゴール作りの課題の誤解は起こりうる
- ゴール作りの課題を繰り返し説明すること
- 「ゴール行動をビデオテープにとったら」という考えを活用すること

ゴール作りの課題を明確にする質問

- 今日ここであなたがゴールを実行するとすれば私たちに何が見えますか
- このゴールを実行するとあなたの妻は何が違うと気づきますか
- このゴールをあなたが実行すると彼女はどう反応するでしょうか
- これは今までとは違うものですか
- このゴールが役に立つとどうしてわかりますか
- これが役立つなら，どういうことからそれがわかりますか
- これをいつ実行しますか
- あなたのゴールを最初に実行する機会はいつでしょうか
- 1から10のスケールで10が十分自信があり，1がほとんど自信がないとす

ると，このゴールを実行できる自信はどれくらいですか
・次回のグループまでにこのゴールを実行できますか

旅の創造──ウェルフォームド・ゴールを作る

　ゴールの課題を説明し終えたら，可能なゴールについて誰かアイディアがあるかどうかを尋ねる。ある参加者はすぐにゴールの課題を理解し可能性を探し始めるが，それを難しいと感じる人もいる。忍耐強く，誰かがゴールの課題に反応するまで待つことが非常に重要である。作業を始める参加者の能力を信じるならば，ファシリテーターは気詰まりな沈黙を埋めようとしないほうがいい。待っていたら必ず，その真空は参加者のアイディアで埋められる。

　この課題に最初の参加者が応答したら，その人が条件を満たすゴールを作れるように私たちは全注意を集中する。この際には，できる限りコンプリメントを織り込みながら質問をする。それを見てグループメンバーが，満足のいくゴールを作れるように私たちが懸命に助けていることを理解して欲しいと願う。同時に私たちは彼らのために答えや解決をもっていないとはっきり伝える。私たちは参加者とともに迷うのは厭わないが，同時に努力可能なゴール探しに積極的な役割を果たすつもりである。

　参加者にゴール作りの苦労の重要性を強調しすぎることはない。成功した多くのグループの後で，私たちは参加者に次のように尋ねた。「どんなことをしたら，私たちはもっとお役に立てたでしょうか」。普通，最初には次のような反応がある。「良いゴールが何かを理解することが難しかった」「何か例を挙げてもらえれば良かったかもしれない」。これに対してはすぐに次の反応があった。「いや，例が役に立っただろうとは思わない」「このゴールは自分がみつけなければならなかった」「例があったら，私にとってうまくいくゴールを見つけ出すことから注意がそれたと思う」。例外なくこういう反応が出たので私たちはそれを信頼し，参加者にゴールの例を示したかったがそれはしなかった。

　参加者がゴールを探すことは変化の過程を成功させるために必要不可欠なものである。ゴールを探すことによってゴールに取り組み，ゴールの有効性に気づくことになる。参加者に解決を探す意志があるというそのこと自体が，解決は手に

入ることを意味している。彼らにとって「正しい」ゴールを探すことはまた，自分のために何が特に有益かを発見することを意味する。

参加者のゴール作りを助けることは，旅行計画を援助することと似ている。参加者が全体的アイディアを作ったら，私たちは次のような詳細について説明してもらう。たとえば具体的に何を，いつ，誰と，どう始めるか，次回セッションまでにある行動を何回するかということなどである。こうした詳細な事柄が特に有効なのは実行前に変化が描き出され，参加者自身，ゴールが有効で実行可能かどうかを評価しやすくなるからである。ほとんどの場合，私たちは参加者がセッションから去るときには，もうゴールが達成されたような感じをもってほしいと願っている。

次の例はゴール作りの過程をそのまま引用したものである。この参加者は初回グループ中に他の参加者の話を聞いてゴールの案をすでに作り上げていた。参加者は他のグループメンバーの話を聞き，ある特定のテーマに共鳴することがよくある。このケースではそれに共鳴するだけでなく，以前の行動を評価し変化の計画にまでつなげている。

トム ──── セッション２

トムは初回セッションではほとんど話さず，他の参加者が可能なゴールを探す話を聞いていた。トムは次の週の間にゴールを探し始めたが，多くの人がそうであるように，すぐにはゴールが思い浮かばなかったので，何をすることが役に立つかを考え始めた。トムは離婚し，前妻との間で子育てと親権を共有していた。彼は前妻に対する対応の仕方と彼の行動が息子に与える影響を見直し始めた。

ファシリテーター１（以下 F1） トム，前回のグループ以降，何かアイディアが出てきた？
トム（以下 T） あぁ，ボブの子どもたちの話を考えていた。僕の息子にはいくつか問題がある。彼は私とはうまくいっているが，母親にはとても無礼で，それは良いことじゃないと思う。
F1 それで，何が役に立つと思う？ つまりあなたがすることだけど。
T 本当のところわからないなあ。そのことで彼と話そうかと考えた。でも今まで，それは彼女の問題だから彼女がちゃんとすべきだと思ってたからね。
F1 それは息子さんにどう影響してると思う？
T それなんだ。全然うまくいってない。悪くなってると思う。なぜって，僕が迎えに行くと，そのことで彼女はひどく僕にこぼすんだから。
F2 それを変えるために，つまり良くするためにあなたは何をしたいと思う？

T　うーん……，彼の行動は僕も母親と同じで良いとは思わない。彼に話さなければと思ってる。
F2　わあ。あなたが息子さんのためにそうしようと思うのはすばらしい。

　　ここまでで私たちが行った治療的介入は，トムに自分の考えと行動を評価させる質問だけだった。トムがどんな違う行動をするかを詳しく話すと，ファシリテーター・チームはコンプリメントする。

T　なんとかしないと手に負えなくなってしまう。
F1　これをいつするつもり？
T　今週できる。彼は今週はほとんど僕と一緒にいるので時間があるはずだ。
F2　今までと違うどんなことを話すの？
T　それを考えないとね。
F2　確かに。でも今，どんな考えがある？
T　母親に対して礼儀正しくして欲しいと本当にはっきり言わなければならないんだ。
F2　それができると思う？

　　参加者がいったんゴール関連の行動を詳しく述べたら，ファシリテーター・チームはトムにその行動を約束してもらう。

T　ああ，必ずできる。
F1　それがうまくいってることが，つまり息子さんの役に立ってることがどうしてわかる？
T　うーん，そのことを母親に尋ねなきゃならないだろうね。
F1　それができる自信はどれくらいある？　たとえば10が完全に自信があって，0がほとんどないとしたら。
T　うーむ。二人はほとんど話さないから，けっこうきついな。おまけにうまいこと話せないし，たぶん5かな。
F2　わあ，すごい。1か2と言うと思ってた。もう十分できてるじゃない。
F1　その数を5.5か6に上げる方法があるだろうか。
T　これを来週までにやるんだと自分に言いさえすればいいんだ。

　　トムがゴール達成の自信を計ったり説明したりすることを助けるために，スケーリング・クエスチョン[訳注1]をファシリテーターがどう使うかに注目してほしい。

F1　それで，来週までにこれをやるつもり？

訳註1　スケーリング・クエスチョン：1から10の尺度を使って程度を尋ねる質問。あいまいな状態を実際的で扱い易い対象にする効果がある。

T	（笑って）ああ，来週までにやるよ。
F1	今から8から10週間の間に，あなたが取り組むゴールはこれかな？
T	1回の話し合いで解決するとは思わないから，しばらくは毎週やらなきゃならないだろうね。
F1	結構ですよ。このゴールがどうなるかとても楽しみだ。
F2	すばらしい。あなたの努力の結果が待ちきれない。

　上の例から明らかなように，ファシリテーター・チームは参加者が有益で実行可能なゴールかどうかを評価することを助けながら，詳細な点に焦点を絞っていく。それができたら，参加者にゴールに取り組む約束をさせる方向に努力する。表面的には，このゴールは小さく見えるかもしれないが，ほとんどのゴール同様にそれは拡大し，予期しないプラスを生む可能性が大きい。ゴールは複雑で大きかったらいいというものではない。小さなゴールは一旦それが有益だと証明されると，参加者にとって考える範囲も意味も広がる可能性がある。逆に複雑なゴールは，取り組みやすく達成しやすくするために縮小されることがある。

　トムの次回のグループ・セッションの引用を以下に記す。参加者とファシリテーターのチームにより最初のゴールがどのように修正されるかが読み取れる。トムと息子に関係した最初のゴールは，トムと前妻との関係に関わるものへと興味深い転換を見せる。

トム──セッション3

F1	トム，あなたがゴールについて何をしたかとても興味があるんだけど。
T	ええと，前妻の家へ息子を迎えに行ったときにソファに座って彼女に息子とどんなことがあったか尋ねたんだ。
F1	ええ。
T	これが彼女をびっくりさせたんだ。つまり完全にね。それからベーカースフィールドに行こうと誘った。
F2	信じられない。どうやってそんなことが起こったの？
T	彼女はやさしくしてくれたって感謝して，5年間で初めて一晩一緒に過ごしたんだ！
F1	あなたのゴールをどう思う？　あなたにとって良いゴールなのかな？

　ファシリテーター・チームはトムのゴールへの作業に純粋に興味を示し，トムが結果を喜んでいることがわかっていても，チームはゴールが良いものかどうかを直接彼に尋ねている。トムが自分で意識的に評価し，ゴールの価値を確認することは非常に重要である。

T　もちろん。話し合いはいつもの「あんたのせいだ」というんじゃなかった。そんなのとは全然違ってた。私は息子の問題は何かを彼女に尋ねて，何が難しいか，ジェイクとの問題を二人でどう直していこうかと尋ねたんだ。息子と前に話し合ったときに彼は母親に謝って，彼女はこの2週間は良くなっていると言ってた。彼が母親に口答えすることは許さないつもりだ。
F2　起こったことにびっくりした？
T　そう。3年間で初めて相手を責める話にならなかったんだから。
F1　それはすごい違いだ。自分のやり方に満足してる？

　　この質問にはトムがしていることに焦点を当て続けるという意図がある。

T　そう。「この問題を直すために私たちはどうすべきだと思う」という尋ね方をしたからね。
F1　こういうこと全部がジェイクにどう影響すると思う？

　　ゴールの作業の意味を拡大することが重要である。ファシリテーター・チームは，トムの新しい行動に彼が建設的な利益を見出すような質問をする。トムはそれを受け入れ，息子の将来の行動に利益があることを想像する。

T　（沈黙）もしジェイクにガールフレンドができたら，僕よりやさしくつきあうだろうね。
F2　あなたはジェイクが良い人間関係をもって欲しいと本当に願っているんですね。
T　そう。彼がすることなら何でも成功して欲しい。
F1　この先，もしも彼女（前妻）が不機嫌になることがあったらどうしますか。

　　この質問はどんな関係のなかでも起こる避けられない浮き沈みにトムを備えさせるものである。

T　離婚の一部は僕に責任があったと思うことかな。たとえば僕は仕事ばかりしていた。それは彼女ではなく自分の問題だった。
F1　あなたにとってすごく良いゴールになりそうですね。
T　そう，うまくいきそうだ。
F2　1から10のスケールで，前の妻や息子さんとうまく話すことができる自信はどれくらいありますか。
T　10だと思うな。
F1　すごい。
F2　すごい。あそこへ行って違う話し方をするのは大変な勇気が要ったでしょう。

　トムが起こした変化は劇的だったし，前妻の反応は彼にも私たちにも驚きだった。後のセッションで，ゴール作業のおかげで息子との関係が改善し，前妻と子

育てを支え合うことにもなったと述べた。

　ゴール作りの重要な側面はゴールの有効性を確認することである。いったん詳細な部分が決まると，私たちは実際にゴールが彼にとって役に立つものかどうかを直接尋ねる。こうすると参加者にゴールを評価させ，自分の行動が違いを作り出すことを確認させる。時間が許せば，私たちはゴールに向けての行動が違いを作り出す具体的な道のりを引き出す。

　ファシリテーター・チームのさらに重要な作業は，ゴールを作るあらゆる努力に対して勇気づけ，コンプリメントすることなのである。たとえ参加者が実践可能なゴールを作れなかったとしても，これは大変重要である。参加者は自分の望みを明確に表現することに慣れていない。そのため，努力する人もしない人も辛抱強く支援しなければならない。また，初期に満足のいくゴールができなくてもグループと参加者はその経験から有効なゴールの範囲を学ぶ。

　ゴール作りの最初の試みが完全には成功しなくても「あなたのゴールの可能性をいくつか選び始めていますね。今から次のグループまでの間にゴールのもとになる具体的な行動を発見するだろうと私たちは思いますよ」と述べる。「あなたの努力に感心しています」。「自分の役に立つゴールを作ろうとしていることがよくわかります」。このようにして，私たちは個々の参加者が課題を完成させると信じていることと，参加者自身がゴールの所有者であることを言外に伝える。

漠然としたゴールをもつ参加者

　次の例には，参加者が初期に設定するゴールの共通要素——曖昧で不明確な広いゴール——が示されている。ファシリテーターはゴールを否定したり，不適切だと注意したりするのではなく，参加者のゴール探しをずっと辛抱強く励まさなければならない。このためには，評価をする質問をすることと，参加者をゆっくり待つことである。参加者が完全にゴールを構築するまでには，たいてい2回以上のセッションが必要である。ファシリテーターは辛抱強く注意を集中し続けなければならない。

ボブのケース

ファシリテーター1（**F1**）　ゴールについて何か話したいことがありますか。

ボブ（B）　ええと，実は，ええと，散髪してね，ひげも剃り落した。あんたの名前を忘れた……ああ，ジャック，この前，あんたは 5 年以上禁酒してると言ってたけど，俺のゴールも 1 年ほど前まではそれだった。（ジャックはもう一人の参加者で，以前に禁酒のことを話した）。1 年ほどやめてたけど，また始めてしまったんだ。明日医者に行ったらまたよくなると思う。今いろいろ新しいことに努力してるんだ。前のようにベジタリアンになるつもりだ。

　　ボブは違いを作りたいという漠然とした願望をもっているが，具体的ゴールを示していない。ファシリテーター・チームは，彼が焦点の定まった役立つゴールを作るように助ける必要がある。

F2　たとえばあなたが飲まないと仮定すると，他にいくつかのことをする時間ができるでしょう。そうすればあなたが集中できるような何か，つまりゴールに向かえるんではないですか。
B　前に起こったことを二度と繰り返したくないから，自分自身をもっと強くしたいんだよね。自分が同じことに二度と巻き込まれないようにするつもりなんだ。
F2　ということは，自分のためになることをするにはどうしたらいいか，アイディアがありそうですね。

　　ボブはまだ何かをしないことに目を向けているが，ファシリテーターの言葉はボブが何かをすることに向けられている。

B　これが二度と起こらないようにするために，とにかくどんなことでも……。ドラッグと酒をやる女性にはもう近づかない。

　　ボブは「しない」ことについて話し続け，F2 は彼に何かを「する」話をさせようともう一度試みる。

F2　あなた自身のことで，ゴールに関して今の時点でしなければならないことがありますか。
F1　このグループでゴールに関してあなたは何について努力したいですか。あなたが努力したいことは何ですか。
B　別の人間になることだけ。
F1　もしあなたが別の人になったとしたら，どんな違う行動を取っているでしょうか。

　　ファシリテーター・チームは，ボブの自分への非難と一般論を無視し，彼がしようとすることをさらに詳しく尋ねている。「別の人間になる」というような参加者自身の言葉を使うことは役に立つことが多い。

B　ええと，自分にわかっていることは，飲まないことだね。そうすれば実際，もっと時間ができるから努力したい。自分の身体と心を一体にしたいんだ。
F2　それが起こっているとどうやってわかりますか。

B　自分をいいと感じ始めて，笑顔が出てきたらわかるね。

F2　ああそう，それがあなたのゴール達成の一つの目印ですね。

F1　笑顔が出てくるためにはどんなことをしますか。

B　自分が本当に幸せになるには，誰も行ったことがないような森に行くことができたらさ，森に出かけて釣りをしたり，狩りをしたりしたいね。

F1　それはあなたにとって違うことですか。

B　必ずしもそうじゃないね。

F1　あなたは自分を満足させることをもうやっていますね。でもこのグループのゴールについてこれから先の7，8週間の間に，もっと幸せになるためにできることはなんですか。あなたがもうすでにしていることとは違うことで。

B　もっと良い人間になることだけ。昨夜はストレスが強くてすごく疲れていたんだ。ふだんはコーヒーは飲まないんだ。夜勤なので，今朝も1時15分前から働いた。今晩も1時15分前から勤務なんで，コーヒーを飲んだ。

F2　こんなストレスを起こすことをしないで何をしたらいいでしょうか。

　　ファシリテーター・チームは，ボブがウェルフォームド・ゴールに近づけるようにと願って問題に対する例外を追求し続ける。

B　そうだな。

F2　前にもしたことがありますか。

B　ストレスを感じたことはないね。今までこんなストレスを感じたことはないんだ。たぶんこの白髪は全部5年くらいの間に増えたと思うね。

　　今までストレスを感じたことがないというボブの言葉は，この点をボブに考えさせるきっかけとなる。結局，これは本当なのかどうか。しかし，私たちのアプローチではその点を彼と議論せず，ボブを彼の生活の専門家として見る。

F2　そうすると，ストレスのないことにどうやって戻っていけますか。

B　実際の生活で何かをしている良い人たちの周りにいることだ。

F2　そういう人たちの周りにいるための第一歩は何になるでしょうか。

B　ええと，このあたりの人をたくさん知りすぎているから，この郡を出て，娘に近い南カリフォルニアに行こうと思う。長女と会っていないが21歳になっていて，二番目の孫とも会っていない。他の二人の娘とも1年ほど会っていないしね。

F2　そうですか。その人たちと再会することですね。

B　彼らにはしょっちゅう電話するんだ。娘たちは俺の状態を知っているよ。

F2　娘さんたちと再会することはあなたにとって良いことですか。

F1　私が聞いているところでは，あなたは利用されたくないといつも言っているそうですが，その代わりに何をしたいですか。

B　自分を抑えたいんだ。

F1 この状態になるまでに自分を抑えたことがありますか。
B そうだね，けっこうできてたよ。自分がしたいことをしていたからね。誰とも関わらなかったからストレスは全然なかった。気楽に暮らそうと思っていた。
F1 ストレスが全然なかったの？

　ここでファシリテーターは，ストレスの問題に少しではあるが関わってしまった。これは私たちチームが疲れているか，働きすぎだという兆候だ。

B 気楽に暮らしたいんだ。人生は短すぎるから。
F2 そうですね。それじゃ今，あなたがゴールを作る手伝いを続けましょうか，それとも来週もっと話し合うほうがいいですか。
B いろんなことを考える時間が要ると思う。ストレスを減らさなければならないし，どうやったらそれができるか考えたいんだ。
F1 結構ですね。
B 自分一人で考えるのが一番気楽なんだ。
F2 私たちは次のグループの終わりまでに本腰を入れて考えなくちゃならないんですよ。
B 来週，もう少し助けてほしい。つまり自分が何をしたいかわかっているが，今はまだうまく話せないんだ。
F2 それじゃ来週また話し合いましょう。そうしたらもっと具体的な考えが出てくるでしょう。

　ボブは生活のなかで何か違いを作りたいという意欲はあるのだが，具体的にゴールを作ることが難しい。それにもかかわらず，ファシリテーターは具体的で明確なゴールを追求し続ける。ボブにはもっと時間が必要だし，ファシリテーター・チームからの援助も必要だろう。この例でチームは，この参加者のすべての行動は協力の表われだと見ている。私たちは参加者がゴールを明確にすることが難しいと思っても，それを抵抗とか非協力とはみなさない。初期に困難を感じるのは「あたりまえ」であり，後の成功とはほとんど関係がない。私たちは，参加者は協力したいし実際に協力していると信じて働いている。私たちはこの方法によれば，良い協力関係ができることを知っている。参加者は「ゴールをみつけられそうだし，みつけることは自分の責任だ」と思って帰っていく。それだけでなく彼らにはファシリテーター・チームとともにゴールを作っているという気持ちもある。ゴール作りは段階を追って達成されることを銘記すべきである。私たちはもうこれ以上進まないところまで努力して「手を放す」。そして参加者の考えが滲み出るまで待って彼らが提供するものを受け取る。それはちょうど種を蒔

くようなものだ。植えつけたら，きちんとその場に落ち着くようにやさしくしっかりと土を押さえつけ，ときどき水をやり，忍耐強く待つ。次のセッションで，この参加者は実際に彼がグループの内外で活動的に働ける十分に明確なゴールを作り上げる。

ゴールを単純にする

前例からわかるように多くの参加者は複雑で不明確なゴールから始めるので，それを単純なものにするためにかなりの援助が必要である。参加者はゴールを具体的で目に見える課題にしていくために思慮深い質問によって助けられる。ゴールを単純にすると，明確に定義しやすいだけでなく，実行しやすく覚えやすいものになる。ゴールは誰にとっても集中し続けることが難しいものなので，最初に単純にしておくと成功が早くなり，過程のなかで拡大する余地が生まれる。たとえばほとんどの人の最初のゴールは「もっとコミュニケーションをよくしたい」というものだ。私たちの観点からすれば，このゴールは参加者の行動を表現していないので無意味である。私たちは「もっとコミュニケーションをよくしたい」ことが参加者にとって実際に何を意味するかを表現できるような質問をする。これが彼らにゴールの作業のためにすべきことを決定させるだけでなく，「もっとコミュニケーションをよくしたい」ことが本当に追求する価値があるゴールかどうかを検討させる。

次の例は，ファシリテーターが複雑なゴールから単純化され努力可能なゴールへと進むことをいかに助けるかを示している。

ゲイリーのケース

ゲイリー（G） コミュニケーションに努力すべきだと思う。つまりもっとよく，コミュニケーションをよくしたいんだ。

ファシリテーター1（F1） あなたがもっとコミュニケーションをよくしたら，あなたはどんな行動をするのでしょうか。

ファシリテーター・チームは目に見えるゴールの行動をすぐに追求し始めている。

G ええと，本当はわからない。コミュニケーションは良くなるだろうと思う。つまり，ガールフレンドと自分は今ではほとんど話をしないから。

F2 あなたとあなたのガールフレンドが今よりよく話していて，状態が良かったときがありましたか。

G 二人でよく散歩もしたんだが，今は家へ帰ってテレビを見るだけだ。寝転んでビールを飲んで，あとはほとんど話を聞いてない。

F2 散歩をしていたころは今より良かったですか。

G ああ，もっと元気があっていろいろやってたなあ。

F1 教えてほしいんだけれど，今まで二人でしたことであなたにとって一番役に立ったことは何ですか。

G わからない。でも二人で一緒にしていたときはもっとうまくいっていた，たとえば散歩など。そのことをすっかり忘れていたな。もっといろいろなことをするようにしなければ。

F2 もっといろいろなことをするとは。

G そうだな，2週間ほど前，仕事の後，自分だけで散歩した。つまり家へ帰る前にだけど，そうしたら家へ着いたときとてもくつろいでいた。彼女は子どもたちのことでイライラしていたけれど，別に気にならなかった。いつもならすっかり興奮してばかなことを彼女に言うところなんだが。

F1 わあ，すごい。仕事の後の散歩が役に立ったということ？

G そう，大違いだった，穏やかでいられたんだ。二人で問題を話し合うとひどくもつれてしまうんで，このコミュニケーションには自信がない。

F1 散歩が役に立ったことについてはどうですか。

G いつも仕事でとても気が張ってるので，まっすぐ家に帰ると彼女を従業員みたいに扱ってしまうもんで。それではうまくいくはずがないことはわかっているんだ。彼女がしていることが気に入らなくても，そういうやりかたではだめだね。

F2 じゃあ何か違うことをし始めるために，どんな小さなことから始めますか。

G 仕事から帰る前に運動か散歩をしようと思う。それはうまくいくことがわかっている。彼女を従業員みたいに扱ってはいけないんだが，直すには長くかかるだろうね。

　ゲイリーは自分が何をするかを前よりずっと明確にできているし，ファシリテーター・チームは可能な利点をできるだけ詳しく明らかにしようとしている。

F1 散歩から帰ったあなたがどんな違ったことをしていると彼女に見えるでしょうか。

G ずっと穏やかでいるだろうね。

F2 それを彼女はどうやってわかりますか。

G 彼女の話を聞く時間をとると思う。彼女が求めているのはそれだけということがときどきある。つまり彼女の話をしっかり聞かなくてもいいんだ。ただ座って彼

女が落ち着くまでうなずいてさえいればいいんだから。
F1 実際にそれができると思いますか。
G 絶対できるよ。
F1 なるほど，あなたがこのことを考え抜いたことにとても感心しましたし，これがあなたにとってどう役立つのかもわかりました。そうした変化を始めるのはいつになるでしょうか。
G 明日だね。すぐに始めていけないはずはないから。
F1 これをどのくらい度々するのが適当でしょうか，つまり一番うまくいくためには。
G 毎日実行すべきだと思う。でもできないときもあるからわからないが，ほとんど毎日すると思う。
F2 ということは，あなたのゴールは「職場の帰りにほとんど毎日散歩か運動をして，彼女が落ち着くまで話を聞き，うなずく」ことなんですね。それが一番役に立つことだと思いますか。
G ああ，そうです。
F2 彼女がこのことにどう反応するかとても興味がありますね。彼女への影響を気をつけて見ていてください。気づいたことは何でもね。
G 彼女は違いに気づくと思うね。
F1 そうだとすれば正しい方向に進んでいることに自信がもてますね。
G そうです。

参加者は，明確で実行可能なゴールを作ると達成感をもつことが多い。彼らは何を達成したいか，そしてどうやって実行するかを知っている。彼らはグループ過程も同様に実行可能であると感じ，プログラムの課題を達成できるとわかると安心することが多い。チームは参加者の生活に違いを作り出す行動計画を明確にするために質問をする。それは微妙でありながら強力な経験である。

大きなゴールから役立つゴールへ変える

ブライアンのケース

ブライアンははじめ，あまりにも漠然として広くて役に立ちそうもないゴールを述べた。次は，ファシリテーターの質問（焦点を絞りかつ明確化する質問）によって参加者がゴールの条件を理解してから，役立つゴールを作っていく例である。

ブライアン（B） 自分はストレスをうまく処理できないので，ストレス・マネジメント

をしようと思うんだ．ストレスを完璧にぶっこわしたいんだ．

ファシリテーター1（F1） それで，どうやってしますか．

B あせってとび出すのではなくて休みをとる．それにはゆったり座って深呼吸をし，ちょっとだけ頭を冷やし，今の状態を毎日見つめ直したらいいと思う．

F1 それはやったことがありますか．

B いや．

F1 一度でもやったことは？

B ええと，前にやったと言ったけど実際はしていない．

F1 それじゃあ，どうやったらスタートできるか，代わりに何をするか，思いつきますか．

B そこが難しい．それがストレスになる．ゆっくりたまってくるときもあるし，目の前に（パチンと指をはじいて）急に出てくるときもある．成功するとは限らないが，やってみようと思う．何て言ったっけ，そう，あんなろくでなしにはならないつもりだ．（他の参加者，笑う）

F2 ブライアン，成功したとどうしてわかりますか．何からそれがわかりますか．

B 感じ方だ．ストレスや怒りが出てこないとき，喧嘩っぱやくないときだ．4年間ずっと願ってたんだ．でもまだ（自分を指して）ここにあって，火山みたいに爆発しそうだ．

F1 そうすると，成功しているときにはどうやってわかりますか．代わりに何があるでしょうか．

B 自分の反応，自分の態度，それを変えることができる．そうすれば成功したとわかるね．

F1 けっこう．そこで，火山の代わりに何がありますか．

B わからない．まず経験してみないとね．それから話せるだろう．

F1 わかりました．今から次回に会うまでにこれをどうやって実行するか何か考えがありますか．

B ああ，自分はすごくストレスの強い状態のなかで暮らしているからね，ワイフは6回も背中の手術を受けているんだ．そしてもう6回受けるように言われている．そのお金についてのストレスは彼女に良くないんで俺は仕事に戻った．

ブライアンは明確な段階的考えも自分のかんしゃくを処理した過去の経験もないのに，ストレス・マネジメントという大きなゴールを述べている．ファシリテーター1が，ブライアンに行動的変化を想像させるような「どうやってわかりますか」という質問をする一方で，ファシリテーター2は，ブライアンにゴールの「大きさ」を計らせるために踏み込んでいる．

F2 それはちょっと大きすぎるようですよ．

B そんなことはない．何が大きすぎるって言うんだい？

F2 ゴールが。
B いや，なぜ大きすぎる？ 説明してくれ。あんたはそれが俺の手に負えないと思ってるのか
F2 いいえ。
B そんならいいんだ。
F2 私が言いたいのは，つまり，ここからあなたが行こうとしているところまで着くために何をしようとしているかが見えにくいからです。まだその段階が見えないんですよ。
B そこへの段階が見えないっていうこと？
F2 そうです。
B その段階は，逃げるんじゃなくて……。ストレスが起きると，逃げたり，隠れたり，避けようとする。たいてい無視するんだけど。もし問題があれば方法は二つだけ。解決するか取り除くかだ。ストレスを起こす問題をね。
F1 問題を無視することが役に立ちましたか。
B いいや。
F1 役に立たないんですか。
B 立たないね。逃げることはぜったいだめだ。
F1 ときには。
B （笑って）十分に大きい銃をもっていれば別だが，でもそういうことじゃない。
F1 状況が変わることもありますよ。いったん離れて帰ってみると，よくなっています。
B 俺は5回逃げたが，もう十分だ。
F1 わかりました。それはあなたの役に立たなかったのですね。
B 立たなかったね。
F2 F1が言いたいことは，あなたが違う何をしようとしているかがはっきり見えないということだと思う。具体的に違いを作り出すどんなことをするつもりですか。
B 今までとは違うことをしてこの状況を処理しようと思う。
F1 ええ，そのことは聞きました。もし私があなたの家にカメラを持ち込んだら？
B あんたを撃つよ（笑い）
F1 もし私たちがカメラであなたの家のなかを撮ったら，一週間前とは違うあなたのどんな行動が見えるでしょうか。そのカメラにどんな違いが映っていますか。
B 俺があんたらに何を見せようとするかっていうこと？
F1 ええ，そうです。
B ほとんどずーっと自分の表情にイライラや腹立ちが見えないことだね。
F1 わかりました。それであなたの顔に何が見えますか。
B 受け流すってことかな。

これは，ブライアンが目に見える行動について「しないこと」ではなく「すること」を説明した最初の変化だった。チームは，彼にとって今までとは違う（または新しい）行動を明確に説明するようにさらに促している。これはブライアンにとっては難しいが役に立つ訓練だった。

F1　受け流す？
B　もっとよく理解することかな。
F1　そうするとこのカメラにどんな顔が映っているでしょうか。
B　もっとよく理解している顔だ。
F1　もっとよく理解していることが私たちにどう見えますか。
B　見てる人はそこにいないが，俺が何か言ってるのがわかるだろう。俺をいらつかせる人間をわからせるためにまともな言葉だって使えるんだ。
F1　それで私たちは何か違うことを聞けるんですか。
B　違うことも聞けるだろうね。俺の口から違う言葉が出て来るのを聞くだろうよ。もうすでに……
F1　もうすでに何を？
B　もう始めたんだ。
F1　始めたんですか。
F2　すごい。例を話してもらえますか。
B　そう，始めたんだ。先週末にあることが起こったんだが，いつもなら「そう言っといただろう」と顔を真っ赤にして怒るところだった。でもこう言ったんだ。「それが間違いのもとなんだ。2回目は1回目よりずっとよくわかるはずだから，もう二度としないようにしろよ」ってね。そしたら彼女が「なんだって？」（笑）。彼女は俺がひどくどなりつけると思ってたもんだからさ。前から彼女にそのことに「手を出すな。さわるとえらいことになるぞ」って注意していたからね。
F1　「そう言っといただろう」っていう代わりにどうやって他のことが言えましたか。
B　そうなんだよね。どうしたかって言うと，洗面所に行って深呼吸をして，顔を洗って出て来てそれから言えたんだ。（両手をぴしゃっと叩いて）こういう具合に反射的にしゃべるんじゃなくてね。
F1　ああ，そう。それをカメラで見られるんですね。あなたが洗面所に入って顔を洗うところをね。
B　もう爆発寸前だとわかったから水で顔を冷やしたんだ。
F1　そうですか。顔を水で冷やして，深呼吸をしたんですね。あなたが深呼吸するところを見て，それから何と言ったのが聞こえるんですか。
B　ただこう言ったんだ，「間違いは2回目にはよくわかるはずだから，次にはしないようにしよう」
F2　どうやってそう言おうと決めたんですか。なぜってすごいことだから。

- B 口から出て来ただけなんだ。前もって考えたり，計画したりしたわけじゃないんだ。台本もないし，そうなっただけだ。
- F2 それはすごい。
- F1 それは役に立ちましたか。
- B そう，気分が良くなった。
- F1 気分が良くなりましたか。
- B そう，言い合いを始めなかったからね。
- F1 それこそ私たちが求めていたことなんですよ。

　ブライアンは自分の否定的感情の処理法を具体的に示さず，広すぎて漠然としたストレス・マネジメントというゴールから始めた。私たちは彼の最初の「大きすぎる」ゴールを話題にし，小さな一歩から始めて違う何かをすることに焦点を絞れば「ストレス・マネジメント」を具体的に説明できると彼に助言した。彼の行動は，1)「焦って飛び出すのではなく，間を置く。じっくりかまえて深呼吸し，ほんのしばらく頭を冷やし，状態を再検討するように一日一日，努力している」ところから，2)「洗面所に行き，深呼吸し，顔を洗い，出て来て話をする。(両手でぴしゃっと叩いて)こういう具合に反射的にしゃべるんじゃなくてね」というところまで変化している。2)の説明のほうがブライアンの反応を変化させる行動の指針になる。

　ここで用いられた過程は外からは見えにくいものだった。ブライアンはさらに探求し質問されてはじめて「ストレス・マネジメント」を具体的に説明できるようになった。ゴールが大きすぎるとファシリテーターがコメントした時点で彼は明らかに憤慨して，こう言った。「いや，なぜ大きすぎる？　説明してくれ。あんたはそれが俺の手に負えないと思ってるのか」。参加者にウェルフォームド・ゴールを目に見えるように描かせるには，忍耐と一貫性が必要である。

明確なウェルフォームド・ゴール作りの注意事項

- 参加者が中断したいと言ったり，満足がいくゴールができたと言うまでは明確なウェルフォームド・ゴールを追求する。
- 詳細を追求する。
- 他の問題のために横道にそれない。
- 参加者がよく考え尽くせるような質問をする。

- ゴールを提案せず，参加者よりも働きすぎない。
- ゴールが確定したらそれを繰り返して言う。
- 参加者のゴールへの努力の程度をスケーリング・クエスチョンで計る。
- ゴール作りのためのあらゆる努力にコンプリメントする。
- 参加者の協力を認める。
- 参加者の明確で役立つゴール作りを助けたいという願望を伝える。
- ゴールに無関係なコメントは無視し，ゴールの作業に注意を向け直す。

ウェルフォームド・ゴール作成を促進するのに役立つ質問

- あなたをよく知っている人はあなたがどういう努力をするように勧めるでしょうか。
- そのゴールに向かって努力するとしたら，あなたはその人に気づいてもらうためにどんなことをしますか。
- 今のあなたの状態が良くなっているとしたら，そのためにどんな役立つことをしましたか。
- 関係がとても良かったときには，今あなたがしていないことでどんなことをしていましたか。
- あなたがこのゴールを目指していないとしたら，代わりに何をしているでしょうか。
- そのためにあなたができる一番小さなことは何ですか。
- それを以前にしたことがありますか。それは役にたちましたか。
- それはあなたが実際にできることですか。
- 1から10のスケールで，あなたがそれを実際にできる自信はどのくらいですか。
- 1から10のスケールで，それが役に立つ自信はどのくらいありますか。
- あなたが実行しようとしている小さなことは何ですか。
- これを最初にするのはいつですか。
- 今から次に会うときまでにこれを何回くらいするでしょうか。
- あなたがこれを実行していることに誰が気づくでしょうか。

ゴール作りの途中で参加者が「行き詰まった」とき

　どのグループにも1度，2度，3度試みた後でさえ，明確なゴールを決定できない参加者がいる。そうした参加者にはゴール作成のためにもっと時間をかけ，質問をし，コンプリメントする必要がある。ある人は「生活がとてもうまくいっているので，変えたり，努力したりすることは考えにくい」と言う。別の人はゴールを設定するなんて考えたこともないと言う。さらには，待ちさえすればゴールの課題は消滅するかのように振る舞う人もいる。伝統的心理療法モデルではこれを抵抗と説明することがあるし，この人々に「肛門性格」とか「パーソナリティ障害」とラベルづけをすることもある。私たちはこのような説明は失礼であるばかりでなく，ファシリテーター・チームの考え方に不利な影響を及ぼすと思う。私たちは，人は行き詰まったり，何をしたいかが不確かであったりするものだと考える。

　私たちの主要な援助方法は，ウェルフォームド・ゴール作りに際して一貫性を保つことである。また，人は自分に役立つことをみつけるときにはそれぞれ異なる方法を取ることを忘れないようにしたい。常に意識すべき点は，グループに参加するという経験自体，人によっては初めてだということである。

　参加者によっては，私たちが問題を取り上げないし，参加者の利益だけが関心事だということに違和感をもつ。このような人々は，専門家が問題を探し出すことに慣れているし，その過程に安心している。彼らはプロブレム・トークをする責任があると思っている。このような参加者は，自分が「従来通りの答え」をしているのに「あなたは何をするつもりか」とさらに質問されたら，専門家がルールを不当に変更したと感じるかもしれない。彼らはもともと具体的で，目に見える新しい行動に取り組むことには用心深いのである。したがって，彼らはソリューション・トークに慣れる必要があることを私たちは忘れてはならない。

　参加者が特に行きづまり，努力可能なゴールを作れないように見える場合には，私たちは彼らの探索を助ける質問を粘り強く続ける。私たちの役割は彼らの努力を促進することにある。私たちは参加者が選択肢を探すのに協力はするが，選択するのは彼らである。参加者が私たちの質問に不満ならば，私たちがもっと有効な働きができるように助けたり，助言してほしいと彼らに頼む。参加者は合意した時間内でゴールを作る必要があるので，私たちも参加者のパートナーとして時

間と競争で働くのである。私たちは時間制限をファシリテーターが参加者に課したものではなく，もともと自然にあるもののように扱う。実際，それは参加者とファシリテーター・チームに共に課せられた制限なのである。

　ウェルフォームド・ゴールの作成という課題はファシリテーター・チームと参加者を結びつけるやりがいのある難題である。この共働作業の結果，現実的なゴールが作成されると幸福感が生まれ，参加者はゴールを達成しようと強く望むようになる。

　参加者によってゴール作成が難渋するのは，時間を賢く使いたいという願望を反映しているのかもしれない。つまり，彼らは役立たないゴールを作りたくないのである。その意味で最も「抵抗する」参加者が実際には最も協力的であるとも言える。私たちは彼らの努力を認めて次のように言う。「あなたは良いゴールを見つけるのが無理だと思えるようなときでも，とても努力なさるんですね。ゴールが役に立つものでなければというあなたの熱意には感服します」。

　次の例では，参加者が新しいゴール作りにほとんど意欲がないにもかかわらず，ファシリテーター・チームは熱意をもって援助し続けている。

「私は大丈夫」という参加者を引き込む

ダンのケース

　1, 2回目のセッションで，ダンがゴール作りに苦闘していたのは，彼の生活がけっこう落ち着いていたためである。彼は「俺は大丈夫だし，全てうまくいっている」と言っていた。彼は息子の宿題を手伝うときに，もっと辛抱強くなるというゴールをやっと作ることができた。彼は自分の忍耐力を示すためにすることを正確に示すことができ，それを効果的に実行できた。このゴールはダンと息子にとって明らかに有効だった。彼は，息子が学校で前よりよく勉強しているし，二人の関係もずっと親しいものになったと話した。4回目のセッション前に学年度が終わったので別のゴールを作らなければならなくなったが，作れなかった。このようなケースの場合，私たちは別のゴールを作るようその参加者と話し合う。というのは，グループに留まるためにはゴールを達成する努力をしていなければならないからだ。興味深いことに，ダンは自分は大丈夫だと言った第1回のグループ・セッションと同じ方法で，新しいゴール作りを始めた。

ファシリテーター1（F1）　少し聞きたいんですが。あなたは何について努力しようと

思いますか。
ダン (**D**) 全てうまくいってるんだ。
F1 「全てうまくいっている。全てうまくいっている」って前にも言ったでしょう。でもゴールを作りましたよね。だから……
F2 何か，たとえば半分くらいのゴールでも，少しでも目を向けられるものはないですか。
D うーん，今のところないね。わからないけど，本気で考えたことがないから。
F1 でもグループにいるためには努力するゴールがないとだめですよ。
F2 じゃあ，このことをあなた自身でしばらく考えてみてはどうですか。それとも，私たちと話し合って何かを今，考え出しましょうか。何があなたにとって一番良いと思いますか。

ファシリテーター・チームは，ダンがグループに留まるためには，ゴールを作らなければならないという条件をすぐに示した。次に選択肢を示し，彼にとって何が最も役立つかを尋ねた。私たちはこのような会話のパターンが有効だと考えている。

D わからないな。
F2 わかりませんか。
D とてもうまくいってるんだ。何でもうまくやれてる。宿題だけだったんだ。
F1 そうなんですか。
D やらないようにしていることはあるけど，それ以外はね。
F1 あなたが何をしようとしているかわかりませんね。何か他のアイディアが要りますか。
D ああ。そしたら自分ができるかできないかを言うよ。
F2 問題でなくてもいいんですよ。あなたに役に立つことなら何でもよくて，問題でなくても全然かまいません。
F1 あなたの生活を今より良くする何かならね。
F2 問題について考えることがあなたにとって良いことかどうかわかりませんよ。今，状態が良いようだから，それはあまり役に立たないと思います。あなたの生活を向上させるような何かを考えましょう。あなたの生活や人との関係を楽しくするような何かをね。
D 関係はうまくいってるんだ。とても良い。ほんとのところこれ以上良くする方法は思いつかないんだ。
F1 ダンのために誰か何かアイディアがありませんか。彼がグループに残るためにね。

この質問はグループがダンを助けるよう促し，一方では前述の条件を強調している。

参加者（以下 **Ppt1**） 一つ聞きたいんだが，何でこのクラスを取ったの？ 息子かワイフと口論してるの？
  D いや前妻だ。
Ppt1 前妻なんだ。
  D 彼女ともうまくいってる。
  F2 前にしたことをするのはどうですか。あなたは出て行って，ゴールのようなものができましたね。それをもう一度してみては。
  D ああ，そうだ。そうしてみよう。
  F1 そうですね。
  F2 前にとてもよくやりましたね。役に立つことをパッと見つけましたよ。大きな問題ではなく，ほんの小さなことだった。あなたは息子さんといっしょにやることが良いと思ったんですね。そして実行しました。今度も同じようにしたらと思います。
  D そうだ，あれは車のなかにいたときに思いついたんだ。
  F1 そうでしたね。
  F2 私はそれなら安心です。でもあなたはそういう方法で大丈夫ですか。今日やってしまわなくていいですか。
  D ああ。

　ダンはファシリテーターと何人かの他の参加者と共にゴールを探し，援助を受け，限界も設けたが，ゴールを作ることは明らかに難しそうだった。ファシリテーター・チームにはダンにゴールを作るようにプッシュするのと，彼の以前の成功を使ってゴール作りをさせるのとの二つの選択肢があった。チームは後者を選んで，ダンに以前の成功を思い出させてコンプリメントし，彼の問題解決能力を信頼していると伝えた。このセッション中にダンはゴールを作り上げることはできなかったが，彼自身のやり方でゴール作りに努力した。彼は自分の速度で進むことを許され，過去の成功を思い出させてもらったので，次のセッション中にゴールを作り上げることができた。

　引くべきか放すべきかを決めるには微妙な判断が必要である。私たちのダンとの経験では，引き過ぎはゴール作りには有効でないことがわかった。実際に彼は時間が必要だと私たちに話していた。そうした状況ではゴールを作るために参加者自身の発見法を使うというグループ開始時の合意に従うことにしている。私たちは参加者の方法を尊重し，彼らの努力とその結果に期待すると伝える。こうした方法は私たちのチームと協力する彼らなりのやり方だと私たちは理解している。私たちがダンに苛立ち，決められたやり方でゴールを作らせようとしていた

ら，彼を援助できなかったことは確かだろう。

ゴール作りにクライアントを関わらせるための注意事項
・ゴール作りの明確な条件を設定し，期待を表明する。
・以前の成功を強調する。
・時間を取る。

「市民として正しい（politically correct）」方向だが，役立たないゴールを目指す参加者

参加者が，解決は「市民として正しいゴール」でなければならないという考えに囚われているせいで，ゴール作りに苦しむことがある。「市民として正しいゴール」は理屈は通っているが成功したためしがない。彼らはその解決策を何度も試みて悲惨な結果に終わったにも拘わらず，それでもなお，それが役に立つゴールだと言い張る。私たちが助けてゴール評価をさせると，完全だと思っていたゴールが実は問題の一部だったと気づくのである。

サムのケース

サムは，妻が彼をコントロールしすぎると感じていたので本当は彼女から逃げたいと思っていたのに，妻と過ごす時間をもっと取るという「伝統的」なゴールを作り上げた。このような状況では，ファシリテーター・チームがゴール活動の結果がどうなるかを参加者にわからせることが大いに役に立つ。そうすることでサムは，彼が役に立つ・は・ず・だと言っていることと，実際に彼が役に立つ・だ・ろ・う・と信じることの間に矛盾があることをはっきりと認識し始めた。

セッション2

サム（S） 俺のゴールは家族と過ごす時間を取ることだ。義理の娘は5歳で，自分の息子は2歳5カ月だ。俺はいつも遊びに出かけたいんだが，彼女は俺を縛りつけて友達から遠ざけようとするんだ。それでよけいに外へ出たくなってしまうんだ。わかるだろう。彼女は働いていて，俺の仕事は季節労働なので1，2週間のうちに始まると思う。でも彼女はいつでも俺を縛りつけようとするのが我慢できないんだ。たとえば出かけようとするといつでも彼女は追いかけてきて，車を運転して，車のなかから見張ってるんだ。仲間の家へ行ってる間も彼女は車のなかで俺が出て来て車に乗るまで待ってるんだよ。俺の車がそこにあっても彼女はじっと待っ

てる。家へ帰ると彼女はあそこのにおいをかぐんだよ。全然信用がないんでやりきれん。

ファシリテーター1（F1）　わあ，そうなんだ。
- S　たとえば東ロスにいる友達のところへ車で行ったときも，道の角の方で，彼女が俺のトラックを運転してやってくるのが聞こえるわけだ。その音はすぐわかるからね。それで裏庭へ飛び出して垣根越しに見ると，彼女は俺の車が見えるところでトラックのなかから見張ってるんだ。本当にかなわん。信用がないんだ。信用させないようなことをしたことはあるけどな。
- F1　そうだとすると，ゴールとして考えているのはどんなことですか。
- S　もっと家族との時間を持つことだろうね。
- F1　それをどうやってしますか。もう今でもおかしくなりそうなのに？
- S　いや，だけど，彼女が無理強いするとね。たとえば，俺が「ディズニーランドに行こう，これをしよう，あれをしよう」と言うと彼女は「遠すぎるわ，行きたくない」って言うんだ。でもリノ^{訳註2}へ行くとかギャンブルになると夢中になるんだ。彼女がしたいのはそれだけだから。俺はスノーモービルとか，バイク，釣り，四駆とか，キャンプとかに出かけてしまうんだ。（彼は笑って，彼女を置いて自分だけドライブに行く身振りをする）。

参加者（Ppt）1　何だか，息苦しい感じだね。
- S　そうなんだ。俺はまだ25歳で，彼女は結婚したがってるが，自分としてはわからないな。
- Ppt2　今でも息苦しいのに，どうしてもっと一緒に過ごしたいと思うのかな。
- Ppt1　そうだね。
- F1　それは良い質問ですね。
- F2　すごく良い質問だ。
- Ppt1　俺もそんな女と結婚してたことがあったよ。（サムが笑う）。

　　ファシリテーターと他の参加者たちも，サムがしたいことは，家族ともっと時間を過ごしたいという彼のゴールと正反対のことだという意見だった。

- S　そうだね。でももう一度やってみようと思うんだ。……自分は父親なしで育った。息子を手放したくない。彼を自分だけのものにするために裁判所へ行くなんて。彼女といっしょにいたいし，義理の娘も愛してるんだから……
- F2　そのことをうまくやりたいんですね。
- S　そうなんだ。うまくやりたいのに，家から離れたいんだ。釣りをしたり，いろんなことを楽しみたいね。だけど……
- Ppt1　結婚には責任がついてくる。

訳註2　リノ：ネバダ州にあるラスベガスに次ぐカジノシティ

- S 自分の責任はわかってる。すべきことは全部やってきた——支払いとか，食べ物とか——
- Ppt1 でも出かけたいときに出かけられないんだね。(サム笑う)。それは縄張りの問題だね。自分は5回結婚しているが，これを頭に叩きこむのに文字通りハンマーが要ったよ。
- S 彼女は待ちかまえていて，車のボンネットとか自分が乗ろうとしているものに何でも飛び乗ってくるんだ。

サムは自分の生活と問題に圧倒されているように見えたし，彼はほとんどの時間を問題に焦点をあてて話した。

- F1 それで？ ゴールについてはどうするつもりですか。
- S わからないな。
- F2 ゴールは作らなければなりませんよ。
- F1 あなたがどうするかをぜひ知りたいですね。
- S 彼女を満足させるためにもう少し家にいる時間を増やす。
- F1 でもマックが言ったように，今でも家にいるのは辛いんでしょう。
- S そうなんだ。家にいたいけど，遊びに出かけたいときは出かけたいんだ。
- Ppt1 厄介だな。
- Ppt3 同じことを考えてた。
- Ppt1 本題にはいろう。そんなんじゃだめだよ。
- S 彼女とは高校卒業以来6年間いっしょなんだ。自分が家を出て，彼女が移って来た。もし彼女に会ってなければ，たぶん今でも家でおばあちゃんと暮らしてるだろうな。
- F2 誰か役に立つゴールを思いつきませんか？ サムにとって役に立つようなことを。
- S つまり，自分は何とかしようとしてきた。何とかね。もっと努力すべきなんだと思う。
- F2 そうだろうか。(サム笑う)

この時点でファシリテーター・チームは，サムの提示する解決策に疑問を呈し始め，他の参加者もサムの解決策が問題の一部だろうと言い出す。

- Ppt3 そうは思わない。もっと努力すれば，もっとみじめになるだろうね。
- Ppt1 そうだと思う。
- Ppt3 僕もあんたと同じような状態だった。もう話したくもないよ。僕はあきらめたんだ。「それだけの値打ちがない」と思って。
- F2 あなたにとって役に立ち，彼女にも役に立って，あなたが実行できる小さなことをゴールとして考え出す必要がありますね。

F1	マックの質問はとても大事だと思います。この関係はあなたにとって大事ですか。何か違うことをするほど大事ですか。それとも，あなたの関係以外の何かについて努力する必要がありますか。
S	家にいることだけがその方法だね。犬だってお気に入りの場所を作るだろう。
F1	1 から 10 のスケールで，この関係が何よりもあなたにとって大事なのが 10 で，1 は本当のところそれほど大事でないとしたら，いくつですか？

個人的に意味のあるゴールを作る動機を強める方法として，家族の重要性と意味をサムに再評価させることが重要である。

S	10 だね。自分は父親なしで育って母親はアル中でくそばばあで，もうまるで……

この点数はチームにとってショッキングな反応であり，サムのゴール作りへの援助の方向をこの時点で定め直すことになった。

F1	おお，すごい。
F2	それでは，あなたが 10 だとどうやって人にわからせますか。
S	自分は東ロスでずーっと育った。9 歳のとき母が死んで，18 歳のとき父をなくしたんだ。だから言ったようにそれからずっと東ロスのストリートで育ったんだ。
F2	だからこれはあなたにとっては真剣な問題ですよね。
S	つまり，暴力のなかで育てられたんだ。
Ppt3	あんたは東ロスで生き延びてきた。暴力的になるしかなかったんだ。
S	つまり自分の生まれたところを皆に話したかったんだ。自分はバイク・ギャングの出身だ。銀のスプーンで育ったわけじゃない。欲しいものを手に入れるためには何でもやったよ。
F1	そうでしょう。
S	今だから言うが，自分は一人前になってから決して天使のような人間じゃなかった。自分が愛してる唯一のもの，自分が持っている唯一のものは……家族は全員死んで，おじがここで暮しているだけなんだ。でも息子がいる。息子には何でも全部をやりたいんだ。彼女と一緒にいようといまいと，彼は俺が持っている唯一のものだ。彼女にそのつもりがないなら，俺が養育費を出すか，連れて行って一緒に暮らすつもりだ。俺は誰もかまってくれないところで育った。まわりはヘロインやそういうクソみたいなもののなかで育ったんだ。わかるだろう。
F1	そこで，彼女にあなたがこの関係をどれほど大事にしているかを私たちがたずねたら，彼女は 1 から 10 のスケールのどこにいるというでしょうか。
S	多分ゼロだね。
F1	そしてあなたは 10 のところですか。
S	話した通り，彼女は全部自分のやり方でしたいんだ。だがそれは大変だよ。彼女にはずい分やった。新車も欲しがって，二人がけんかになるんだ。俺は「あんた

には新車は要らないよ」って言ったんだ。俺は5,000ドルかけて塗装したトラックを19,000ドルで売ってここに引っ越して来た。車なんて単なる物だ。ここじゃ金色のホイールのトラックなんていらない。

F2　そうですね。ここで少し考えて，あなたに役にたつ小さなことを見つけましょう。開始まで2週間あるからまだまだ考えられますよ。あなたはとてもよく気がつく人だから。

F1　一方では，あなたは，家族と過ごすことがなかったから関係が大事なんですね。

S　その通り。自分は全く家族なしで育った。ただ，バイク・ギャングからバイク・ギャングへ。それが自分の家族だった。

F1　そう，だからあなたは家族というものを本当に求めていますね。でも一方では，この家族というものがあなたをイライラさせるんですね。

S　そう，でも彼女が自分と一緒に来たくないなら，自分にはバイクがある。どこへでも行ける。だが決しておやじみたいに息子を置いてなどいかない。わかるだろう。息子は全てなんだ。息子のために生きてるんだ。息子と妹と。もし彼女が望むなら彼女と義理の娘のためにも。

F1　じゃあ，あなたが息子さんのために生きていると他の人にはどうやってわかりますか。何でもするっていうことがね。それを他の人はどうやってわかりますか。

チームは「自分がどういう人間になりたいかを人にわかってもらうために，どういう行動をすべきか」を繰り返しサムに尋ねた。

S　他の人に何がわかろうが知ったこっちゃない。自分が息子に何を与えているかがわかって，全てが彼のためにうまくいってる限りはね。

　最初，サムは，「家族との時間をもっと多く取る」ということは「理想的」なゴールだと思った。この可能性を評価していくにつれて，そんなゴールは彼の気を狂わせるだろうということがはっきりしてきた。実際このゴールは「解決」よりも「問題」に行きつかせるだけだったろう。これは表面的には魅力的で模範的なゴールである。自分の家族と過ごす時間を増やしたいと願う人に反論できる人がいるだろうか。このケースでは，ファシリテーター・チームはサムが提案したゴールが妥当かどうか彼に見直させると同時に，何か違うことをする動機づけを強めた。サムはなりたくない自分をはっきりさせ，なりたい自分を明確にし始めた。その結果，彼は自分には気にかける人がいることがわかり始めたので，彼のゴール作りへの努力が強まった。

　次のセッション中もサムはまだゴールができていなかったが，現在の関係を詳しく話し始めたので，現実的なゴール作りへの扉が開かれることになった。それ

でもなおサムが何かをする責任を引き受けるのは難しかったが，ファシリテーター・チームはそのことには拘らずゴール作りを援助し続けた。

セッション3

S　刑務所を出てから前よりうまくいってます。
F1　どんなふうにですか。
S　彼女を罵ってやるんだ。
F1　それはどういうことかわかりませんね。「罵ってやる」ってどういうことですか。
S　腹が立つと彼女のことを売女って呼んでやるんだ。彼女が泣きだすと自分は出ていく。そして1時間くらいして帰ってきて優しいことを言うと彼女は「なんであたしにあんなこと言ったの」って尋ねるんだ。
F1　その時あなたは何か違うことをしたいですか。

ファシリテーターは何も肩代わりせず，サムが行動を変えたいかどうか自分で考えさせる。次の三つの理由からこれが役に立つ。第一は，何か違うことをしたいかどうかをサムに決定させる。第二は，何も肩代わりしないで，何かをするかしないかは彼の選択だという明確なメッセージを送る。変化の中心は彼であり，過程の主人公は彼である。第三は，彼が何か違うことをしたければ，この質問が彼に新しい違った行動を考えさせる。

S　うん，まあ，彼女への話し方を注意してみることかな。彼女を愛してることをもっと示すんだ。
F1　そうすると，売女って呼ぶ代わりにどう呼ぶんですか。
S　たぶん爆発するね。吐き出さなけりゃあ，溜まっていくだけだから。彼女に一発くらわす。ただじっと座って言いなりになってたら爆発するよ。

サムは何か違うことをしたいと言いながら，何をするかを詳しく話すように促されるとたちまちプロブレム・トークに戻ってしまう。

F2　そうすると今まで何かしたことがありますか。たとえば彼女を罵って，しばらく出て行って，そこでした違うことが役に立ちましたか。
S　トラックを壊したり，バイクを汚したりしただけだ。
F1　罵る前にそんなことをしたことがありますか。

ファシリテーター・チームはありうる例外を探し続ける。その例外とは問題の一部ではないものか，あるいは問題の領域を修正したり越えたりするものである。ファシリテーター・チームが「罵ってやる」とか「一発くらわす」のようなサムの言葉を使っていることに注目してほしい。

S　ああ，帰ってきて罵ってやるんだ。

F1　そうしてから（トラックやバイクを壊してから），何かが起こって罵らずに済んだことがありますか。
S　いや，ないね。
F1　今まで全然ない？
S　そうしなかったことが2，3回あったかもしれないな。
F1　どうしましたか。
S　どこかへ出かけて食いまくるんだ。
F2　どういう意味ですか。どうやるんですか。
S　一人でどこかへ出かけて……2，3日飛び出してやる。ポケベルは切っておくんだ。
F2　それはうまくいかなかった？　それともうまくいった？
S　ことが悪くなるだけだね。
F2　そうすると罵るとすごくうまくいくんですね。
F1　でもあなたは何か違うことをしたいんですよね。
S　だけれども出て行って森で暮らしたくはないね。
F2　でも彼女に一発くらわせたくもないでしょう。
S　したくない。
F2　ここにゴールの可能性がありますよ。
Ppt4　彼はそれを全部一度にやりたいんだよね。
F1　そうです。
F2　とても感心しますよ。
S　俺は迷える人間だ。

　　サムは自分が迷える人間だと言っているが，ファシリテーターたちはかつてないほど希望をもって彼と共働している。彼らはサムにコンプリメントし，すでに進歩が起こり始めていると確信している。別の参加者も強い肯定的な言葉で同意している。

F1　あなたは罵りたくないし，彼女に一発くらわせたくもないのに，どうやってそのプレッシャーをなくしますか。
S　だけど彼女もいつも……彼女が罵るんだ。
F2　ああ，そう。
Ppt3　言い返さないことが一番だが，難しいことだね。
F2　そのことをどう処理するかが難しいですね。それで，あなたの持ち物や人間関係を壊さずにどうすればそのプレッシャーを減らせますか。
S　圧力弁が要るね。（空気が抜ける音を出しながら，自分の額を叩いて）大きいやつが要るな。
F1　本当にこれはあなたの大仕事ですね。

ここでまた，ファシリテーターはサムに大仕事という言葉を使って彼が何か違うことをするよう促した。

S　全くそうだ。
F2　問題は，この怪物みたいに巨大なことと戦えるかということですが。
S　俺が（笑）。
F1　そうですよ。そのことを私たちは話し合っているんですよ。
F2　ですから，その手始めにあなたができる小さなことは何ですか。
F1　これは長い間大変なことだったようですね。
S　今までずーっとね。
F2　あなたはすごく進歩しましたよ。この暴力的なことがずっと続いていたんだから。大仕事だったんです……あなたはそれを変えて，今，次に進もうとしています。次の段階は何ですか。罵るのを少なくしてもやっていけますか。どれだけ減らせますか。
S　どういう意味ですか。
F2　丸一日罵らずにやっていけますか。それともそれは長すぎますか。
S　ずっとそうしてきたからな。お互いに叩き合ったり。若いからね。遊び回って。二人でばか騒ぎばっかりしてきたんだ。
F1　もし罵らないとしたら，どんな違うことをするでしょうね。
S　バイクに飛び乗るね。彼女はいつも「なんで大人にならないの」っていう言い方をするんだ。
F1　彼女が言ってるのは，「私を愛してるんなら，なぜ罵るの」っていうことですよ。
F2　この大人になることについてはどこから始めますか。
S　40歳になったら。
F2　今は何歳ですか。
S　25歳。
F2　つまりその努力をするまでにまだかなりの年数がありますね。40になるまでにこのことが片付くわけですね。それではどこから始めたいですか。

　　　チームはサムの説明と時間制限付きのゴールを了承している。

F1　あなたは一発くらわせないところから，もう始めていますね。次の段階は，この罵るのを減らしたいということのようですね。
S　ああ，そうだな。彼女の気持ちを傷つけずに自分を抑え始められそうだ。
F1　そうですか。どうやってそれをしますか。
S　しかし，俺は柄はでかいんだがすぐ傷つくんだ。彼女は俺を傷つけたり喜ばせたりする方法をよく知ってる。
F2　うーん，彼女にそのことで何か言う？　どうしたらいいと？

S　そんなことは子どもの前ではできないだろうね。彼らは大きくなってきたから、ベッドルームでしかできないと思う。

　　サムは行動をコントロールできることを暗に示すような，問題行動に対する興味深い例外を自然に口にした。

F1　これはベッドルームだけにしておくことができますか。
S　ああ，できる。
F2　つまりあなたはこのことをある程度抑えられるんですね。
F1　子どもたちの前ではこんな話し方はしないんですね。

　　この言葉がサムに自分の行動をコントロールできるということをはっきり述べさせることになった。

S　絶対。
F2　だからあなたは子どもたちにはこんなことを決して見せたくはないんですね。
S　自分が育ったようにはしたくない。子どもたちはそんなことは見ていないし，必要もないよ。
F2　彼らにとって良くないですね。
S　親父はおふくろに暴力を振るったし，じいちゃんはばあちゃんを殴り倒した。
F2　それじゃ，「あなたの子どもたち」はこの苦しみにあわないようにするということをゴールにするのはどうですか。
S　そのためにはこの怒りをコントロールすることを学ぶんだ。

　　サムは生家で幼少時に虐待を見た経験を話し出した。チームは問題歴や確認されたリスクの要素にはあまり興味をもたず，保護的父親でありたいという彼の意欲を強めるために子ども時代のひどい経験を役立てようとした。

F2　「罵る」のはいいんですか。
S　いや，もっと怒りをコントロールしないとね。
F1　もうすでにコントロールし始めてますよ。
F2　「罵る」行動を変えたときに，どんな違った行動を取っているかを次の時に話してもらえたらそれがゴールになります。違った行動が話せなかったら，それはゴールにはなりません。

　　「罵ること」を止めることはゴールとして十分でないことに注目してほしい。サムはどんな違った行動を取っているかを明確に話すことができなければならない。

S　もう2,3年必要だね。そうすれば二人ともうんざりしてくる。……彼女に対する話し方をコントロールする必要があるなあ。

以前の会話では解決に 15 年から 20 年かかるはずだったが，サムは今では 2,
3 年と考えている。

F2　今，このゴールはあなたにとって大丈夫ですか？
S　彼女に対する怒りに気をつけて，言葉の虐待をコントロールすること。
F1　来週グループに来たら，このことについてあなたがどんな違った行動を取っているか，この変化があなたと彼女にどう影響しているかを話してもらいますよ。
S　うまくいくよ。俺のゴールは彼女を言葉の虐待でこき下ろさないことだ。それが自分のゴールになるんだ。

　このように状況が驚くべき転換を見せて，サムが長い間使ってきた身体的攻撃という解決が問題へと形を変えた。そこで彼は「罵り」を止めて「成長」すべきかどうかを考え始めた。彼は明らかに二つの気持ちの間で揺れ動いていたが，この行動を止めるというゴールを示してセッションを終えた。彼の変化への取り組みは貧弱すぎるという議論もありうる。結局彼はゴールを 15 年で達成しようとしているのだが，ファシリテーター・チームは彼ができているところまでをすでにコンプリメントしている。次のセッションで彼は劇的な言葉を述べた。「俺はこうした変化を今，今週，起こさなければならないんだ。俺は家族が大事だから」。あとのセッションで彼は，彼女が親しい人をなくして泣いている間，彼女を抱いていたと言った。これは彼にとって難しく，全く新しいことだった。「俺はあんなことは大の苦手なんで逃げ出したかったけど，彼女がいてほしそうだったからいてやったんだ。以前なら乗り越えるのは彼女自身だと思って，見向きもしなかっただろう」。後期の数セッションでは毎回，彼は「罵り」を止めて何をしているかをはっきりと話すことができた。

ゴールを提案する

　稀には，参加者にゴールを提案しないというルールを破ることがある。それは参加者が可能なゴールを作り上げようと努力しているにもかかわらず，行き詰まってがっかりしている時である。そのような場合，私たちはその参加者に他の人々からゴールについてのアイディアを募ることが役に立つかどうかを尋ねる。他の人からの「助けを得る」ことは一つの選択肢であることを必ず述べて，参加者の決定を尊重する。もしそれが役に立つと言われれば，「何らかのアイディアを出してもらう相手はグループか，私たちか，それとも一人ひとりか，どれが最

も役に立ちますか」と尋ねる。私たちが選択肢を提供する時には同時に，参加者が最も役立つと思うことを選んでとりかかるように求める。

　参加者はファシリテーター・チームとグループの両方にアイディアを求めるのが普通である。そのような場合には，まずグループ・メンバーにゴールのアイディアを出してもらう。それが出揃ったら，参加者にグループのアイディアが役立つかどうかを聞く。そのなかに役立つアイディアがあってそれがゴールの案として決まれば，私たちは参加者がゴールの詳細を明確にする手助けをする。

　グループの提案がゴール案にならなかったとしても，私たちはグループにコンプリメントする。グループのアイディアが役に立たないようならば，参加者は治療チームに他のアイディアを求めてもよい。そのような場合にも，参加者に私たちのアイディアを出すことが役に立つかどうかを尋ねる。そのときに，私たちには貧弱なゴールのアイディアしか出せなかったという経験があるが，時には私たちの提案が刺激になることもあると説明する。そしてアイディアがあればそれを述べる。

　11年間このようなグループを運営してきたが，私たちが参加者にとって良いゴールのアイディアを生み出したことが稀にはあった。ほとんどのアイディアは，私たちにはかなり洞察力に富んでいると思えるものでもすぐに却下された。私たちのアイディアは部屋を横切って参加者めがけて飛ばす風船のようなもので，届いた途端にしぼむのだった。グループの提案はそれほど良いものには思えないのに，かなりよく受け入れられた。が，結局不合格になることが多かった。アイディアが合格した場合でもすぐに修正された。しかし，グループとファシリテーター・チームが解決案を出せなくても，直後に参加者がゴールを簡単に作り上げてしまうことがあるので，この過程は有益なのである。私たちはこの過程を数人の参加者たちがゴール作りに協力する方法とみなすようになった。しかし時間がかかるので，ほとんどのゴール作りをこの過程なしでしてきた。

　参加者が行き詰ると，それは彼らの努力不足とか「抵抗」のせいにされやすい。参加者の「抵抗」を感じたときには，私たちは彼らの努力のあとを探す。また，私たちが速すぎたり，その時に参加者が担える以上のことを要求したりして，参加者と歩調が合っていないかもしれないことに気を配る。私たちはゴール作りに対しては辛抱強く努力するので，参加者は私たちが彼らを見限らないことに感謝している。

役立つゴール作りに苦労する参加者への対応（注意事項）

・一貫性を持ち辛抱強くすること。
・可能な限り多くの選択肢を提供すること。
・ゴール発見に役立つことを参加者に尋ねること。
・参加者がすでに行っている共働作業を探すこと。
・参加者が抵抗しているとか非協力的だと決めつけないこと。

ゴールを作らない参加者

　ごく稀には，第3回セッション終了までにゴールを作れない参加者がいる。このような参加者には次回のグループ・シリーズに参加するよう勧める。そこで参加者は再度，完成のために努力することができる。私たちは参加者の努力をねぎらい，すべての人が最初のグループを終了できるわけではないと知らせる。

　参加者が裁判所への文書を求める場合には彼の出席について記し，彼に次のグループ・シリーズへの参加を歓迎することを伝える。参加者が非常に不満気に出席していた場合でも，私たちはいつでも彼らと協力する意志があると言う。そのおかげで，ゴール作成ができなくても後に戻ってきてプログラムを完了する参加者がいる。調査によればドメスティック・バイオレンス加害者のグループからの脱落率は非常に高いので，こうした例は貴重である。私たちは他の方法では失敗したであろう参加者に変化して欲しいと思っている。裁判所は参加者に完了を義務づけるが，私たちは脱落者の再挑戦にも手を差し伸べたい。

　ある参加者は3回のグループ・シリーズで続けてゴールを作ることができなかった。私たちは彼に敬意をもって接したので，3回「失敗」してグループを退去させられても彼は私たちに感謝していた。4回目のグループ・シリーズで彼は無事に終了した。興味深いことに彼は毎回，グループを前より効果的に使うようにみえた。今では私たちは彼の「失敗」は独自の作業の方法だったと見ている。このケースから，参加者にプログラムを完了する責任を負わせる法的規制が有効であることがわかる。

　第3回セッションまでに作業可能なゴールを作成できない参加者には，グループを去る代わりに第3回と第4回のセッションの間に個別のセッションを行うという代替案がある。できればグループを去る代わりにこれを選ぶように勧める。

この選択肢は，正規の枠組みを越えてでも参加者を成功させたいという私たちの強い意欲を示している。この個別セッションという設定は，グループ状況では自己表現が難しい個人を助けることにもなる。

　伝統的なグループのやり方にはなじめない参加者たちも，このグループではファシリテーター・チームの忍耐と繰り返し与えられる選択の機会のおかげで，徐々に協力的になる。ファシリテーター・チームの仕事の大部分は，与えられた環境のなかで参加者に最善の選択をさせることである。グループ構造は協力を引き出すように計画されている。チームが参加者の選択を尊重し，彼らが直面するジレンマをどう解決するかに関心を持ち続けると，参加者の協力がさらに増す。こうしたことによって参加者は，有効なゴール作りに抵抗しにくくなる。彼らにとって共働して利益があるなら，それに反対する理由はない。

5
ゴールを活用して変化を促す
Utilizing Goals in the Process of Change

　第3回目のセッションまでに，全てのグループ参加者はウェルフォームド・ゴールを作り上げていなければならないし，それをグループごとに報告する。ある参加者はグループ過程を通してゴールの具体的行動は比較的安定しているが，別の人の場合にはセッションごとに修正することもある。私たちは次の点に焦点を絞る。(1) あらゆる努力を励まし，コンプリメントする，(2) 参加者のゴール作業にできるだけ多くの意味をみつけて彼らを励まし，さらに努力するよう助ける，(3) うまくいっていることを参加者に評価させ注目させる。

　最初の3回のセッションにおいては各参加者のゴール作りの援助には比較的容易に集中できるが，もうすでにゴール作りができている参加者の作業を見過ごすことがある。それを避けるために，ゴールをすでに決定し作業し始めている参加者に注意を向ける時間を作ることが非常に重要である。それには次のような利点がある。(1) 各セッションで参加者は自分のゴール活動を報告する責任があるというパターンを作る，(2) ゴールに向けての作業の重要性を強化する，(3) ゴールの範囲内で修正が許される，(4) ファシリテーターがコンプリメントや質問などをする機会が増える。

　参加者によっては自分にぴったりのゴールを素早く見つける。彼らにはそのゴール行動が明らかに彼らの役に立ち，生活が日々改善されることがわかる。そのような参加者はプログラムが完了した何カ月後も宗教的とも言える情熱をもって続けていると報告しに来ることがある。彼らはゴールが有効なので引き続き実行していると言う。彼らにとってはゴール自体が重大な要素として存在し続け，ゴール行動が強力な意味をもつのである。

　その他の場合，ゴール作業とグループ参加は彼らを今までとは違う，緊張感が

少なくて自分に良いことを教えてくれる場所に連れてきてくれたと言う参加者も多い。こうした参加者は，ゴール作業から対人関係での対処法と良い関係の作り方を学んだことに気づいている。このような経験をした参加者は，ゴールを解決としてではなく変化のための道具として見ている。彼らはゴール作業の意味を拡げていく傾向がある。

　人が成功する方法は多数あると私たちは信じている。ゴール作業の意味が広いか狭いかは問題ではない。私たちは，彼らに役立つ重要な変化を示すものであれば，それが何であれ発展させるように勧める。

前向きな結果を報告する参加者

　参加者が戻ってきてゴールにむけた努力が役に立っていると報告した時には，さらに努力するように励ます。私たちは強い関心を示し，何が起こったかを知ろうとし，できるだけ詳細な情報を得ようとする。グループの出席者の前でゴール行動が再現されるように，私たちは詳細な報告を促すとともに，彼らの行動の変化が直接・間接にどう他の人に影響したかを評価するように助ける。変化の詳細を発見し，ゴールに向けた行動の影響を探るとゴールの重要性と意味がさらに拡がる。私たちは新しいことを試みる勇気と，すでに有益だとわかっているゴールを取り上げる参加者の知恵を再評価する。この過程において直接・間接のコンプリメントが重要であるのは，それらが重要なフィードバックであるだけでなく，グループ全体に対する期待感を高揚させるものだからである。

　次の例では，ゴールへの努力の意味と重要性を探すペギーに，セラピー・チームがコンプリメントと質問を活用している。

ペギーのケース

　中年女性ペギーは「穏やかでいること」と「十代の娘の言うことをよく聴くこと」をゴールにした。必要なら，平静になるまで彼女は「その場から立ち去る」ことにした。このセッション以前は，このゴール作業がとてもうまくいっていた。このセッションで彼女は，ゴール作業が自分の生活の他の部分にまでどれほど「拡がっている」かを話し始めた。治療チームはこのことの重要性と彼女にとっての意味とを探るように助けている。

ファシリテーター（F）1　ペギー，いかがですか。
ペギー（P）　全くうまくいっています。（笑）いや，そうですね，娘は今週とても良い子でした。私がもうちょっとでキレそうだったことだけがね。私は病院で働いていますが，身なりのいい女が二人，髪の毛を全部……まあいいわ，とにかく電気を全部点けまくって，ベルがどこか尋ねるの。その女の母親におまるが要ると言うので，二人に部屋を出てもらって私が使わせてあげると言ったの。そしたらその娘がもう一人の女性に「あの黒んぼに母の世話をして欲しくないわ」と言うのが聞こえたのよね。
F1　まあ。
P　それでおまるを彼女に投げつけて，言いたいことを言ってやろうと思ったんだけど，母親が用を足すまで待って，きれいにしてあげてベッドに寝かせたのよ。部屋を出て行く時にこう言ってやった。「何々さん，あんたがそう思っているのは残念だけど，私はお母さんの面倒を喜んでみているのよ」。そしてすぐ部屋を出たの。
F1　それはすごい。
P　彼女にとっては痛くも痒くもなかっただろうけど，私は本当は彼女を殴り飛ばしてやりたかったから，そう言えたことで気持ちがすっとしたわ。
F1　まあ，すごい！　以前ならどうしたかしら。

　この質問によってゴール作業がもたらしている違いを参加者が評価し，確認していることに注目して欲しい。

P　毒づいてやりこめただろうよ。
参加者（Ppt）1　それとも何かを投げつけたかも。
F1　そうね。何かを投げつけたかな。
P　たぶんね。
F1　まあ。
P　そうしたら，自分の気持ちが傷つくだけだものね。
F1　そう，もちろん。
P　でも，何とか乗り越えた。
F1　自分の気持ちを傷つけないやり方にどうやって変えたのかなあ。

　この質問のおかげで参加者は自分の変化の詳細部分を再確認する。

P　だって，あの女にとってはどっちにしろ痛くも痒くもなかっただろうね。もし彼女に毒づいたとしても私が黒んぼに変わりはないし，やさしくしても私はやっぱり黒んぼだ。私は一番楽な道を選んだからまだ仕事をちゃんと続けてるわ。だってもし何かを投げつけていれば，「出ていけ」って言われただろうね。
F1　あなたが娘さんとのことで作ったゴールは……

P 仕事でも使えてるかって？

　こういう質問をするとペギーは自分の努力が何倍もの利益を生むことに気づく。彼女の最初のゴールは，平静でいることと娘の行動に過剰反応しないことだった。

F1 仕事でも使えてますか。
P ええ，平静でいるように，そしてそれをなくさないようにしている。前に言ったように，怒鳴り始めると抑えられなくなるの。もしあの女性に怒鳴り始めていたら，たぶん……わかるでしょう，大変なことになってたと思う。でもすべてうまく収まったわ。前にも言ったように，彼女にとってはどうでもいいことだったけど，私の気持ちはスッキリしたわ。
F1 そう，まったくね。あの場合はあなたが平静でいられたもう一つの成功例ですからね。
P そう，あれは本当にきつかった。
F1 その通りですよ。
P だから私は自分のことを自慢できるわ。彼女に本当に何か言ってやりたかったのに，我慢したんだから。
F2 そうですね。
F1 立派ですね。
F2 すごい，本当にすごいことですよ。あなたは怒りをぶつけてもよかったし，他の人たちもあなたの行動を「当然だ」って言っただろう。でもあなたは自分がしたいと思うやり方で，自分の感覚で処理しようと決めたんですよ。

　治療チームは，ペギーの健闘からできるだけ多くのものを得たいと願っている。この会話を打ち切らずにファシリテーター２は，彼女の感動的な決断と感情抑制を強調して，ペギーの行動の意味を拡大している。

P あの女性にとってはどうでもよかったんだ。前にも言ったけど，彼女はどっちにしろどうでもよかったんだ。
F2 その通り，まったく。
F1 あの状況で，あなたが最善のやり方をしたときと最悪のやりかたをした時を考えたら，あれは何点だったでしょうね。

　この質問は，彼女がいかに良くやっているかをもう一度評価させ，確認させる機会を作る。

P 今回，私がどうやったかってこと？
F1 そうですよ。
P ああ，10ね。

F1 　全くその通り。
F2 　そうだ！　その通り（拍手）。

　必要に応じて，私たちは参加者に，ゴールが彼らの達成希望を十分満たすものかどうかを評価してもらうよう促す。そうすると，参加者が現在のゴールに熱心に取り組むようになったり，ゴールの課題を拡大したり修正したりするというプラスの効果がある。この過程はまた，参加者の自己評価能力を尊重し，ゴール作業を選択しているという意識を強めることにもなる。

　ゴールが役に立つものだとわかったら，参加者は違った視点から自分の行動と人間関係を見始めるので，自発的にゴールを修正することもよくある。この場合には，治療チームは参加者がこの進化に気づき，それをゴール修正作業に取り入れるように援助する。程度の差はあっても，あらゆるゴール作業は有機的であり，そのなかでゴールは基本的な構造から進化し，形も意味もセッションからセッションへと変化する。次の例はゴールの進化を示している。

ダニーのケース

　　ダニーは，ゴールを最初「けんかが起きそうになったらその場から立ち去る」と発表した。彼はまたいずれ新しいビジネスを始めることを第二のゴールとすることにした。さらに検討した結果，彼は自分の人間関係を評価していることと，自分の生活をコントロールしたいと思っていることに気づいた。彼の言葉を使えば「この人間関係のありかたに自分の生活をコントロールされることを止めたいんだ」ということになる。彼は，攻撃性を処理するだけでなく，彼の生活上のゴールを再評価するために，課題を拡大し調整したのである

ダニー（D）　知っているように俺はもうゴールを始めて……
　F1　申し訳ないけど，覚えていないんだ。
　D　時間切れになった。攻撃されて……顔をまともになぐられたんだ。その間，すごく辛かったね。でもその場を離れた。友達に会いに行ったり，他のことをしに行ったりしね。最初は腹が立って頭を嚙みちぎってやろうかと思ったほどだった。でも（笑）いつかみたいに彼女がめちゃくちゃ怒ってたから俺は「今日はもう俺の顔は見たくないだろうな」と言って家を出たんだ。戻ってきたらもう全く問題はなくなっていたよ。
　F1　つまり先週は彼女がけんか腰だったのであなたは家を出たんですね。
　D　何回か。時々そうしたんだ。

F1 それが役に立ちましたか。
D ああすごく役に立った。とてもね。今では慣れてきてそれが始まりそうになったらわかるので，避けられるんだ。「俺はいなくなるよ」なんて宣言するんじゃなくてこつがわかったんだ。「あぁ，芝生を刈らなきゃいけないんだ。済んだらすぐ戻って来て君と話をするよ」と言って彼女の機嫌が治まるまで仕事するんだ。なぜって外にいても彼女の声が聞こえるからね。彼女は一人でわあわあ言ってるけど，俺はもうそれにまきこまれたくはないんだ。もしそうなって，俺がそこに座っていなければならないとしたら，暴力が起こって気持ちが引きさかれてしまう。俺は自分の考えでやりたいし，彼女なんかどうなっても構わない。もし彼女が俺を幸せにできないなら，彼女はいらない。

これは「悪いやりとりが始まったら立ち去る」というゴールを，参加者がもっと良いものに修正した好例である。ダニーは今では，当てつけがましくその場を去ったり妻の行動に大騒ぎしたりするのではなく，うまい口実を使っている。

F2 あなたがこのように行動した時，彼女について何か気づきますか。
D 帰ってきたときに気づくね。多分彼女の頭のなかでカチッとスイッチがはいって「あの話題がむし返されないってことは多分そんなに重要ではなかったんだ」ってなるんだろう。
F2 ああ，なるほど。あなたは「これをしていただけだ」と言ったのでそこをぜひ知りたかったんですよ。あなたはもっと前からしてるんですね。何かが起こりそうだと気づくんだ。
D そう。前のように暴力のことで頭を使わないので素早く見抜けるようになった。

ダニーは問題を予想してゴールをさらに修正し，今ではトラブルが始まる前にその場を離れている。彼は頭のなかから暴力を締め出していることがうかがわれる。

F2 そうですか，けっこうですね。それで？
D それが自分の目をみえなくさせていたから，反射的に動いていた。でも今はじっと落ち着いて，いつも注意しているんだ。
F2 注意している，なるほど。それで……。
D そう，それが現れるのを注意してみている。
F2 わかりました。あなたがそうし始めてから彼女についても何か違ったことに気づきましたか。
D 多分正しくないかもしれない。
F2 何が多分正しくないんですか。
D 俺たちの関係が。
F2 そうですか。

D 今も続けているが，長続きするかどうかわからない。
F2 そうですか。はっきりしないんですね。それがあなたのためになるかどうかを考えてるんですか。
D そうなんだ。もし自分のためにならないのなら，人のためになるかどうかなどどうでもいい。自分のためになるかどうかが大切だ。
F2 なるほど。
F1 何かが起こりそうなときに前もって気づいてその場を離れるので，二人の関係を距離を置いてみるようになったんですか。
D 彼（グループの別の参加者を指す）の時と同じように，俺に顔を洗う機会を与えてくれるんだ。なぜって，もし俺がもう1, 2分長くその場にいれば，巻き込まれるだろうから。それが自分のありのままの状態だから。俺はもともとすごくのんきなんだ。俺はたいていの人とはうまくいく。だけど，攻撃されたら理由なんかわからなくなって，自分もやり返す。知ったこっちゃない。でも今，俺はそこに壁を作ろうとしてる。なぜって，しかえしが全部終わったとき自分にこう言うことになるんだからね。「なんであんなことをしたんだろう。ばかげている。もっと楽しいことができたのに」

ダニーは明らかに彼の過去の行動を評価し始め，今までの自分の選択に疑問を持ち始めている。

F2 もっと楽しいことは何かを考え始めてますか。
D それなんだ。自営業も入れてずいぶんいろんな仕事をしてきた。俺は仕事が好きで，人も俺はいい仕事をするってほめてくれる。
F1 ダニー，そこでなんですが，努力して仕事を手に入れて働き始めて，それがどう役に立ってますか。

ダニーの仕事がどう役に立っているかを治療チームが考えることは容易だが，そうはせずにダニーが自分で考えるように質問している。この「知らない姿勢」がダニーを尊重し，彼が行動に自分で意味づけをするように促すことになる。

D そうだな，そのおかげで他のことに関わらないですんでるんだ。俺は今までほどうちにいないし……自分の時間も取れるしね。
F1 それほど家にいないことが役に立ちますか。
D うん，そうだね。家での状態が違うね。
F2 どんな風に？　彼女にとってどうですか，何に気づきますか。
D 自分がそれほどそこにいないので腹がたつことが少ないね。帰ってくると夕食ができていて，子どもたちを寝かせる準備もできているんだ。彼女が夢中になることもある。彼（他の参加者のことを指して）の妻のように彼女はよく学校へ行ったり，本を読みふけったりしている。

- F2 こういうことのおかげで，彼女はあなたが前より楽しくキャンプに行ったりしていることに気づいていますか。
- D そうだね，それが彼女を怒らせるんだ。
- F2 え，そうなの？
- D 腹をたてるんだ。なぜだかわからないが，俺が満足しているのを見ると彼女は腹をたてるんだ。
- F2 よくわからない。
- D それとか，俺が楽しい人といっしょにいると，たとえば親戚とかだが，この間もいつものように叔母と電話でしゃべっていたんだ。昔，こんな風だった。（指と指を揃えて）俺たちはルームメイトだった。叔母が電話をかけてくると，彼女が「またグローリアだわ」という顔をするのがわかる。彼女は叔母と俺がすごく仲が良いのががまんできないんだな。叔母と俺はすごく似てるんだ。
- F1 あなたは一歩離れてこの関係を見ているようですが，この追加セッションのおかげのようですね。
- D 台無しにはしないよ。
- F1 と F2 そうですね。
- F2 あなたの考えはかなりまとまっていてはっきりしていますね。ここであなたがすべきことと F1 が今言ったことについてですが。それからどんなことがわかりますか。

この種の質問は参加者の努力が彼自身に影響を与えることを示している。この質問から彼は重要な結論を引き出すことになる。

- D 要は，自分がまた自分自身になろうとしているんだ。俺は自分の生活を妻との関係に振り回されたくない。

ダニーはもう一つのより個人的で不明確な「自分自身になる」というゴールを作りつつあるようだ。このゴールは，自分のビジネスを所有するというゴールも作り始め，これを実現する方向に踏み出しているという意味で興味深い。

- F2 わかりました。それはあなたにとってここでの大きなテーマですね。
- D 自分自身にならなければ，幸せじゃないね。幸せになれないような状況なんか俺には必要ない。
- F2 そうですね，わかります。
- D 結果は何であれ，俺は自分が幸せになることをするつもりだ。
- F2 それがあなたにとって安全でもあるようですね。
- D そうなんだ。
- F2 そうです。
- D 安全というのは良い気分だ。

F1　あなたは自分のゴールに責任を持とうとしているんですね。
D　そうなんだ。
F1　本当。
F2　次回にあなたから実例を聞きたいですね。
D　ああ。
F2　あなたははっきりそれをやろうと思っていますか？　いつどうやってしようとするのかというような実例ですが。他のどんなことでもあなたが今自分自身であることがわかる例があればと思います。
D　まだそこまでは行ってないんだ。
F2　了解。
D　それはまだ確かじゃないからね。
F2　わかります。
D　まだもう少し落ち着いて観察する必要があると思う。つまり，自分自身がなりたいようになる時をね。
F2　なるほど，今その途中ですね。
D　そう。
F2　細かいことはまだ確かじゃない……
D　そうだな。細かいことやどういう結果になるのかということがまだ確かじゃないんだ。わかっていることは自分にとって良いということだが，他のみんなにも良いかどうかはわからない。でもそれは仕方ないことだ。

　ダニーのゴールに向けての作業は正しい軌道に乗っていて，彼はその利益を確認できる。ゴールが彼自身にどう影響するのかは明らかではないが，彼が自分の努力に満足していることは明らかだ。時に参加者は，ゴールが充分に広くないと感じることがある。そういう時には私たちはどんな修正が役に立つか尋ねてみる。次に，この追加のゴール行動がどう実行されるかについて彼らに詳しく説明してもらう。同時に，この変化が他の人にどのように経験されるかを尋ねる。私たちは彼らが起こそうとしている修正の有効性を評価してもらうために，必ず次の直接的な質問をする。「それが違いを作ると思いますか」。またはこういうスケーリング・クエスチョンをする。「1から10のスケールでそのような修正がどれくらいの違いをもたらしますか。10は大きな違いで1は事実上変化なしとした場合ですが」。

　参加者がいったん彼らの努力の前向きな結果に注目したら私たちはその変化の意味を拡大する。これには次のような直接的な質問が有効である。質問①「あなたがこれほどおだやかに子どもたちに用事をするように頼むことは，あなたに

とってどういう意味があると思いますか」，質問②「あなたが起こしたこうした変化はあなたにとってどういう意味があると子どもたちが言うと思いますか」，質問③「これはあなたが前よりも忍耐強い人になったことを意味しますか」，質問④「あなたの妻は，このことがあなたという人間にとってどのような意味があると言うでしょうか」。

こうした全ての質問によって参加者は自分自身を新しく表現したり確認したりする。それによってさらに，彼らはその変化の重要性を確認し，変化自体を強化する。

次の事例では，ファシリテーター・チームが，参加者の人生における出来事，記憶，ゴール作業を使って参加者の価値観，努力，美点を確認している。その過程を通して参加者は，過去，未来，学んできたことがらについての自分自身の結論を引き出すことができる。

ジョーンのケース

ジョーンは，家族といるときにおだやかな気持ちでいられるように，自分のために静かな時間を定期的に取ることをゴールにすると話した。ここで，ジョーンは彼女と家族の生活における重要なできごとを話し始めた。治療チームは，このできごとが彼女と母親との関係，彼女と子どもたちとの関係について何を語っているのかを彼女に評価してもらった。この会話をリードしたのはジョーンだが，治療チームもこの重要な記憶を彼女のゴール作業に結びつける役割を果たした。

ジョーン（J）　死期が近い母を私が家へつれて来たとき，子どもたちはいっしょにいて，おばあちゃんの全段階を見ていました。私といっしょにずっといました。彼らがそうしたことは私にとってとても大切なことでした。母を家に戻らせることを彼らが許したわけではないけれど……彼らは理解したんです，私と母にとって必要なことだったと。

F2　そしてあなたとお母さんは子どもたちを含めた輪の一部になろうとしたんですね。

F1　あなたの家でお母さんが死にたいと言ったことはあなたにとって何を意味していると思いますか。

J　わかりません。その質問を何度も自分に問いかけました。母が死ぬまで面倒をみたから，他の誰も私のように彼女の世話はできなかったと母は言うでしょう。以前，南カリフォルニアに住んでいたとき私は彼女の世話をしに行き，こちらへ帰ってきました。でも容態が悪くなったので母はここへ来たんです。私はいつも彼女に「お母さん，南カリフォルニアの主治医のところへ帰らなくてはいけないわ」

と言ってました。でも彼女は「ねえ，おまえ，私は帰りたくないのよ」と言うんです。「あなたは醜いあひるの子が美しい白鳥になった話を聞いたことがある？ 小さな醜いあひるの子がいて，卵からふ化したけれど，ママを見つけられず，小さな醜いあひるの子を誰も欲しがらなかった。そこで，その子は歩いて歩いて僕のお母さんでしょうと言っても誰も彼を好きにならず，誰もかかわりたくないと言ったの。とうとう二人の子どもが彼を見つけ，あひるの子が世界中で一番すばらしいと思ったの。池があったので，彼らはそのあひるの子を池に入れたら，次の朝見るともう醜いあひるの子ではなくて美しい白鳥になっていたの」。母はこの話をいつも私にしていました。

F2　彼女はあなたに何を言おうとしていたんでしょうか。
J　彼女は私が良い人間で，私を心から愛していたと言いたかったかもしれないと思います。
F2　全ての努力の甲斐があったんですね。
J　私はやらなければよかったと思うことは何もないし，何も後悔することはありません。
F2　あなたは今していることに何も後悔がないようですね。今は自分と子どもたちの世話にかかりきっています。それについて1から10のスケールで，10は完全に自信があり，1は自信がないだとすると，今のあなたはどこですか。
J　10以下では決してないし，10以上かもしれない。
F2　それはすごい。すばらしい自信ということですね。
J　ええ。私には私だけの時間が必要です。そのゆとりがあれば物事がうまくいくんです。

　ジョーンは目標がはっきりしていて自信も持っているが，治療チームはゴール作業をさらに詳しく述べてもらう。

F2　あなたはもうバランスをとること，何回時間を取るとか，を決めましたか？ 時間を取る日もあったりなかったりみたいだけど。今はどう思っていますか。
J　週に3日くらいだけど，イライラしてきたなと思ったり，何もかも疲れてきたら休みを取ります。
F2　自分をよく観察しているということね。
J　それはね，娘がこの前私にはっきり言いました。つまり，私に中休みを取っているかって尋ねたんです。（前回，ジョーンは娘が母親のイライラに気づいて「お母さんはゴールを実行していない」とはっきり言ったと話していた。ジョーンはゴールの有効性について半信半疑だったので，このできごとは重大だった）
F1　もう一つだけお尋ねしたいんだけど，あなたの生活で他にどんな違いに気づきますか。

このオープン型の質問はジョーンに新しい意味を探させ，また，作り出させるものである。

- J　そうね，私はとてもとても内面的になってると思う。
- F1　どうしてそれがわかりますか。
- J　自分の人生と経験したことを考えるときにね。私には昔のあやまちを忘れてくれる本当に誠実な友達が何人かいる。
- F2　そうね。あなたはお母さんの気持ちも受け取りました。お母さんの目を思い出せばいいんですね。

有効なゴールがあるときの注意事項

・ゴール行動のあらゆる利点を参加者に気づかせる
・努力にコンプリメントする
・参加者が変化の意味を考える機会を提供する
・ゴールが広くて有効なものかどうかを参加者に査定させる
・小さな変化を見落とさない

有効なゴールがあるときに役立つ質問

・あなたがこれをしていたことを誰が気づきましたか
・それが彼らにどのような影響を与えたと思いますか
・これを続けていけると思いますか
・あなたがこれを続けていけば，他にどんな利点が生じるでしょうか
・今うまくいっているこのゴールに対して，さらにどれだけ努力できますか
・このゴールに何かつけ加えることがありますか，それとも今のままで有効だと思いますか

参加者が「何の変化もない」
または「そのゴールは有効でない」と言うとき

前向きな変化を促す姿勢

　ゴール作業には何の利益もないという参加者とのやりとりは興味深い経験である。参加者のゴール作業への反応は単に一つの反応に過ぎない。反応には良いも悪いもなく，必ず有益な大きな可能性が含まれている。未経験のファシリテーターは，参加者が状態が良くなっているとかこれで十分だと報告すると気が楽になるという傾向がある。だが，古い諺は「コップは空の状態が最も役に立つ」と言っている。参加者があることがうまくいかなかったと報告する時の方がずっと率直で，新しいアイディアを造り出す準備ができているのである。参加者が行き詰まっていることにがっかりする理由は少しもない。実際にはその反対なのだ。

　私たちから見るとゴールに関連するあらゆる行動は有効である。たとえ参加者がゴールに向けて努力したがうまくいかなかったと言う時でさえも，その行動は役に立つ。最小限に見積もっても，望ましい結果を生み出せなかったゴールは必ず，参加者にとって何が解決でないかを発見する助けになる。参加者とファシリテーター・チームはもっと可能性のありそうな別の方向を探す気になる。もう一つ心にとめるべきことは，たとえゴールが問題を解決しなくても，予期せぬ利益をもたらすことがあるので有益なのだ。その場合には，問題は参加者がゴールが有益だったと気づけるかどうか，そしてファシリテーターが参加者にそれを気づかせられるかどうかである。

　もう一つの有利な視点は，参加者の言葉は具体的に文字で書かれていないので，いつでも修正できることである。これは言うまでもないことのようだが，一般に参加者の説明や言葉を確固として不変なもののように扱っていることが多い。私たちの経験から，参加者の説明や言葉はとても柔軟でたえず変わっているので，それを確固とした対象のように扱うことは，結果として変化を望むのなら明らかに不利である。つまり，言語は創造的媒体であり，境界や限界はほとんどなく，ある説明が別のものにとても素早く変わることがしばしばある。参加者の努力の有益な側面を探そうとしていると，無用だと説明されたゴールが一瞬のうちに有益なものに転換されることがある。

参加者が変化に気づく助けをする

　ゴールが役にたたなかったと言う参加者に接する最善の方法は，彼らにゴールをもう一度述べてもらうことである。こうすると，彼らは考えを整理し，何をしたのか，どこでしたのか，誰が彼らの行動に影響を受けた可能性があるかなどに焦点を当てることになる。このように詳細に行動を見直すことは次の理由から重要である。1) 見直すまでは，二次的利益を見落としたり，作業の前向きの結果を思い出さない。2) 焦点を当て直すことによって最初のゴールの利益から目を転じることになる。3) 参加者によっては最初の努力で大きな成功をめざすので，小さいが重要な変化を見落とすことになる。

　何年も前のあるグループで，一人の男性の「母親ともっといっしょにいろいろなことをしたい」というゴールがうまく機能していないことがあった。彼は人生の大部分を母親と暮らしていて，関係をよくするためにもっといろいろなことを一緒にしたいと願っていた。しかし彼は，そうした活動は関係を改善するよりも徐々に緊張を高めていくことに気づいた。

　最初，ゴールは彼にとって役立たないように見えた。私たちがゴールを詳細に調べた結果，彼は関係の良くない母親に認めてもらうには大学でもっと勉強することだと思っていたことがわかった（彼はゴールを見直すまで，これが思い違いだということに気づかなかった）。大学で前よりも努力して，兄弟と二人の教師からはほめ言葉をもらうことができたが母親からは少しも認められなかった。しかし，他の誰かが彼の前向きの変化に気づいたかと尋ねられて，初めて兄弟と二人の教師からほめられたことを思い出した。彼は大学での勉強の成果と兄弟や教師のほめ言葉という二次的利益に励まされてこのゴール作業を続けることにした。

　彼は引き続き大学で前よりずっとよい成績を挙げた。そのうちに，母親がこの変化に気づき，彼に対して前より打ち解けた態度を示し，彼にとって生まれて初めてのほめ言葉をかけるまでになった。彼は8週間「母親ともっといっしょにいろいろなことをしたい」というゴール作業を続け，その結果優秀な成績を上げ，すばらしい就職の申出を受けた。その後，彼は母親の家を出たが，これが自分にとって非常に重要な変化であることに気づいた。

　このケースの最重要点は，最初のゴールは期待と正反対の結果を生んだにもかかわらず，このゴールは彼が重要だと思う変化を創り出す上で実は有益だったと彼が発見したことである。このケースや他の同様の経験から，私たちは参加者が

どんなものでもすべての二次的利益を評価する手助けをすることが有益だと思う。参加者がある特定の結果に狭く焦点を絞っている時には，彼らのゴール作業から生まれる前向きの側面を見落としているのが普通である。参加者が「ゴールに向かって努力しましたが，失敗でした」と言う。私たちが一緒に10分間，予期しない利益を探すと，彼らは「このゴールは的を射ていると思うんですよね」と言うことになるのである。

　参加者は，ゴール作業には役立つ変化と利益があることに気づかないことが多い。ある参加者は，否定的出来事に注目するパターンを作り上げているので，生活全体にわたってどんどん問題志向的になっていく。彼らは「専門家は主に彼らの問題に関心がある」と思いこんでいる。こうした参加者には改めてゴールを述べてもらい，ゴールに関係がある行動を発見させることが役に立つ。こうした二次的な利益が確認されると，参加者のゴール作業への努力を強化するためにコンプリメントが活用できる。次の例では，ファシリテーターによる利益の確認と，参加者の努力を強化するためのコンプリメントの使用が見られる。

マイク

F2　それでマイク，あなたのゴールはどうなっていますか。
マイク（M）　わからないんだ。あんまり違いが起こっているようには見えないね。
F2　そうですか。あなたは何について努力しようとしていましたか。
M　ええと，すべきことをリストにして生活をきちんとすることが役に立つと思ったんだけど，彼女はあんまり気づかないようだ。
F2　どうやってしたんですか。リストを作ってすべきことをしましたか。
M　そう，実際にはリストは俺の頭のなかにあってね。三つのことなんだ。俺はバイクを引っぱり出してきれいにして売ろうと思った。燃料タンクを撤去することで電話をしたり，枯れ枝の山も片付けた。
F1　それはすごい。本当に真剣に何でもやりとげようとしてるんですね。
M　俺がそうやってることを彼女に気づいてほしいんだけどね。
F1　彼女が気づいてないってどうしてわかりますか。
M　わからないけど，彼女は何も言わなかったから。
F1　彼女は何か違うことをしましたか。
M　それが難しいんだ。彼女は俺が枯れ枝を片付けているところへ飲み物を持ってきてくれたんだが，それが何の意味かがわからない。
F2　だからまだあなたにはわからないんですね。
M　そうなんだ。

- F2 とにかくそのゴールはあなたにとって良いものだと気づきましたか。
- M まだ本当には……
- F1 全然まだ?
- M いろんなことを片付けたのはよかったと思う。そうでなきゃできていなかったと思うから。今は前より考えが整理されていると思う。俺は何百ものことを同時にやるくせがあって,それが彼女をイライラさせるんだ。自分ではそのやり方は好きでもあり,嫌いでもあるんだけどね。
- F1 あなたは三つのことを上手に片付けたみたいですね。
- M あれはよくやったと思う。週に三つ片付けをやりたいんだ。
- F2 それがどう役に立ちますか。
- M 彼女は俺がくだらないことをしすぎるっていつも文句を言うんだ。言いたくないけど,俺はずっとそうやって暮らしてきた。それは俺たちにとってはうまくいかない。俺にはよかった。ばかげた話かもしれないが,いろんな事をしすぎるから今の自分がある。それでイライラすることもあるけど。
- F2 それで,あなたはどうしますか。何が役に立ちますか?
- M まだ整理されていないと思う。物を片づけることだ。すごくたくさん物が売れた。本当にたくさんあった。一年間毎週末にやってもまだ物が残っているし,貸し倉庫も空にしなきゃいけない。
- F1 あなたが大きな変化を起こそうとしていて,実際に違うことをするための手順も考えているので驚いています。これをやっていったらどんな違いができると思いますか。
- M まず彼女が気づくかどうかわからないが,自分としては気持ちがよくなると思う。このことで滅入ってるんだ。
- F1 あなたが滅入ってないとき,周りの人はどんなことに気がつきますか。
- M そうだな,それほど自信はないが,この注意散漫がなくなれば前よりおだやかになると思う。
- F2 朝,目がさめて彼女がこの違いに気づいたら,あなたが変わったと思う最初のしるしは何でしょうか。
- M 俺はもう,車を追いかけてドアから走り出したりしないと思う。犬みたいにね。そんな犬を飼ってた。そいつは何も考えずに何でも追いかけてたもんだ。
- F1 それであなたは何をしますか。
- M (沈黙)……彼女といっしょにコーヒーを飲むだろうね。
- F2 彼女といっしょに過ごすんですか。
- M そうだね。
- F2 彼女はびっくりしますか。
- M 彼女はどういう意味にとったらいいかわからないだろうね。多分俺が病気にでも

なったかと思うだろうな。
- F1 すごい。これは変化ですよ。それは役に立つでしょうか。
- M ああ，そう思う。
- F1 これをどうやってしますか。
- M ただやるだけだ。
- F2 いつ，どうやって。
- M 土曜の朝，彼女は寝坊するので俺は戻ってきて……つまり彼女にコーヒーを持っていって二人で座ってしゃべる。
- F2 それはうまくいくと思いますか，つまりできますか。
- M ああ。
- F2 ということは，あなたはもっとうまくいくようにゴールを変えようとしているように聞こえますが。
- M がらくたを片付けることは自分にとっては大仕事なんだ。週に三つ，そして彼女とゆっくり過ごして，車を追いかけることはなしにする。
- F2 なるほど。あなたが三つを片付けることと，コーヒー・タイムについて聞くのが楽しみですね。

　一度に過度な課題をなしとげようとする参加者にとって，ゴールの詳細部分を評価する過程は非常に有益である。短期間に多くの変化を起こそうとする参加者は小さな変化を見過ごしがちになり，時間をかけて起こる小さな変化の重要性を過少評価する傾向がある。詳細な部分に注意を向けると小さな変化が増幅され，参加者が見落としがちな利益に気づきやすくなる。私たちは定例として「何か少しでもよくなっているかどうか」，特に参加者が「何か違うことが起こったことに気づいたかどうか」を尋ねる。また，参加者のゴールへの行動がもたらす影響は時間とともに変わってくるが，それを彼らに評価してもらうことも有益である。そのために私たちはこう尋ねる。「こうした小さな変化を続けていけば本当の違いを生むと思いますか」。この形の質問は，参加者に小さな変化の影響を計り，さらなる変化を予測する機会を与え，変化がすでに起こっていることを確認させることになる。

　参加者がまず別の人の行動を変化させたり，その人に影響を与えようとしている場合には，そのゴールがうまくいかないと報告することが多い。そうした状況では，他人を変える試みが成功しやすいかどうかを評価するように勧める。そうすれば参加者は成功の可能性が低いゴールをあきらめたり，修正したりできる。この過程を通して，参加者はまず自分の行動を変えるゴールに精力を注げば，自

分自身がうまく生活に対処できることを発見する。

　参加者が進歩しても気づかないとき，私たちはそのゴールを続けたいかどうか，または修正したり変えたりしたいかを尋ねる。参加者はゴールが有益だと思えばそのまま続け，進歩を示す小さな変化に気づくようになる。参加者がいったん利益を確認でき，進歩していれば，その変化を拡大する手助けは比較的容易である。変化が認識されれば，私たちは参加者がその意味をみつけるように促す。

ゴールを評価し，変化させる

　参加者はたいてい自分にとってゴールが有益だと気づくが，そうでなければ満足のいく形に修正する。稀には，参加者がゴールには何の利益もないと思ったり，事態が悪くなるとさえ思うことがある。その場合にはゴールを変えることが意味があるかどうかを検討してもらう。その前に（1）ゴール作りについて詳細な質問をする，（2）気づいていない利益を探す手助けをする，（3）ゴール作りを続けると良い結果が出るかどうかを検討してもらう。それを続けることが有益には思えない時でも，私たちの意見は述べないことにしている。参加者が最もよく知っていると想定するからである。

　いったん新しいゴールを作ることになったら，参加者の有益なゴール探しを親身に見守る。私たちがよくする質問は「前のゴールを実践してみた結果，もっと良いゴールのヒントが生まれましたか」または「それがうまくいかなかったからには，どんな違ったことをしなければなりませんか」である。このようなオープン型の質問は参加者が新しい可能性を探す助けになり，もっと有益なゴールを作る責任を持たせる。次のように話すこともある。「このグループでは全員がゴールをもたなければなりません。グループに残るためには今日帰るまでにはっきりしたゴールが必要です」。このように話すと不安になる参加者が多いが，私たちも援助を惜しまないと言って安心させる。これは参加者を支えるだけでなく，グループと私たちの立場の平等性を知らせるために重要である。平等性と支援の姿勢は非常に重要なので，時には，締切までにゴール作りができない参加者に個別のセッションを行っている。この特別なセッションへの招待は，私たちの援助と平等性への努力が全参加者に見えるようにグループメンバーの前で行われる。

　次は，ゴールが予想以上に悪い結果を生みそうなので，参加者が前向きな変化を起こしやすいゴールへと変えた事例である。

エドのケース

　　エドは最初は「父をもっとよく知る」努力が自分に自信を与えるだろうと思っていた。彼は父親とは2年以上話していなかったので，父親がどう反応するかわからなかった。最初の2回のセッションで，エドは父親が酔っていたこともあってうまくいかなかったと話した。それでも，エドは何回も電話をし，短時間ながら訪問もしていた。3回目のセッションで，彼はゴールを変更しようと思い始めた。

F1　エド，あなたはお父さんと連絡を取ろうとよくやりましたね。それで何に気づきましたか。
エド（E）　実はわからない。おやじはあまり応えようとしないんで，すごいがっかりしてるんだ。彼が応えられるのかどうかわからない。
F1　ゴールについて先週どんなことをしましたか。
E　父親のトレーラーに，そう土曜日に行って，フットボールでも見ようかと思ったんだ。電話しても出ないもんで俺は突然行ってみたら，おやじは朝の10時半に酔っぱらってた。俺はどうしたらいいかわからなかった。多分そのことでびっくりしたからだと思うけど，なぜかわからない。
F2　なぜかわからないんですか。
E　うん，そうだね。おやじがもっとちゃんとしてると思い込んでいたんだが，それは違うよね。彼はアル中なのを俺は知ってるんだから。
F2　それを知ることが役に立ちますか。
E　忘れないことが役に立つね。
F1　どのように？
E　ええと，おやじが本当にそこにいるかどうかも当てにできない。俺はその辺を片付け始めたんだが，彼が怒り出したので，手出しをしたりしない方がいいのかと思った。彼はそんなことも覚えてないだろうから，それが違いを作るかどうかわからないね。
F2　それがあなたにとっては違いになりますか。
E　そう，まあ。俺は彼と関係を持てるかどうかわからない。彼が俺と関係を持てるかどうか，持ちたいかどうかもわからない。
F1　それをどうやって見つけますか。
E　見つけなきゃね。
F1　それが役に立ちますか。
E　弱ったな。その質問が大きらいなんだ。ああ，役に立つけど，つらいところでもあるね。
F1とF2　そうでしょうとも。
F2　お父さんとの関係でこんなに努力をしたことに感心しています。とても勇気が要

るし，あなたみたいに努力した人はないでしょう。お父さんに近づこうとすることは役に立ちますか。
- E どうやったらできるかわからない。彼に会えるかもしれないが，それが状態をよくするとは思えないね。
- F1 これをすることが，つまりお父さんに近づくことがあなたにとって役に立ってきましたか。
- E 俺にとって？　そうだと思う。ある意味でこれが限度なんだ。自分が望んでいることじゃないことを受け入れなくては……。
- F1 ありのままを受け入れることはあなたにとってどう役に立ちますか。
- E わからない。それは正解できれば100万ドルもらえる質問だ。わからないよ。
- F2 でもあなたがお父さんに手を差し伸べたことは意味がありましたよね。
- E そうだね。だけど思ってたのとは別の意味があった。
- F2 それがどうあなたの利益になると思いますか。
- E ええと，俺は自分の人生を軌道に乗せなくてはならない。それはわかっていたが，今そのことで何かをしようと思ってる。
- F1 それじゃあ，あなたのゴールをどこへ向けますか。
- E ゴールを前に進めることが自分にとってどう良いのかわからない，この先ね。
- F2 そうすると，ここからあなたは別のゴールに向かうことになりますか。このグループに残るためにはゴールが必要ですが，このゴールから別のゴールのアイディアが出ますか。この100万ドルもらえる質問に答える助けになるでしょうか。
- E わからないな。
- F2 私たちが他の人と話している間に考えたいですか。それとも私たちに何か質問してほしいですか。何が一番役に立ちますか。

エドはかなりたくさんの作業を成し遂げた。そしてこの質問は彼が休みを取るか，新しいゴールを探し続けるかを選択する機会を与えている。普通，参加者は作業を続ける方を選ぶが，そうするとさらに前向きになることが多い。

- E わからないが，今，解決したいと思うので，何か質問してもらったらいいかもしれない。だが，ここへ来ることはとてもしんどいことだったんで，それをわかってほしい。

エドは最後の2，3の質問にわからないと答えたが，それでも彼は自分に役立ちそうな方向へ切り替えた。それはまるでそれまで自覚していなかったことに気づいたようだった。

- F1 ここへ来ることがしんどいことだったんですか。どうしてでしょうね。
- E 最初のグループで俺がふるえていたのを覚えてるだろう。こういうグループに入

ることはすごくこわかった。本当にしんどいことなんだ。
- F1 それは知りませんでした。
- F2 あなたがふるえていたとは知りませんでした。
- E 椅子からころげ落ちそうな感じだったんだ。
- Ppt1 気がつかなかったな。
- Ppt2 あんたがびくびくしてたのは知ってるよ。それは俺もそうだったからね。
- F1 でもあなたはすごくよく話し，考え，ゴールを計画したと思いますよ。
- F2 その通りです。あなたはこんなにたくさんの人の前であれだけはっきり話したんですよ。
- E 俺は命令されていなければここには来ていないんだ。
- F1 あなたが1回目のグループでびくびくしていた時が10で，1は最高にくつろいでいる時だとすると，今あなたはどのへんですか。
- E 今は6か7だろうね。だがそれでもずいぶん高い。
- F2 つまり，前よりずっとくつろいでいるけれども，まだ本当に望むほどにはなっていないんですね。すごい，どうやってそうなれましたか。
- E ただ，来なければならないからだと思う。
- F1 来る度によくなってませんか。
- E そうだね，そう思う。だがどこまで先へ進めるかわからないんだ。
- F2 確かにどこまで先へ進めるか本当にはわかっていないんですね。
- F1 それじゃあこれがゴールへ向かわせることになりますか。
- E 俺のグループのなかのゴールは，ただ来て必要なことをするだけだ。まだ十分身についていない。俺は人を避けてる。こんなことは言いたくないが，俺は必要でない限り人と話さないんだ。話すべきだとは思うんだけどとても難しい。
- F1 難しくてもここではちゃんとやってますよ。
- E そうだね。
- F2 それじゃあ，他の人と話すことはここでのゴールになりますか。それが役に立つと思いますか。
- E 人と話さないと本当に後向きになることはわかってるんだ。あいつらは信用できないからだめだって考え始める。だから「こんにちは」と言うだけでも役に立つだろうね。
- F1 それじゃあそうすれば違いが生まれるかどうかやってみることができますか。
- E そうだね。そう思う。そのためにもっと外向きにならなくてはいけないだろうな。
- F1 今から次のグループまでにそれができますか。そしてそれを実行した結果や見つけたことを話してもらえますか。
- E ああ，そうするよ。

社会との接触について同じような心配を持っている人は多いが，そういう人たちにはグループという場が大変役に立つ。このような場合，私たちは参加者がグループ内で実践するゴールを勧めることが多い。たとえば，グループ内で意見を述べたり質問したりすることである。これはグループ外のゴールに追加して，参加者が役に立つと思う場合のみ話し合って決められる。

何度もゴールを変える参加者

時には，3〜4回のセッションで続けてゴールを修正したり，変えたりする参加者がいる。セッション毎にゴールを大幅に変える参加者もいるが，次の条件に合うなら有益である。(1) 参加者が新しいゴール行動をウェルフォームド・ゴールとしてはっきりと述べることができる。(2) 新しいゴール行動は，彼(女)とその影響を受ける人たちに前のものより有益だとはっきり参加者が説明できる。

4回のセッションで続けて毎回ゴールを修正する参加者がいた。最初の3回のセッションでは，ゴールのテーマは妻を喜ばせることだった。彼はおおいに努力をしたが全くの失敗だった。実のところ，妻の言葉はますますとげとげしくなった。4度目の修正で彼は，自分自身のためになることをしようと決めた。その結果，彼の子どもたちとの関係がずっと改善され，妻との関係も徐々に改善され，自分もくつろいで過ごせるようになった。

このケースでは参加者は最初，妻を変えるという主要なゴールのテーマは変えずにそのための方法を変えていた。私たちからみると，参加者は意味のある形で本当にゴールを変えてはいなかった。私たちは彼に「彼女を喜ばせようとしてもうまくいかないのではありませんか」と直接指摘したことがある。もっと有効な質問は，彼ら自身が状況を評価するようなものである。たとえば，「これはうまくいかなかったゴールと同じにみえますよ。最初のゴールとどう違いますか」とか「どうすれば最初のゴールより良いゴールになると思いますか」。この質問は参加者が自分に意味のある違いを探す助けとなる。もし彼らが違いを見つけたり，作り出したりできなければ，代りのアイディアを探す助けとなる質問を続ける。

参加者の努力にコンプリメントすることは非常に重要なことだ。ごく稀な例外を除いて，私たちのゴールのほうが彼らに適していると思えても，それを提案はしない。それよりも，参加者が新しい可能性を探せるような質問を続ける。

問題によって混乱する参加者

　時には混乱してゴールに集中できなくなる参加者がいる。これは，参加者がさまざまな個人的なできごとによってストレスにさらされている時に起こる。こうした場合には参加者によっては直面している状況を皆の前で話したいと思うものだ。喪失を経験した参加者は時に感情的になることがある。そのような場合，私たちはごく稀にコメントするか，何のコメントもはさまずに十分に聴く。私たちは参加者を「プロブレム・トーク」に関わらせないようにし，あまり感情を表さないように努める。さらに，参加者が問題をもっと話したくなるような解釈や質問をしない。私たちは，参加者が考えや感情をはき出すことが有効だと思う気持ちを尊重し，現在のストレスにどう対処しているかに心を配る。彼らが困難な状況を「切り抜ける」能力にコンプリメントし，彼らのゴール作業に移る準備ができるまで待つ。

ジョン

F1　それじゃあジョン，はっきりしたゴールに少しは近づいていますか。

ジョン（J）　さあ，このグループにはなかなか入っていけないんだ。一つは20年もかかえている背中の痛みのせいだ。今日はすごく痛む。槍が突きささってるみたいな感じだから，明日はカイロプラクターのところへ行こうと思う。この男にずっとかかっているんだ。もし直らなければ病院へ行くつもりだ。それで仕事をなくすことはないね。前は仕事中に行っていたが今はそういうことはしない。もう肉体労働はできなくなったので現場の仕事を辞めたんだ。もちろんレントゲンも撮ったが，20年もこの故障をかかえて働いたりやめたりの連続だった。先週は特にきつかったんで，先週の月曜日にカイロプラクターのところへ行ったら明日来いと言う。俺のゴールの一つが今この痛みの治療を受けることなんだ。彼は7月末から8月にかけて治療して背中の痛みを取ってくれた。3週間ちゃんと通って，首を治療し始めたときに鋭い痛みが戻ってきたが，治ることはわかっているんだ。長い間にそれとつき合うことを覚えたね。もし車椅子になったらできるのは舌を動かすだけだからね。俺は生きたいんだ。わかるだろう。

F1　もちろんそうでしょうとも。

J　あいつらは人の首を切ることだけしか考えてないし，いつでも人減らしばかりだ。俺は自分の賃金さえ請求しなければならなかったよ。歯医者はすごい人だった。俺が払った以上に治療してくれた。つまり彼は俺のバンドを助けてくれたんで小切手を切ったら，彼は小切手を返してくれた。俺は100万ドルの保険にはいっていて保険金をもらっていたが，事故か病気の証明をしない限りこれ以上はもらえないんだ。

F2 じゃあ今日ここへ来たことだけでも信じられないぐらいがんばったんですね。
J 俺のけがは仕事中に起こった。大きな娯楽センターで，二人で1階から2階へ家具を運んでいるときだった。それは180キロから220キロあったね。滑車を使って俺が押し上げてまたこんなふうにまっすぐ上げて行って，もう一段上がろうとしたときに彼が滑ったんで，重みが全部俺の方にかかってきた。俺が大声で叫んだんだ。雇い主の男は体重が180キロくらいあった。彼はこっちに来て家具を支えてくれたが，そのときにはもう俺の背中はいかれてた。
F2 それであなたは家でイライラしないように何とかしたいんですね。
J そうだね。どうやったらいいかを知りたいんだ。
F2 もしあなたが変われば，家では家族はどんなことに気づきますか。
J イライラしなくなって，子どもたちにやさしくするだろうね。
F2 すばらしい。どうやってしますか。

参加者のプロブレム・トークが続く時の注意事項

・プロブレム・トークを助長せずに聴く
・参加者がいかによくやっているかを探す
・参加者の努力にコンプリメントする
・グループがゴール作業に戻るように転換の機会を探す
・「どれくらいプロブレム・トークをしたら役立つか」を必要なら参加者に尋ねる

ゴールに向かって努力してこなかった参加者

　稀にゴールに向かって努力してこなかったと述べる参加者がいる。この発言を受け入れ，すぐにこのなかから例外を探し始めるとよい。まず「あなたのゴールは何でしたか」と尋ねてから例外を探し始める。この質問は，彼らが実行すると言った内容を思い出させるのに有効である。また，ゴール作業を何もしてこなかったという言葉の例外を彼らに連想させる。この質問に答えながら，参加者は自分が成し遂げたゴール作業の例を思い出し始める。次にこう尋ねる。「自分で決めたゴールと関係がある小さなことを実行したことがありますか」。参加者はたいてい，何かしているのだが，小さすぎて言うほどのことではないと思い込んでいる。私たちの経験からすると，こうした「小さな」できごとが重大な変化を形づくる基礎になっている。次のケースは，参加者が無視しがちな小さなできご

とが変化のための大きな機会であることを私たちが発見した例である。

ジェリー

F1 さて，ジェリー。あなたはゴールについて何をしましたか。
ジェリー（J） 本当にひどい一週間だったんで，何もする時間がなかった。トラックがこわれちまって，その後はどうなったかわかるでしょう。
F1 あなたのゴールに関係のあることで何か小さなことがありましたか。
J 別にないね。つまり今週はめちゃめちゃだったんだ。
F2 あなたのゴールは何でしたっけ。つまりあなたがしようとしていた小さなことですが。
J 俺たちが最初に会った時のようにワイフといっしょに何かすることだ。花を植えたりとかいっしょにしたことがたくさんあったね。
F1 それはいい。昔状態がよかったときにいっしょにしたことを思い出していたんですね。
J ああ，そうだね。花のことは思い出したけど，金がなくてできなかった。それで，花を摘んでやったんだ。
F1 彼女に花を摘んであげた？
J ああそうだよ。根っこつきの野草でほとんどしなびてたが，彼女はすごく気に入ったね。
F2 信じられない！　彼女がそれを気に入ったってどうしてわかりましたか。
J 彼女はにっこりしただけだけど，まだ持ってるよ。多分ドライフラワーにしてずっと持ってるだろうな。
F1 すばらしい。彼女にとってはそれはとても大事なことだって思いましたか。
J いや，別に。でも状態はずっとよくなってるね。多分それは大きなことなんだろうな。
F1 以前からやっていた小さなことが違いを作るというゴールについては，あなたが正しかったんですね。
J そうだね，それはわかる。俺は少し後片づけの手伝いもしてるんだ。彼女は今働いているんで，もう少しやれば助かるだろうね。

見過ごされているゴール作業を探しても，結局参加者が何もしていないことがわかったら，私たちはゴール作業の重要性を再確認し，ゴールに関連する計画は何かを尋ねる。彼が具体的な計画を造り出せるようにさらに詳細をひき出す質問をする。また，次のようにスケーリング・クエスチョンも使う。「1から10のスケールで，1はこのゴール作業は無意味だとし，10はあなたにとってとても重要だとすると，あなたは何点をつけますか」。この質問はゴールへの努力の程度を

計る助けになる。参加者は高い数字を述べるのが普通だが，もし低ければ努力の程度を上げる試みをする。

ゴールに向かって努力していないと参加者が答える場合の注意事項
- 発言を受け入れる
- 例外を探す
- 参加者に自分のゴールを述べてもらう
- どんなゴール作業にもコンプリメントする
- 参加者にゴール作業への努力を評価してもらう
- 参加者に将来のゴール作業について詳しく述べてもらう

要　約

　参加者が生活上の変化を作り出すためにゴールを活用する手助けをするのは胸躍る経験である。参加者の能力を尊重し，彼らを変化の主体にするとすばらしい創造力が発揮されるのだ。この過程ではファシリテーター・チームは辛抱強さと柔軟性を持つ必要がある。ケース事例が示すように，ここでは質問とコンプリメントが重要な役割を果たしている。ゴールは参加者が彼ら自身と周囲の世界に新しい意味を造り出すために使われる構造であることをたえず意識していなければならない。究極的にはゴールそのものよりも，ゴール作業の結果，参加者が新しい意味を造り出すことの方が重要である。こう見てくると，ゴールが良いか悪いかは関係がない。参加者にとってはゴールへの意味づけがやさしいか難しいかしかない。だからファシリテーター・チームは参加者の選択を最大限にし，各々の個性を尊重するような構造を整えることが必須条件である。

参加者がゴールは役に立たなかったと報告する場合の注意事項
- ゴールは何かを尋ねる
- ゴールへの行動とそれに対する反応を具体的に述べてもらう
- 「役に立たない」ことのなかから例外を探す
- コンプリメント，コンプリメント，コンプリメント

有効な質問

・ゴールへの作業は少しでも役に立ちましたか
・もっと役に立つことを何か見つけましたか
・もっとうまくいくためにどんな違ったことをする必要がありますか
・あなたが修正できそうなことが何かありますか

6
変化を確実にする──「成功の言語」
Consolidating Change: The "Language of Success"

　参加者のなかでも，特に自発的に治療を受けに来たのではなく裁判所命令によって来た参加者は，終盤のセッションをグループ完了のお祝いと思いたがる。私たちはその気持を尊重するが，最終セッションでは将来の行動の達成を中心に考えなければならない。参加者は自分が作った個人的に有意義なゴールを達成した結果，グループ過程の後半には自分自身と生活について自信を持っている。しかし問題は，歩き始めた道を守って進み続けられるかどうかである。ドメスティック・バイオレンス加害者の治療分野の主要な課題は，治療完了後の暴力行為の再発を減らすことである。私たちの治療プログラムは短期なので，参加者が将来の行程を作るときには，同時に彼（女）らが起こした変化を確実にすることも重要である。言いかえれば，治療的見地から，参加者が「失敗の言語」の代わりに「成功の言語」を造り出せるように前向きの変化に気づかせる援助が重要である。

　終盤のセッションでは達成すべきいくつかの重要な治療的課題がある。

　　・ゴールを見直し，進歩を評価し，将来の計画をたてる
　　・自分に有意義な変化の説明と「新しい」アイデンティティを確かなものにする
　　・参加者の行動と前向きな結果の相関関係を進展させる
　　・ゴールの達成を自分の努力の成果と認めさせる
　　・ゴールの達成を認めてコンプリメントする

ゴールを見直し，進歩を評価し，将来の計画をたてる

　終盤のセッションは，参加者がゴールに向かって努力した結果，いかに変化したかを評価する機会となる。参加者は何がどこでどう進歩したかをはっきり示せなくても「状態がよくなっている」と漠然と感じていることが多い。治療上は，参加者がゴール達成に関する明確な指標を持つことが重要である。その指標から得た実感によって参加者の「成功」イメージが確実になる。変化と進歩の意味は主観によって決まる。そこで，参加者の状況と進歩を数量化し，評価する道具としてスケーリング・クエスチョンが成功の指標になる。「クラスを始めた時のあなたの問題状況を1，望む状況を10とすると，あなたは今日，1から10のスケールでどこにいますか」

　進歩を評価するだけでなく，重要なことは参加者に成功を維持する自信がどれほどあるかを査定してもらうことである。たとえば，次のように尋ねる。「1から10のスケールで，10は進歩を維持する自信が十分あり，1は維持する自信が全くないとしたら，今日あなたは1から10のどこにいるでしょうか」。私たちは，参加者が有益なゴールへの行動を維持することにどれだけ自信があるか，この変化を維持するにはどうしたらいいかを，現実的に評価するために援助する。自信があると明言する参加者は「自信の言語」を強調して自分の自信あるイメージを造り出そうとしているように見える。

　私たちのプログラムでは，参加者が前向きな変化と将来の計画を見直し強化することを助けるために，書面を活用している。私たちは「グループから学んだこと」と「変化を継続させるために必要と思う行動」を必ず記録してもらう。

自分に有意義な変化の説明と「新しい」アイデンティティを確かなものにする

　「最終グループ」は「参加者が達成したこと」と「その変化が彼らの将来におよぼす意味」を評価するための準備である。彼らは自分たちが経験した過程を通して，ある意味で変化させられたのだと感じている。ファシリテーターが，参加者のことを地域や職場の人々がどう話しているかを聞いていくと，「子どもたちの身近にいる父親」「よく話を聞く上司」「忍耐の人」というような主題が浮かび

上がってくる。この主題には変化が起こっていて，今や参加者自身と彼の人づきあいも変化し始めていることを示している。実際に「正直な男」とか「面倒見のいい母親」になるという意識は変化を確かなものにする。この過程はさまざまな面で問題の診断とは正反対である。なぜなら参加者が自分で作った解決を自ら実感するからである。

　この時点まで，私たちはそれ以前のセッションと同様な形でグループ参加者を援助するが，違いといえば，今まで起こった全体的変化を含みながら，変化の説明を将来のゴール作業につなげようとする点である。変化の説明を確実にする場合に，参加者の行動の意図を強調するように彼ら独自の言葉が使われる。ファシリテーターは短い包括的なキーワードを見落としてはならない。時には，参加者が以前の考えをあきらめたり，修正したりせざるをえないという葛藤を経験したと話すことがある。たとえば，あるグループ参加者は，有意義な変化を達成するためには「サッカー・ママ」[訳注1]になる必要があると思ったが，彼女の本心を述べる「権利」も持ち続けて自分が望む服装をしたいと思った。最初に彼女がサッカー・ママのイメージを話した時には，彼女は自分の将来のイメージにはふさわしくないと思っていた。面接チームは注意深く彼女の話を聞き，彼女ができそうなことを探す援助をした。最初，「サッカー・ママはあなたと子どもたちにとってどんな意味があるか」という質問に「自分たちにとってさまざまな利益がある。でもサッカー・ママか『自分自身』かのどちらかをとらなくてはいけないから困る」と答えた。面接チームは引き続き「知らない」姿勢で関心を示し，サッカー・ママでありながら本心で話し，自分のしたい服装ができるかどうかを彼女が見きわめるのを助けた。その結果，彼女は自分と子どもたち両方のために働く可能性があるという，二つの役割を全て含む説明を作ることができた。この例から二つのことがわかる。一つは，参加者の表面上の説明は探求したり拡大したりできる余地のある有意義なものであること。二つ目は，ファシリテーターには参加者が見過ごしがちな可能性を探す援助をする責任があること。

　変化を確実にするために，私たちは参加者が彼らおよび他の人々の進歩に彼らの努力が及ぼした影響を広く観察するように強く後押しする。参加者は自分の努力が大切な人々にも利益をもたらしているのだとすでにわかっているので，これを容易に受け入れる。変化が社会的側面から検証されると，参加者は前より広い

訳註1　サッカーママ：サッカーチームやお稽古ごとの送迎に忙しい教育熱心な母親。

視野で自分の世界を見始める。彼らは人間とその行動の関連性に注目し始める。たとえば，参加者は以前とは違う行動とゴールへの努力で変化が起きることがわかり始めるが，その変化は必ずしも予想どおりではない。大切にしている人々が好意的に応えることもあるが，そうでないこともあることに気づく。振り返ってみると他人の行動に影響を与えるためのゴールでさえも，参加者自身にとって最も有益だったのだと認識することが多い。ある参加者にはこの認識がさらに継続する動機づけとなる。別の参加者にとってはこれが人間関係の見方を根本的に変えることになる。いずれの場合も，彼らのゴールへの努力が生活の社会的ダイナミックスにどう影響しているかを検討することは有効である。

有益な努力とゴール達成とを意識的に関係づける

　実行したこととゴール達成とを関係づけることができれば変化を持続しやすくなる。参加者が自分のことを「正直な人」とか「責任感のある父親」という新しく発見したアイデンティティを説明する「成功の言語」を使うことがある。しかし，前向きの変化が彼らの生活に根付くには，ゴール達成に役立った有益な行動，努力，変化を意識的にはっきりと自覚しなければならない。そうすれば変化はたまたま起こったものとか運がよかったものではなく，日常生活の難題を処理する場合に活用されるものとなるのである。

　　「それで，前のようにまきこまれずに，どうやってそれをしましたか」

　　「それで，今は一息おいて話を聞く時だとか，その場を離れる時なのだということがどうやってわかったんですか」

　　「どうやってそれをしますか。誰かがイライラしていても，どうやってそれに引きこまれずにすむんですか」

　　「それで，どうやってそれをやめましたか」

　もう一つの有益な関係づけは，参加者の行動と個人的意味との関連である。ジョーンは，彼女の生活に最も影響力のある人について書いた1ページの宿題をグループで発表した。その人はジョーンの家で18ヵ月前に亡くなった彼女の母親だった。

F1　彼女はあなたに何を言おうとしていたんでしょうか。

ジョーン（J）　彼女は私が良い人間で，私を心から愛していたと言いたかったかもしれません。

F2　全ての努力の甲斐があったんですね。

J　私はやらなければ良かったと思うことは何もないし，何も後悔することはありません。

　　他には「飲酒を止めるということはこれまでの生活にくらべてどんな違いを意味しますか」または「それほどあなたを頑張らせているのは何だと思いますか」というような質問も使われる。

　介入の成功のヒントは，参加者に前向きな変化に役立つ何をしたかをはっきり言語化させることと，詳細を探ることである。関連づけは，参加者が有効な何をしたかを自分の語り口ではっきりと語れるように充分に具体化されねばならない。ファシリテーターは，チアリーダーとなって「空欄を埋めたい」という誘惑にかられるかもしれない。しかし，自分の生活に個人的に関連のある有効な行動や意味を参加者が見出して構築する方がはるかに重要である。

ゴール達成を「自分のもの」とする

　私たちのプログラムでは，参加者がゴール構築とその達成の中心であり主体である。参加者が治療過程や成功を「自分のもの」だと自覚すると，長続きする最大限の治療効果が得られる。人が変化を「自分のもの」とすれば誰も奪い取ることはできない。ファシリテーターがその目的に必要な「所有の質問」をすると，参加者は自分の決断を明確に言語化するようになり，「行動を変えたのは自分だ」と自覚できる。「所有の質問」は，参加者が変化の中心であることと変化する努力を能動的に行うことを際立たせる。

　　「それをすることをいつ決めましたか」

　　「断酒が役に立つとどうやって判断したんですか」

　　「自分にはこの力があると知っていましたか」

　　「この努力はあなたのどこから来ると思いますか」

「あれほどの強さをどこで手に入れましたか」

　人は自分が行った選択をはっきりと自覚しているときには，前向きの変化を自分のものとして受け入れやすい。その変化の過程には自分の選択が組みこまれているので持続の可能性がある。つまり，参加者の行動や努力と，その過程で彼らが行う選択とを関連づけるように彼らを助けることが重要である。「選択の質問」は参加者に，選ぶ可能性のあったいくつかの行動のなかから一つの行動をどうやって，なぜ選んだかを尋ねる。こうすれば，参加者は質問に答える時に，自身が選んだものを意識の上で比較せざるをえなくなる。

「あなたは人に与えれば与えるほど自分に返ってくることをどうやって知ったんですか」

「希望を持ち続けたほうがいいか，あきらめたほうがいいのかをどうやって知るのですか」

「自分の怒りを自覚すると，どのような違いができて，ガールフレンドの話を聞くようになるのですか」

「あなたにとって一番役に立ったことは怒りを自覚することですか，それとも他の何かが役に立ちましたか」

コンプリメントの役割

　進歩を再検討し，変化の説明を明確なものにし，関連性を作り，その経験を自分のものと感じる過程は，参加者が自ら行う内面的フィードバックである。そこではユニークな自分の学習過程を説明するための「成功の言語」が使われる。他方，コンプリメントは「他者のコミュニティ」であるファシリテーターが参加者のゴール達成を外部から認め，評価する役割を果たす。私たちは変化を確立するために内的，外的フィードバックはどちらも不可欠なものと考えている。

　私たちの治療プログラムではさまざまな形のコンプリメントがある。たとえば，「わあすごい」「信じられない」「これはすごい例です」「それはすばらしい話です」「感服します」「スーパー」「グレイト」などから，努力に対する驚きを表す疑問形まである。その他の場合には，コンプリメントは参加者のゴールへの努

力に関して言われ，前向きの肯定や驚きの質問という単純な言語的合図以上のものとして使われる。この種のコンプリメントは感嘆詞と結びつかないものである。これには次の二つのメリットがある。第一に「コンプリメントとゴールへの努力を結びつける」機能をもつ。第二に「表面的で，過度に前向きで型にはまった，参加者の状況に無関係なコンプリメント」とは異なっている。この二点により単純な言語的合図よりも強力なコンプリメントであるといえる。

> 「このグループで，あなたは人といっしょにいることが辛くてすごく内気だと言っていたのに，今ではグループのなかで話せるし，誰よりもよく話していますよ」
>
> 「今あなたの話に耳を傾けていると，心のなかに一つのイメージが浮かびました。それは，小さな流れが森のなかを通って流れて，間もなく勢いとスピードを増して川になり，あなたはどんどん流れを下っていくというものです」

私たちはコンプリメントは参加者のゴールへの努力を強化する有力な方法だと考えている。コンプリメントは努力を認め，希望を植えつける。純粋なコンプリメントは，終盤のセッションにおいて参加者の前向きの経験を増幅することができるアートである。

変化を確実にする

ジャックのケース

最終セッションで，私たちは，息子と再会したいというジャックと共に作業をした。ジャックは適応に問題を持つ10歳の甥を支えてやりたいという二番目のゴールについて話し始めた。最終セッションで他に7人の参加者がいたが，私たちは他の参加者に話を向けないでジャックとの話し合いに比較的長時間をあてた。というのは，彼は非常に精力的にゴール作業を他の人に話したがったし，多分もっと重要なのは，自分の行動に対する現在と将来の意味を見つけようとしていたことだ。これは単にジャックにとって重要だったばかりでなく，他の参加者全員の気分を高揚させた。ジャックは極度に疑い深い参加者から熱心な参加者となったので，とくに全員が盛り上がった。

私たちはまず，ジャックの変化について甥が観察したことを尋ねた。

F1 甥御さんは何と言うでしょうか。
ジャック（J） 俺が前より幸せそうだと言うだろうな。俺が「面白い人だし，ものごとをやりとげている」と言うと思うね。
F1 あなたが彼の部屋の片付けを手伝ってやり，こわがっていたときに助けてやったことを何と言うでしょうか。
J メチャ良かった，ずっといてほしいと言うだろう。だけど，彼は一人でそれをやらなければならないんだ。
F1 すばらしい。もう一つのゴールを話してもらいましょうか。
J そうだな，前回はあまりうまくいかなかった。そこで俺は前妻の両親に電話することにした。すると彼らは「彼女はボーイフレンドの所に戻った」と言うんだ。
F1 彼らは別れてたんですか。
J そうなんだ。でもまたいっしょになってる。彼女の両親が電話番号を教えてくれたが，電話は不通だった。それでまた両親に電話して，「心配だから電話しただけだが，もし彼らが必要なら俺は自分の家にいるから電話してくれればいい」と言ったんだ。一週間は音沙汰なしだったが，突然彼女が電話してきたんだ。
F1 & F2 おお，すごい。
J 彼女は両親の家に戻っていて電話はつながった。そして息子は忙しかったんで，俺とは話ができなかった。でも彼女と俺はとても良い話し合いができたんだよ。彼女は今月25日に息子を連れて俺の家に来ることになってる。
F1 すごい。信じられない。
J そうなんだ。とってもよかった。すごく良い話し合いができた。
F2 あなたの忍耐のかいがありましたね。
J 本当にそういう感じだ。何も起こらなくて彼に会えなかったとしても，俺は少しは前に進んだんだ。
F2 そして同時にあなたは息子さんとの関係を真剣に考えていることが皆にわかりましたね。
J そうだね，俺は彼女のおやじさんと長いこと話をした。俺たちは聖書の話なんかもしたんだけど，俺は聖書を初めて刑務所のなかで読んだ。おやじさんはそれをとても喜んでいたね。俺はこれから息子のことを第一にして，過去のことはその次だって彼に言ったんだ。
F1 このつながりができたのは彼らがあなたを信用したからでしょう。彼らは，前のあなたになかった何が今のあなたにはあると思ってるでしょうか。
J 俺はこのセッションやゴールのことを話した。彼のアドバイスは，息子と母親に会うように努力すべきだっていうことだった。彼の話では彼女は息子を俺に会わせないつもりだったが，今では彼女は俺たちが会えるようにはからってくれている。
F2 とすると，前のあなたになかった何が今のあなたにはあると彼らは思ってるで

しょうか。

ファシリテーターはもう一度，ジャックが人にどう見られているかをもっとはっきり説明するように促している。ジャックは新しいジャックを作り上げようとしていて，私たちはそれを詳しく知りたいと思っている。

J 彼らには，俺が大事に思っていて，口だけではなく本当に変わりつつあることが見えると思う。このクラスの前のグループでも達成したいゴールがあった。だけど，このグループは毎週なのである種のプレッシャーになってよかったと思う。前にもやりたいと思ったが，そのときには期限がなかった。今回は期限が動機づけになった。

F1 それじゃあ，それが役に立ったと思いますか。

J その通りだね。前のグループでも俺は何かできただろうけど，すごく場あたり的だった。彼女をつかまえられなかったので落ちこんで，このクラスにも来たくなかった。「クラスは役に立たない」って皆に言いたくもなかったので，横道にそれて仕事を探しに行き始めた。息子のためになるように健康保険のつく仕事をね。そこで息子のことを考えたので，ゴールを追求する気になった。

終盤のセッションで，グループ参加者はグループとそれに関連するプレッシャーの経験を話すことがよくある。

F2 それはすばらしいことですね。感心しました。あなたの成功にだけでなく，集中し続けたことにもです。

F1 あなたが息子さんとの関係を持とうとしていることはわかります。しかし，その方向に向けてはぎくしゃくした難しい状況にあったのに，あなたは一貫して忍耐強かった。このことはあなたについて何を意味していると思いますか。

これは，質問とコンプリメントの二役を果たすものである。

J 俺はずっとこれを処理できると思ってた。以前にこれよりもっと大きな欠点を持っていた。「問題を切り抜ける方法は必ず何かあるもんだ。時にはただ目をつぶってじっとしている。自分が行きたい側に出ないかもしれないが，反対側には出るだろう」と考えていた。このことから，俺は十分努力しなかったし，何事にも目をつぶってただけなんだとわかったんだ。今は反対側から出るか出ないかをコントロールできる。つまりこれは，人は努力しただけのものを手に入れるってことを教えているんだろう。

終盤のセッション中に，参加者は自分たちが以前に問題をかかえていたと話すことがよくある。ジャックのケースのように詳しく話すこともあるが，彼らは以前に「欠点」を持っていたと簡単に述べる。ファシリテーター・チームはこれを詳しくは尋ねず，かわりにこのことについて参加者と共に作り上げている

解決に基づく比喩を拡大する。

F2 それじゃあしっかりつかまって目をつぶるだけじゃないんですね。風が時にはあなたを道から吹きとばすほどに吹いてきてもしっかりつかまって，一つの方向に進むということですね。
J 時には吹き戻されることがあることは誰でも知ってるし，ジグザグに動くことがあるかもしれないが，それでもしっかりつかまっていたので息子とつながり続けることができた。
F2 その通りです。それが本当に重要な点です。
F1 このゴールに向かって努力し続ける自信はどれくらいありますか。

ファシリテーター・チームは，グループが終了した後のゴール作業の継続に参加者がどれだけ努力しようとしているかという質問をするのが常である。こうすると，参加者はゴールは彼らにのみ関わるものだと自覚し，何をしたいか，何が役に立つかもグループ過程とは別のものだということを知る。この質問も，生活上で次に起こることに責任があるのは参加者であることを暗示する一連の質問の例である。

J 俺はすごく自信があるし，このグループにはそれほど熱心でもなかったが，今終わりに近づいて，俺が来始めてから実際に起こったことが見えるね。それを認めにくいんだが，俺は今違った場所にいてそこは前よりずっと好きなんだ。
F1 それじゃあスケールではかなり高いところですか。
J 俺は他のことをしている時でも，生活をそのために使おうと思っていると言っておきたいんだ。だって全体として俺は本当にそうしているからね。
F2 ということは，いつもそれが中心ではないとしても注意を向け続けることに自信がある……あなたの視野のなかに必ずあるということですね。
J ああ，そうだね。
F1 私にははっきりわかりますし，他の人にもそうだと思いますが，あなたは息子さんとのこの関係を真剣に望んでいるということです。
J そうなんだ。俺にはそれが必要だし，息子に会っている限りその気持ちになるだろうね。彼に会えば会うほどやる気になると思う。それが時間をどう使うかの良い導き手になる。迷わずにまちがった方向に行かせないようにしてくれると思う。

ジャックは今では彼が有益で生産的だと信じる複合的な将来を創造しようとしている。

F2 そうですね。それはコンパスと北極のようなものですね。あなたが行きたい方向を指し示してくれるものですね。
J 悪いとも思わずにやっていたことを今では悪いとわかるんだ。今では自分の足が

地について他にすべきことがあることがわかるようになった。

ジャックはまちがったことをしないようにするだけでなく，今では正しいことは何かを知っている。

F2　あなたは正しいと信じる方向に責任をもって向かっていると言っているようですが。
J　そうだね，前より責任感をもってると思う。
F2　別の方向に引っぱられることも時にはあると思うのですが，それでも……
J　たしかに，いろいろと違った方向に引っぱられることも多いね。
F2　あなたをゴールから引き離そうとするのは時間がたつうちにだんだんできにくくなるんじゃないですか。
J　そう思う。俺が正しい方向に進んで，その道から外れなければそれが俺のライフスタイルになるから，時がたつにつれてひきずられることが少なくなると思う。俺を悪い方に引っぱる友だちも離れていくだろうから，新しい生活習慣が身につくだろうね。
F2　そう，簡単ではないがやりやすくなるでしょうね。
J　そうだね。それが自分の道になるだろう。誘惑があるだろうが，前より難しくないと思う。
F2　昔，あなたが通っていた道はもう使われないんですね。
J　それは俺の生活の質を本当に高めている。
F2　どんな風にですか。
J　うーん。前は誰とも親しくなりたくなかったが，自分の人間関係に前よりずっと努力しているね。前は出かけても人を避けていた。
F1　そして今では？
J　ものごとを先延ばしにしないでやりとげてると思う。次から次に良い方向に進んでいるんだ。自分のしていることを後悔するんじゃなくてね。
F1　そこが違うところですか。
J　そう，生活がよくなっている……心配はしていないよ。

変化を確実にする

参加者を力づけるために

・ゴールを見直す
・進歩とゴールを維持する自信とを計るスケーリング・クエスチョンを活用する

・将来の計画をたてる
・自分に意味のある変化の説明を確かなものにする。
・有益な行動や努力とゴール達成との関連性を意識的に明確にする
・達成感を自分のものとする
・変化を言葉で表現する
・詳細についてきく

ファシリテーターは……

・前向きの変化を認めコンプリメントする
・変化の説明に耳を傾け，参加者が言葉で表し，関連性を作り，自分のものとすることを助ける

7
グループ過程を活用する
――「分かち合いの言語」
Utilizing Group Process: The "Language of Sharing"

　私たちは治療プログラムのなかでグループという環境を活用する。伝統的グループモデルでは，グループ参加者間のやり取りと相互作用（たとえばグループ過程）を変化の発生地（Yalom, 1995）として強調するが，私たちはそれよりも一人ひとりが解決に集中する方が効果的に変化すると信じる。しかし一方では，グループ参加者がお互いに観察し合い，解決探しを分かち合うこともおおいに価値があると考える。そのメンバーが基本的に同じ問題を経験しているという「他者のコミュニティ」（Lax, 1996）の存在は，治療の本質を変え，グループ治療の治癒的要素を含む。

　私たちの仕事を観察したり，記録を読んだりした人々は私たちがまるでグループの前で個人治療をしているようだと驚く。つまり，グループ参加者の前で二人のセラピストが一人のグループ参加者の治療をしているようにみえる。私たちの観点からすればグループに観察され，グループ全体に影響する面接をしているのである。参加者の多くは，「同じ船」に乗っている人を見つけてある種の安堵感をもつ。グループ参加者はメンバーが私たちの質問にどう答えるか，その答えが彼ら自身の解決にどう関連するかをたえず評価している。同時に彼らはお互いの成功と失敗から学び合う。このように，グループ過程は表面から見えるよりもはるかに豊かなものなのである。

　私たちは，人は解決に集中するときに効果的に変ると信じているので，グループ参加者が彼らの面前で直接起こる解決探しについて聞いたり，観察したりすることが価値があると考える。面接チームは解決，将来の成功，今うまくいっていることに注意を集中する。そうすると徐々にグループの全体状況は解決を得る方向にまとまっていく。

ゴール作成の段階

　最初のセッション中に参加者は，面接を受ける他のグループ・メンバーを観察しながら，これが自分の面接の準備になることがわかってくる。他の参加者への面接を観察して，彼らは私たちの質問が複雑な答えを要求していることに気づく。次に自分が答える場合に備えてさまざまに内面の探索をする。これが情報を提供する準備になる。その結果，私たちによって自分自身のことを考えさせられたと後で報告されることもある。その過程を時間を経た後に見ると，ファシリテーターの役割は，初期のセッションの狭く限定された「支持的ゴール交渉人」から後のセッションのより広い「意味の共同作成者」へと変化していることが明らかである。グループ過程の初期の3セッション中に，ファシリテーターはグループが作業可能なゴールを作成するという課題からそれないように助けなければならない。参加者は状況がわからないので不安を感じ，セッションに集中しにくいこともよくある。ファシリテーターは構造と方向を定め，必要に応じてプロブレムトークを減少させ，やがてグループを作業に向かわせなければならない。グループからの問題志向的あるいは散漫なコメントに対しては，簡潔に敬意をもって扱った後，「あなたが考えていたゴールに戻りましょうか」と提案する。セッション1から3までの間に求められるファシリテーターのスキルは，高校の演劇ディレクターが出演者それぞれにすべきことを指示するのと同じで，かなりの労力がいる。

　時にはグループ参加者がお互いに助け合うことがある。ファシリテーターは，そうした試みがゴール作成過程に役立つかどうか判断しなければならない。こうしたことが起こる場合には，グループ参加者に誰を援助しようとしているのかを尋ねて，援助の有効性を見定める。そうする一方でファシリテーターは，援助しようとしている参加者を評価し，コンプリメントすることが不可欠である。それによって「参加者のゴール作成の課題」と「グループ内で果す積極的役割」とのバランスの重要性が示される。こういう場合，ファシリテーターは必要ならば敬意をもって残りのグループ・メンバーに参加してもらい，それから全員でゴール作成過程に戻ってもらう。

　グループ内の相互作用に重要な例外が起こることがあるが，それは第2と第3セッション中が多い。ファシリテーターが作業可能なゴール作りを助けることに

疲れた場合に，グループの残りのメンバーにアイディアを募ることが助けになる。これにはいくつもの方法があるが，苦労している参加者が「助けが欲しい」「こういう援助が欲しい」とはっきり述べるとうまくゆく。ある面では，この過程はかなり面倒に見えるが，共働のレベルが上がり，参加者の自己決定願望が尊重されるので，長い目で見れば十分な見返りがある。参加者のニーズがはっきりしたら，ファシリテーターはオープン型の質問でグループに援助を求めたり，参加者たちがアイディアを話し合うように提案したりする。円形に座った参加者に一人ずつ尋ねていくと，全員が発言して一人が独占することが減る。この方法ではさまざまな見解が生まれやすくなり，その参加者の選択肢が拡がる。ほとんどの提案は拒否されるが，「行き詰まった」参加者がゴール作りから解放されるという意味でグループを含む過程は有効である。グループ参加者は努力と参加と援助の意思が尊重される一方，創造的で貢献度が高い過程に関わるという利益があるので，正しい答えを得ることよりもこちらの方がずっと重要である。

ゴール活用の段階

　グループがゴール作りからゴール活用段階に移ると（セッション4〜6），ファシリテーターの役割はグループへのフィードバックと相互作用を引き出すことに移る。ここでは参加者のゴール活動の報告とファシリテーターの質問への答えが中心になり，その過程はより開放的でグループ全体を対象とする。この段階でグループ参加者がゴールの進歩を報告すると，ファシリテーターは「ゴールへの効果的な努力」についてコメントしてもらうことがある。前向きのコメントを引き出すことによってグループは信頼できる支持者に変る。ファシリテーターが何回にもわたってグループからコメントを引き出した後では，参加者はゴールに関連する成功を報告するメンバーに対して，自発的に前向きのフィードバックを始めることがある。このような相互作用が始まらない場合には，ファシリテーターは別の参加者の成功をどう思うかと尋ねることができるし，一人のファシリテーターがもう一人のファシリテーターからゴールへの努力についてのコメントを引き出すこともできる。このようにしてファシリテーターは，成功を分かち合い，認め合うコンプリメントのパターンをグループ内に作る手伝いをする。

　「種を蒔いて刈り取る」という単純な表現でこの過程を考えるといい。グルー

プ参加者はグループで見聞きした情報をもとに自由に連想し，求められたら意見を言う。ファシリテーターはグループの成功に常に注目してそれを明確に示し，前向きの考えとお互いへのコンプリメントが出てくるようにグループの雰囲気を誘導していく。グループはまず種を蒔き，コンプリメントと成功のストーリーを刈り取る。

確立の段階

　治療の変化を確立する段階においては，グループの役割は伝統的グループ過程よりも抑制的だが，それまでのセッションよりグループは自発的で前向きであり，非難する話し方はほとんどなく，主として支持的な相互関係を作り上げている。ファシリテーターは，それぞれの参加者が作り上げた変化にグループが注目してコメントできるような質問をする。時には，ある参加者が示した変化に直接コメントする。たとえば「あなたは前よりずっと穏やかですね。このグループを始めた時と比べて，彼がとても穏やかになったことに誰か気づきましたか」。必要ならファシリテーターは，前向きの結果とゴールの成功を強く認識するように，参加者たちに変化による利益を観察して確認してもらう。次の例からわかるように，ファシリテーターは変化を指摘してグループにも確認してもらう。「ビル，あなたは人の話を我慢強く聴こうとずいぶん努力しましたね。皆さん，これがビルにとってどう役に立っていると思いますか」。または「これが将来ビルにどう役に立つと思いますか」。または「皆さんは何からこれに気づきましたか」。この過程の副産物であるが，最終セッション中に参加者が他の参加者のゴールづくりと発展を見聞きしたことがどれほど役に立ったかを述べることがある。たとえば「皆のゴール全部が自分と関係があると思えたので，私は10個のゴールを持っている感じだった」と言ったりする。

参加者のグループ過程の経験談
――分かち合いの言語

　グループ治療におけるゴール指向的で解決志向型のアプローチでは，参加者が個人的ゴールを作り上げ達成するように助ける。ファシリテーターは前向きの変

化を作るために参加者間の相互作用を意図して使うことはない。参加者がグループ過程をどう見ているかをよりよく理解するために，私たちは彼らがグループから学んだことに関する宿題への回答を分析してみた。さらに追跡電話面接での質問（「グループであなたに最も役に立ったものは何ですか」）の結果を加えた。私たちはグループ参加者から，グループ内相互作用の影響について前向きのコメントを多数受けとった。

グループ治療の治癒的要素

私は一人ではない

人の話を聞いて分かち合うことの主要な治癒的要素の一つは「問題を持つ人間は私だけではない」という感情である。「私だけではない」とか「誰でも皆，問題を持っている」という事実は，変化への前向きのエネルギーとなっているように思われるし，少くとも自分の状況について気が楽になるようだ（恥じる気分が減り，希望が増す）。

- 「周囲の全ての人から一番たくさん学んだ。自分は一人ではない。私のような人が他にもいる。彼らもドメスティック・バイオレンスのクラスのトレーニングを受けて，できるだけのことをしようとしている。こういうことに深く感動した」
- 「他の誰とも少しも違っていなくて，私たちは皆同じようなズボンのはき方をしている。もう逃げ隠れしなくてもいいんだ」
- 「私だけが問題を持っているんじゃないし，私たちは皆同じだ」
- 「このクラスに参加して，クラスメートに会い，彼らの問題を聞き，完全な人間はいないことがわかり，誰でも反対意見をもつときがあることがわかり，生活が大きく変わった」
- 「私だけが問題を持つ人間でないことがわかった」
- 「全ての人が解決すべき，またはとり組むべきものを持っていることを学んだ。誰も完全でないという諺は確かに正しい」

私たちは異なる視点と考えを持っている

グループで話し合うもう一つの利点は，異なる視点と考えに出会い，自己の視点，問題解決能力，ゴール達成を助ける行動範囲が広がることである。

- 「他の人がものごとに取り組んだり変化させようとすることを聞くこともまた役に立つ。それは自分で他の人のアイディアを試してみることができるからでもある」
- 「クラスメートのゴールについての話や，それをどうやって改善したりやりやすくしたりするかという話全てが参考になった。誰もが人間関係というゴールを改善するためのちょっとしたやり方を持っていた。それは私にも役に立った」
- 「他の人がゴールについて話すのを聞き，彼らの進歩と成長を話し合うとき，私も自分の同じ問題について心のなかで検討していた。他の人々が取り上げたことを聞いて，他人ともっと穏やかに気持ちよく接するために私自身も改善する余地があると思った」
- 「私自身もまた，グループの各々の参加者から程度の差はあるが利益を受けたと思う。他の人の状況を知ることは，一人では得られない理解と洞察を与えられた」
- 「このクラスが楽しかったのは，男性がたくさんいたからだ。前から男性は女性とは違う考え方をすると思っていたので，たくさんの男性から不満や感情の表現を聞いて，違った光のなかで彼らが見えるようになった」

「違い」と「同じ」

「違い」と「同じ」は相反する二つの次元ではなく，変化の過程で相互補完的なように思われる。数人の参加者のコメントが「違い」と「同じ」というテーマの対置をいきいきと描写している。

- 「多くの人は違う種類の人間関係の問題を持っている。グループで，自分が経験したことのない問題について話をたくさん聞き，知らなかった解決方法を学んだ」
- 「過去数週間のセッションのなかで学んだことは，全員が問題を持ち，各々のゴールに向って違う方法で取り組んでいることだった」

グループ内相互作用がもたらす参加者への前向きの影響

多くの参加者はグループ環境のなかで，お互いの考え方を聞き，分かち合う機会を高く評価した。そのような機会は，社会的利益から自己肯定，一人ひとりの

ゴールづくりに至るまでの幅広いメリットをもたらすようにみえる。

社会的利益

数人のメンバーは分かち合いの社会的利益について話した。

- 「このクラスに参加すると自分のための時間を取れるし，クラスメート全員と会えて皆から良いことも聞けるのでとても楽しかった」
- 「ゴールについて話したり聞いたりするなかで良かったことは，クラスのやつらとの友情だった。各々が楽しい時を持ちながらも真剣だったので，それがなくなって淋しい」
- 「グループとの絆ができ，友だちができた」

自己肯定

確認されている社会的利益の一つは他のメンバーからの承認，支持，前向きの社会的圧力である。それが各人のゴール達成や自信を増進する。

- 「自分は良い人間だとわかっていたが，今ではこのクラスの人たちも私を良い人間だと思っていることがわかった」
- 「このクラスは自分がもっと良い人間になるように助けてくれた。カウンセラーだけでなく，クラスの生徒からも助けられた」
- 「自分が怒りをコントロールしようとしていることをみんなが知っているので，みんなの前で失敗したくないということが私の動機づけになったかもしれない」

一人ひとりのゴール達成

他の人の話を聞いたり話し合ったりすることが個人的ゴールの達成に大変有効だったと話すメンバーもいる。あるメンバーは他の人の経験談が自分の目標追求の過程で「刺激」になったと話している。

- 「クラスに参加して他の人の問題を聞くことができ，何でも否定的に考えないことを教えられた」
- 「このクラスとクラスメートとインストラクターの助けで私は前より気楽でつきあいやすい人間になれた。それは皆の個人的な話を聞けたからだ」

・「このクラスは，自分の気持を分かち合うことができ，さまざまな形で本当に私を助けてくれた。過去8カ月の経験は私に方向性と問題解決の技法を示してくれた。共通の問題を分かち合い，問題解決のためにお互いに関わり合うことは，私の生活と人間関係についてのゴール作りに役に立った」

「援助の言葉」

相互援助はグループ治療のもう一つのメリットであるとよく言われる。ある参加者は「自分がいずれ他の人の助けを必要とする」ことについて触れている。とはいうものの援助についてのコメントは他にはほとんどない。対照的に分かち合いについて述べている参加者のコメントは多数である。このことから参加者が「援助の言葉」ではなく「分かち合いの言葉」を使いたいと思っていることは明らかだ。これはドメスティック・バイオレンスの結果として治療を受けた全てのグループ・メンバーの心の傾向を語っているのかもしれない。そのような言語の型は，援助を受けることの価値よりも自立と相互関係の価値をより高く評価することを表していると思われる。

私たちのグループ参加者からのメッセージは明白で疑う余地のないものである。つまり彼らは社会的にも治療的にもグループ過程から大きな利益を受けたと言う。私たちはドメスティック・バイオレンス加害者の治療は個人的治療環境よりも，グループ環境の方が効果的だと信じて疑わない。

グループ過程の注意事項

・個別のゴールへの努力に注目し続ける
・他の参加者からの有効なコンプリメントとアイディアを募る
・分かち合いの言葉の使用を勧める
・世間話によって個人のゴールへの努力がそらされないようにする
・批判的な話し方をさせない

8
有効な仮説と手段
Useful Assumptions and Tools

　本書では私たちの仕事を数々の実例と説明を使って述べてきた。この章ではドメスティック・バイオレンス加害者との作業に私たちが有効だと考える手段に焦点を絞りたい。しかし新しくて価値ある手段が次々に創造されるので，ここでその包括的な説明はできないことをお断りしたい。私たちは，読者が有効なものとそうでないものとを見分けて新たな視点を持ちやすいように，複雑な要素を単純化して述べてみる。私たちは手段という言葉を，解決志向の言語構造を説明し，同時に私たちの仕事に不可欠な仮説を含むように拡大して使っている。さまざまな点で，この仮説は有効な質問とコンプリメントを作る基礎となっている。基本的な仮説を理解しなくても効果的に解決志向の言語構造を使うことはできるが，私たちは仮説を知っておく方が利点が多いと信じる。その一つは，臨床家にとって特定の仮説に基づいて作業する方が有効な質問とコンプリメントを見つけやすいということである。

有効な仮説

　私たちの仕事のなかで日常的に使われる五つの中心的仮説がある。それは教訓的ではなく，功利主義的でミニマリスト的である。またその五つは階層的ではなく，場合によって使われるものが変わる。五つの仮説は以下の通りである。(1) 知るよりも知らない方が役に立つ，(2) 選択肢を作る，(3) 変化は常に起こる，(4) あらゆることは関連している，(5) 遊びは変化をよびおこす。

知らない姿勢

　義務的参加者の多くは自分たちよりも他の人（専門家）の方が答えを知っていると感じているが，前もって決定されたそういう解決案を受け入れるつもりはない。そのような参加者は，彼ら向きに料理されたまずい食事を食べる覚悟で私たちのグループに参加する。比喩的に「あなたがたが何を食べたいか，何が適した栄養であるか私たちには全くわからない」と私たちが言うと，彼らは初めは戸惑う。しかし，私たちは，彼らが自分でそれを発見するに違いないと言って安心させる。

　私たちが彼らのために料理するのではなく，彼らの料理を助けることに関心があることが彼らにもわかってくる。私たちは，参加者が彼ら自身の生活の専門家になれると信じている。参加者が自分のゴールを発見することは，必要条件ではないかもしれないが非常に有効なことだとわかっている。私たちはゴールは実験的なものと定義している。そのことが参加者を専門家にさせながら，可能な解決を遊び心で考えさせる。私たちは，自分に役立つことを発見する参加者の能力を確信していることを示し，同時に私たちが彼らのためになることを知っているかのように振る舞いたい誘惑を抑える。私たちが解決を「知っている」と思うと，参加者の可能性探求を助ける意欲が薄らぐ。私たちが「知っている」という態度を示すと，解決はすでに決定されているのだから探す理由がないことを参加者に伝えることにもなる。

　変化の本質は，参加者自身が解決を創造したり見つけたりする努力のなかにあると私たちは信じている。解決は参加者の探求によってのみ得られるものである。ある場合には探求自体が解決なのである。援助を急ぐあまりに私たちが解決を示すと，参加者の変化の機会を台無しにすることになる。皮肉にも，ほとんどの参加者は幅広く選択肢を探す機会を与えられると，実際的で具体的な行動を素早く起こすことがわかってきた。

　私たちは，参加者が自分の生活に違いを生み出せることを知って欲しいと思っている。求められる変化はドラマティックな新しい洞察，技術，セラピー・ルームのなかの深い情緒的経験に基づくものではない。参加者は，彼らが自分の生活の作者であり，自分のストーリーを書けることを発見する。彼らが作るストーリーは日常の小さなあたりまえの行動から成り立っている。

　「それではファシリテーター・チームが知っておくべきことは何か」と質問さ

れるかもしれない。私たちは次のように答えたい。「参加者が自身自分の解決を発見する専門家である」「私たちが彼らの能力を信頼していれば，彼らは自分に適した持続可能な解決に到達する」「私たちの質問が彼らの探求を促す」「私たちがいなければ見落としたかもしれない重要な変化と資源に気づかせる」

　知らない立場にいく分似通っているものに「ミニマリズムの概念」と「運動の節約」がある。両者を「概念の節約」と考えてもいいだろう。ファシリテーター・チームが本当に知らなければ，好奇心を持ち，まず質問をすることが当然だし，参加者はまず解決または説明を作る。こうすると，ファシリテーター・チームの干渉と介入は最小限になり，参加者の創意は最大限になる。このような関係は，参加者を創造に参加させ，自分の解決の所有感を増大させるので大変有効である。そうすることによって解決は正しい場所におさまり，解決となる。たとえて言えば，この関係はスキーを教えることと同じである。スキーのインストラクターが最初に学ぶことはスキーヤーが転んだときに助け起こさないことである。助け起こせば，初心者はインストラクターを助け人として使うことを覚え，当然のことながらインストラクターのエネルギーは使い果たされてしまう。転んだスキーヤーを助ける最も有効な方法は，起き上がる責任を負わせる一連の質問をし，その方法をわからせるように助けることである。たとえば次のような質問が役に立つ。「スキーを丘の下に向けますか，それとも丘に直角に向けますか」「ストックはどこに突くのが最も効果的でしょうか」または「エッジを立てますか」。このような質問は全て，インストラクターの介入を最小限にし，初心者の関わりを最大限にするものである。

　知らない姿勢はファシリテーターが効果的な作業をするために最も重要な概念と思われる。参加者が変化する可能性は解決を自分のものにするときに非常に大きくなる。解決の型は結果にはあまり影響しない。解決と問題のつながりにも規則性は全くないようだ。つまり参加者が選択した解決は参加者からみれば問題とつながっているらしいが，他のたくさんの解決案よりも問題と関連があるとは思えない。このことから，有効な解決の要素は「参加者の問題と無関係に見えるランダムな解決」と「参加者がそれを有効だと説明するのに使う熱意」だと私たちは信じるようになった。転んでいるスキーヤーのように，起き上がることが重要なのではない。その本人が自分の「起き上がり方」を発見することが最も重要なのである。

選択肢を作り出す

参加者の多くは,自分の周囲の人々と出来事が,彼らの生活を支配していると感じている。彼らは周りからは支配的だと言われているのに,自分では他の人々に支配されていると感じている。彼らは自分には無数の重要な選択肢があることを見落としている。その選択肢を自覚させ,彼らが自分の生活の専門家だという自覚を促すことがファシリテーターの重要な仕事の一つである。ゴール作りの過程で,私たちは受容可能なゴールを定めているが,具体的なゴールは参加者が創造するものである。ある参加者に有効なものが別の参加者には役に立たないことがある。

最近のグループで,ある参加者は「暮らしのなかで妻を最優先にする」と決めたが,別の参加者は「自分の面倒を見る必要があり,妻を喜ばせようとしない」と決めた。二人とも,ゴールを達成するための明確で具体的な考えを持っていたし,ゴールが彼らの生活に大きな違いを作ると思っていた。このような例から私たちは,参加者こそがおのおのの生活環境のなかで最も有効なゴールを見つける立場にいることを確信する。

私たちは参加者が発明者であり設計者である時に最も有効にゴールを構築できることを経験から学んだ。私たちが最も役に立つのは,ゴールが実際にどう実行されるかを詳細に知りたがる傍観者として好奇心をもって観察する時である。参加者は無数の小さな選択をしている。私たちは何が役立つかを尋ねる。たとえば,ある人が妻に花を買ったとすると,こう尋ねる。「この花を花売りから買うために立ち止まろうとどうやって決めたんですか」または「花を買うことはどう役に立ちましたか」。小さなことを詳しく質問していくと,参加者が目的をもって重要な決断をしたことがわかる。この質問は参加者に彼らの動機と行動の意味を考えさせる。「立ち止まって花を買うことは,あなたが今めざしていることにとってどういう意味がありますか」

選択肢を作り出すことを評価するファシリテーターは,すべての文章と会話について参加者の選択の幅を拡げようと意識的に努力する。参加者との最初のコンタクトも含めて,選択肢を提供するあらゆる機会が使われねばならない。たとえば,ファシリテーターは次のように尋ねるのもよい。「次に会うのはいつが良いですか」または「10時よりも9時の方が良いですか」。選択をしてもらう簡単な方法の一つは,オフィスで椅子を選んでもらったり,最も居心地の良い場所に椅

子を動かしてもいいと勧めたりすることである。「お茶ですか，コーヒーですか」という質問は敬意をもって参加者に選択してもらうやりとりである。課題を出す場合に，私たちは参加者が適当だと思うやり方を選べると説明する。たとえば，「あなたの生活に好い影響を与える人について書いて下さい」または「あなたの人間関係をよくすると思う小さなことを書いて下さい」。このような形の課題は選択ができることを意味している。最初の例は参加者が誰を選んでもよいこと，第2の例は参加者独自の視点から着手してもよいことを示している。

参加者は，私たちファシリテーターが答を知らない質問をすると最初は戸惑ったりイライラしたりする。彼らは私たちが彼らの期待通りに「役割を果たしていない」ことに不満を感じるのだろう。参加者が私たちは期待に背いていると感じている場合には，私たちと彼らの関係を明確にするたとえが役に立つ。私たちは教師ではなく，彼らも生徒ではないということである。こちらの質問にただ一つの正しい答えがあるわけではなく，運動場で楽しく遊んでいるような感じで質問を考えてくれるとよいと説明する。このような説明で参加者は気楽になり「楽しい選択の世界」と「解決づくり」へ進む。

「知らない姿勢」と「選択できる環境を作る」という考え方の間には特別に重要な関係がある。ファシリテーターの「知らない姿勢」は解決を探す参加者自身の責任を強めるので，参加者はファシリテーター・チームが考え及ばないような選択肢を示すことがある。知らない姿勢をとれば，私たちは仮定を保留したり放棄したりせざるをえない。グループが完了した後でよく起こることだが，ある参加者が全員が去るのを待ってから次のように話してくれた。「最初，私はグループのほとんどの人は何の進歩も起こさないだろう，変わることなんかできないと思っていた。ところが全員が変わり，彼らへの第一印象が劇的にくつがえった」。こんなすばらしい間違いが起こることもある。「診断しない」「仮定しない」という要素のおかげで真空状態ができ，そのなかで参加者は自分の像や自分がなりたい像を新たに組み立てることができる。

選択肢を作る時の注意事項

・参加者は効果的な答えを作り出す能力を持つと仮定する
・知らない姿勢をとる
・参加者に答える余地を残すこと，あなたが答えなければ次は彼らの番である

- 「知らない」と言う
- 「どう思いますか」と言う
- 忍耐強く一貫性を保つ
- 否定的仮定をした場合，それがどう有効かを自問する
- 自分が専門家の役割を取りそうになっても思いとどまる
- アドバイスを与えない。それはあなたの考えであって彼らの考えではない

変化は絶え間なく起こる

　変化は絶え間なく起こるという概念は説得力があるが，ドメスティック・バイオレンス加害者と仕事をしていると，この自覚を維持することが難しい時がある。この難しさは人間と問題を静的で不変なものだと見る傾向から来ている。物事を説明するには，この傾向は提示される問題の複雑さを軽減するので実際的ではある。単純な問題解説は複雑なものよりも容易に受け入れられるので，単純な要約を使って分類したり解説したりする方が便利である。もう一つは，分類と解説作業を科学的研究の一部と見る強い歴史的偏見から来ている。しかしながらこのような（分類や要約を重んじる）方法は個人の複雑さを無視し，人間は彼らの処方箋どおりになることを意味する。人が「なぐる人」「犠牲者」「うつ」「そううつ」などと分類されると，彼らがたえず変わって変化している複雑な人だという事実を認識しにくくなる。実際に人が「変わって」も，その変化は無視されやすく，「あぁ，彼らは実はそれほど悪くなかったに違いない」とか「多分彼らは誤診されたんだ」とか「健康への逃避だ」とか「それは一時的なものだ」として片付けられてしまう。

　しかし，変化をゴールとする時には，あらゆる変化を敏感にとらえることが効果的だ。有能なファシリテーターはどんな変化も他の変化を引き出す可能性があることを知っている。仕事上，私たちは小さな変化に細心の注意を払う。それがつぎには土台となったり拡がったりするからだ。

変化を育てるには

- 有効などんな小さな変化にも注目する
- すでに起こっている変化を探し出す質問をする

・参加者が起した変化の行動を拡大する質問をする
・変化の意味を拡大する

あらゆるものは関連している

　生物科学の世界では，環境内の小さな変化がさらに関連する変化を生み出すという事実が注目された時期があった。その結果，生態系の小さな変化はより大きい変化の指標と見なされてモニターされている。どんな有機体も真空状態で生きているわけではない。

　私たちがこの考え方を有用だとするのは，小さな持続する変化は広範囲に影響する可能性があるからである。小さな変化は一人の参加者のゴール探求に活用されるものだが，グループ過程にも使われる。前述の通り，小さな変化の効果に気づかせ，変化を持続させるように参加者を助けることが周囲の人の行動を根本から変えることになる。

　グループ過程で，参加者がもともと否定的だったり，防衛的であったりしても必ずしも気落ちすることはない。私たちはたった一人の参加者が「自分は変わる可能性がある」と考え始めれば，この動きが拡大すると確信している。その過程はコンクリート上の水の動きと似ている。水がいったん割れ目にしみ込み始めると，割れ目はどんどん拡がっていく。周囲の気温が低くなると水は氷になり，割れ目はさらに効果的に拡大していく。グループの雰囲気がきびしく冷たいものであればあるほど，ファシリテーター・チームの前向きでほめ言葉の多い振る舞いは効果を発揮する。ファシリテーター・チームはグループの相互関連性のおかげで小さな転換でさえも重要な変化につながることをよく知っている。それがチームに大きな自信を与える。

　グループ過程の初期には，参加者のゴール作りへの協力の能力を評価することが重要である。一人の参加者がゴールを作ることができれば，この過程が他の参加者の同様の努力への流れをつくる。ある参加者がゴール作りに苦心していると，その過程が他の参加者のゴール探しを勇気づけるので重要である。全てのゴール作りの努力に対して，この課題に抵抗を示すように見える人に対しても，十分な敬意を示すことが重要である。この方法はグループ内のあらゆるやりとりは相互に関連しているという仮説に基づいている。これを見た他の参加者は感銘

を受ける。これでグループの流れが協力的で探求的なやりとりをする方向に向けられる。

　相互関連性という概念のおかげで，ファシリテーター・チームは最も変化しそうな参加者から変化を追求し始めればよいことになる。それが変化の流れに他の参加者を引き込むからである。参加者が次々に引き込まれると，流れはさらに強くなり，人を惹きつける。流れが十分強力になったとき，グループ自体が前進し，参加者の報告に強い関心を示すようになる。

あらゆるものは関連している

・相互関連性に気づくような質問をしてそれを明らかにする
・忍耐すること。どんな小さな変化もさらなる変化を導く
・ボールを転がしている参加者に注目し，さらに彼らの努力を拡げていく

遊びは変化を呼びよせる

　ドメスティック・バイオレンスのように全く深刻な問題を治療する方法を紹介する本のなかで，遊びの考え方を盛り込むことは少々見当違いに思われるかもしれない。が，私たちはあえて私たちが定義する遊びは，変化の過程の重要な要素だと強調したい。子どもたちは遊びを通して学ぶことが多い。あらゆるやりとりは新しい学習をよびおこす可能性があり，子どもたちはその遊び心のおかげで素早く学ぶ。参加者の多くは初めはまるで仕事をするような感じでグループに入ってくる。彼らはこれからおこる攻撃から身を護るため大変なエネルギーを使ったり，私たちが彼らをコントロールして考えを押しつけ，自分たちが思っている以上のエネルギーを使わせて何かをさせるだろうと思いこんでいる。義務として来ている参加者はこの視点から「治療の世界」を見ているので，初回のセッションは堅苦しい調子になる。実際私たちは初回に「グループのルールと期待」について話すので，グループ過程は堅苦しいものだろうという参加者の予想が当たることになる。私たちは参加者が「努力し，グループに貢献し，全部の課題を完了すること」を期待していると話す。早い時期にこの説明をすると，参加者はファシリテーター・チームとの関係を理解して気が楽になる。しかしチームのゴールは，全員が仕事をするだけでなく遊びもするという関係を作ることなのである。

楽しみながら考えを交換することを奨励したり，コンプリメントしたりするという環境に切り替えると，彼らはできることとか役に立つことについての思いこみを一旦忘れる。

　グループという環境においては，参加者が今の自分から距離を置いて新しいことを実行し，考え，感じる可能性を楽しむ時に遊びが生まれる。彼らは「もし〜だったらどうなるか」，つまり彼らが何になれる可能性があるかを考え始める。私たちは，参加者がこの新しい生活の細部を考えて楽しみながらその過程を拡大するのを助ける。いったん遊び心の環境ができ上がると参加者の生活の見方が，ガチガチの防御からもっと広い開かれたものへと変わっていく。この変化によって多くの参加者の姿勢がはっきりと変わる。この転換は若い音楽家が独奏から共演へ転換するときに得る経験と似ている。彼らは前と同じメロディーを演奏していても，他の音楽家と共演することで経験，音楽，視点が変わる。私たちの過程はジャズに似ている。即ち，私たちは前もってセットされたゴールに添って，参加者が新しい生活の変化を即興で演奏するように勧める。参加者は遊ぶ雰囲気のなかで，違いを作り出す作業に注意を集中する。

　遊び始めるには，ほとんど何でも可能になる「もし〜とすれば」の世界に入る必要がある。有名なファミリー・セラピストのカール・ウィテカー（Carl Whittaker）はこの世界に入る名人だった。幼い子どもと遊びながら，彼は三つ揃のスーツを着て床に座り，ある女性に義理の息子とのデートはどんなものになるだろうかとたずねた。その女性はそんな考えにギョッとしたが，ウィテカーは彼らはどこへ行くのか，そしてダンスをするかどうかなど詳しく質問を続けた。「もし〜すれば」という言葉は参加者を遊びの世界へと誘う。参加者は私たちが「押しつける」だろうと予想しているのに，私たちは「焚きつける」のだ。それが新しいストーリーの始まりとなる。

　遊びが行き過ぎて，焦点がぼやけ，体系もなく混乱し，重大な問題に取り組めなくなるということはありうる。例えば参加者が遊びという考えは自分の重大な問題から逃げる機会になると誤解するかもしれない。この危惧はもっともなので，ファシリテーターは有効なゴール作りと実生活の変化という背景のなかで，遊び心のアイディアが生まれるように過程を構築しなければならない。ゴール構築への強い期待を使って遊びの概念とバランスをとらなければならない。つまり，ここで述べる遊びは実際には明確な目的をもったものなのである。

遊び心を養うには

- 本気で遊ぶ最もすばらしい機会として自分の仕事を考える
- 遊びを奨励する言葉として「もし～すれば」「もし～だったら」「あなたがそれをするとどんな風に見えるでしょうか」などを使う
- 自分の生活における可能性を考える
- 自分が普段しないような活動をしながら，創造する機会をもつ
- 遊ぶよう努力する
- 「今，私にもっと遊び心があったら何をしているだろう」と自問する
- 言葉で遊ぶ
- 仕事がどう遊びであるか，どう遊びになりうるのかを観察する
- 現実に実行されうる突飛なアイディアを考える
- 世界は創造的機会を際限なく与えてくれるところだとイメージする
- 遊びは無料で，しかも価値があることを認識する

有効な治療的対話

　ここで論じられた核となる仮定は，参加者と治療上で解決志向的対話を構築する際の基礎となることが多い。そのような対話の焦点は問題の理解にではなく，探索作業・ゴール作りの説明・その拡大にある。また，私たちは参加者のゴール作りに対して治療的応答を使ってフィードバックする。人は変化の過程で有益なフィードバックを必要とする。私たちは参加者自身の有益な説明と私たちの有効なフィードバックが，治療的対話のなかで起こることを大切にする。ファシリテーターは反応を聴き，確かめ，再現することを通して直接的フィードバックを提供する。私たちはまた，多数の「評価的質問」を活用する。それは参加者が自己の行動，思考，感情を再評価して自己フィードバックをする助けになる。

有効な治療的応答

聞いていますよ
傾聴の重要性は，私たちの仕事においてはいくら強調してもしすぎということ

はない。私たちが参加者の話を傾聴することは，彼らが重要なことを話すと期待していることを暗に伝えている。この時間は彼らが話すという作業をする時間でもあるのだ。さらに，傾聴は関係づくりの重要な要素とみられてきた。良い聞き手に聞いてもらうことは治癒的要素の一つとして認められている。私たちのプログラムでは，ファシリテーターは「あぁ，そうだね」「うむうむ」「わあ」「オーケー」「その通り」などの日常の言葉を使って，聞く心がまえがあることを伝える。そのようなせりふは「私は聞いていますよ」というメッセージを伝えるだけではなく「あなたが話していることに興味があります」とか「あなたが話していることは重要です」というフィードバックを参加者に与えているのである。参加者はこうしたメッセージに励まされて考え続けたり，詳しく述べたりする。時には，ファシリテーターは参加者の言葉を言い換えたり短いコメントを伝えたりして，彼らの会話を聞いて理解していることを示す。

承認の応答

承認の応答は，参加者の行動，感情，思考を支持し，承認することになる。こうした型のフィードバックは参加者に希望を注ぎ込み，さらにゴールを追求しようとする勇気を与える。私たちの治療プログラムでは，コンプリメントは単純な言葉から参加者の努力に驚きを表すような質問までさまざまな形をとる。

> 「わあ」「信じられない」「すばらしい例です」「すごい話だ」「感動的だ」「スーパー」「グレイト」「あなたがしたって？　本当に？」

他の場合にはコンプリメントは，参加者のゴール達成の努力に関して行われ，前向きの承認とか驚きの質問のような単なる言葉以上のものが含まれる。このようなコンプリメントは参加者がコンプリメントとゴール達成の努力を関連づける助けとなるので，より強力である。下記のコンプリメントは「表面的，前向きすぎる，月並み，参加者の状況と無関係」とは受け取られにくい。

> 「人のそばにいるのが苦手だとグループで言い，とてもとてもシャイだったあなたが，今ではグループのなかで話せるし誰よりも多く話していますよ」

繰り返しの応答

繰り返しの応答は参加者が理解されたと感じるような形で，できるだけ正確に参加者の言葉を言い変えるだけである。繰り返しの応答はファシリテーターが参

加者の言葉を理解したことを示す努力の現われである。繰り返しの応答は，参加者が説明した行動，意味，感情をさらに明確にして強化するフィードバックを与えるという意味で，鏡や反響板のような働きをする。参加者が聞いてほしいと思ったり，解決を探す準備ができていなかったり，あるいは何かを達成して他の人にそれを繰り返し話してもらいたい時に，この繰り返しの方法は特に役に立つ。このように承認してもらうと参加者はさらに努力する気になる。ファシリテーター・チームが有効な質問を作り出せないときとか，どんな応答が最も役立つかを全く考えつかないときにもこの方法は有効である。こうした時に繰り返しは常に安全で有効な応答である。つまり「自信が持てない時は参加者の考えを言い直し，繰り返しなさい」。

参加者の言葉を拡大する応答

　傾聴，理解，承認，参加者の言葉の繰り返しの他に，私たちは参加者のゴール達成の努力に新しい意味と可能性を生み出すために彼らの言葉を使ったり拡大したりすることがある。その場合にはまず繰り返しの応答をした後，拡大の応答を行う。拡大の応答は次の文献に述べられている再形成の技法に似ている（e.g., Aronsson & Cederborg, 1996; Troemel-Ploetz, 1977）。

　　「お父さんが，この状況でとても役立つことを教えてくれたとあなたは言ってましたね。今あなたはこの役立つことを次に伝えようとしているんですね」

評価的質問─── 参加者の模索を助け，フィードバックを提供する

　良い質問をすることは言葉に関して私たちが一番努力していることである。私たちは研究目的で全てのグループ・セッションをビデオに撮り，書き起こした。14グループの各々から無差別に1セッションを選んだ。14セッションの治療的対話の詳細な内容分析がソフトウェアQSRNUD*IST Vivo（Nvivo）を使って行われた。その結果，全対話の51%はファシリテーターが始め，そのなかの46%は質問の形で行われたことがわかった。私たちは「参加者が模索しながら解決を作り始めるとき」に変化が起こると信じているので，参加者からの有益な反応を引き出す質問をしようといつも工夫している。質問が有効かどうかは参加者の反応によって決まる。私たちの質問は参加者が解決の説明を探したり拡大したりする上で役に立っているのだろうか。ある程度まで反応は個人によって違うと言える

が，質問によってはほとんど無益なものもある。

　私たちは質問の型を決めるときにあるガイドラインに従う。たとえば，参加者に「なぜそのような行動をとったか」ということはめったに尋ねない。経験からすると，「なぜ」という質問は参加者に行動を正当化する説明を探させることになる。これは解決に向かう努力を遠ざけてしまうので，ほとんどが無益である。多くの場合，参加者はなぜ変化が不可能かというもっともな理由を作り上げる。「なぜ」の質問の悪影響を疑う人がいたら，子どもに「なぜいたずらをしたか」と尋ねたときの反応を思い出してほしい。こういう質問をされると子どもは大人が正しいと思う答えを探すのだが，「正しい」答えは子どもに望ましくないだけでなく，その子のやる気を失わせる。子どもは，「なぜ」という質問に言い訳や説明をするが，それらはほとんど子どもの行動を変化させる役に立たない。もっと有効な質問は「子どもがどんな違ったことができたか」，または「状況をよくするために今何ができるか」というものである。私たちは「参加者はその時にできる最善のことをしている」と思うので，なぜそうしたかを発見しようとしても無益であるし，時には無理でもあると思う。

　最も有効な質問は私たちが「評価的質問」と呼んでいるタイプのものである。その質問は，参加者に直接フィードバックを与えるのではなく，自己の内部でフィードバックを始めさせるので，ファシリテーターがリードする治療的応答とは異なるものである。評価的質問とは参加者に行動，思考，感情について自分の状態を自己評価してもらうものである。ファシリテーターは，参加者の状態を解釈したり，何らかの考えを提案したりすることは一切しない。ファシリテーターは，参加者が彼ら独自の生活状況のさまざまな側面を評価できるような良い質問をするだけである。私たちは好奇心をもって評価的質問をし，参加者が答えを持っているという信念を伝えるのである。

探索を助ける質問

　治療過程の初期に私たちは通常，探索を助ける質問をする。その質問は簡単な形のもので，参加者に有益なゴール作りのためのさまざまなアイディアを探したり楽しんだりしてもらう目的で行われる。

　「何を考えていますか」「そのなかで何か可能性は？」

計画を助ける質問

　計画を助ける質問は，参加者に前向きの変化が起こるためにどんな行動，ふるまいが必要かを評価してもらう助けになるものである。その質問は将来の行動を計画し，そのために何をすべきかを尋ねるものである。

　　「あなたが集中力を保つためにしなければならないことがありますか」「それでは，このゴールをどうやって実行しますか」

　この質問を高度にして「前にしたこととは違う何を実行するか」を尋ねるのも参加者の助けとなる。また，参加者が今ゴールとして実行していることが過去の行動とは違うかどうかを評価してもらうことも重要である。新しくて違う行動は前向きの変化を起しやすい。過去の行動の反復は，問題が解決されるよりも持続されやすい（Nardone & Watzlawick, 1993）。

　　「そこで，お父さんと仲よくするために今までと違うどんなことをしますか」「怒りを意識して理性を失わず無駄なことを言わなかったので，何が違ってきましたか」

指標作りを助ける質問

　解決志向アプローチは，治療過程の初期に変化の明確な指標を設けることを重視する。それがあるとゴールを達成した時と治療を終結する時がクライアントに明確にわかるからである。参加者は，問題があることは十分わかるが，解決が訪れた時にはそれがわからない。変化の明確な指標を作ることは，解決構築過程にとって不可欠の部分である。

　　「あなたは自分がゴールを達成したことがどうやってわかりますか」「たとえば2カ月先の眠れない夜に『私はまだゴールに向かって努力しているか』と自問します。『私はちゃんとやっているか』『私はやりたいことをやっているか』とも自問するとしたら，どういうことからその答えがわかりますか」

例外探しを助ける質問

　有効なゴール作りの過程で，参加者に現在の行動に代わるものを考えさせたり，状況が今よりよかった時を探させたりする質問が役に立つ。こうした質問が例外探しを助ける質問と呼ばれるのは，参加者に問題への例外を探させるからである（de Shazer, 1985）。この種の質問は「いつ（when）」質問と呼ばれる。たとえば「あ

なたと妻がうまくいっていたと最後に感じたのはいつでしたか」。問題への例外が発見されたら，詳細な質問によって参加者がそこから拡げていくことができる。先に述べた通り，そうした質問は細部について尋ねるものである。

>「今あなたと妻がしていないことで，二人とも状態が今よりよかったと思うときにしていたことは何ですか」「それをいつしましたか」「どうやってしましたか」「どれくらい度々しましたか」

スケーリング・クエスチョン

スケーリング・クエスチョンは評価的質問の形として特に有用なものであり，評価を数字で示すものである。この質問によって，動機づけ，自信，努力，変化の過程における進歩などの参加者にしかわからない点をファシリテーターも知ることができる。チームは参加者がスケーリング・クエスチョンに予想外の数字を答えるので驚くことが多い。結果として，今まで見落としていた参加者による評価を生かすことができるようになった。

スケーリング・クエスチョンは初めは取りつきにくいが，使っているとなじんでくる。これを使う場合はまずスケールの説明をして，次に評価する行動を示す。たとえば「1から10のスケールで，仕事は重要でないを1として，最重要であるを10とすると，あなたはスケール上のどこですか」。数字の興味深い点は，数字にはある値があるがそれは状況によってある程度変わりうるということである。ある人の「2」は別の人の「5」であり，「5」は本気で努力していないという意味ではなく途上にあるという意味にもなる。スケーリング・クエスチョンの後の会話が数字の意味を決定し，創造する。

効果を考えさせる質問

効果を考えさせる質問は参加者に，彼らの行動やゴール達成の努力の結果，何が起こって欲しいかを評価させる。そうした質問は彼らの「行動」「ゴール達成の努力の影響」「達成したいこと」をはっきりと考えさせる。

>「あなたが人ともっと仲良くなったら，どんなことが起こると期待していますか」「あなたがこれをした時に，どんなことが起こってほしいと思っていますか」

効果の質問の一つの具体的なタイプは「関係性の質問」である。（Berg, 1994）。あらゆる行動は社会的背景のなかで起こり，社会的意味を持つので，私

たちは参加者が社会的つながりを評価することは非常に有効だと考える。参加者がこの目的を達成するために社会的背景の質問が使われる。解決が関係に関わるものであれば詳しく尋ねる。

　　「あなたがそれをしていたことを他の誰が知っていましたか」「家庭人としてあ
　　なたが家族と過ごす時間を増やすと何が起こると思いますか」

有用性を評価させる質問
　有用性を評価させる質問は，参加者が自作のゴール達成に自分の行動がどう役立つかを評価し，描写する助けとなる。経験上この種の質問は非常に有効である。

　　「自分が怒っていると気づいたことが役に立ちましたか」「彼（参加者の息子）
　　が宿題を終えるとしたら（するとしたら），それはあなたにどう役に立つでしょ
　　うか」

実行可能性を評価させる質問
　ある行動や変化が有効かどうかを評価するほかに，参加者の行動やゴール達成の努力が可能かどうかを参加者が評価する手助けが重要である。小さくて持続可能な現実的ゴールや行動の方が，大きな劇的な変化よりも参加者にとって有効な場合が多い。なぜなら，後者は失敗に陥りやすいからである。また，状況を現実的に評価すると成功の機会が増す。

　　「どこが簡単で，どこがそれほど簡単ではないでしょうか」「それをすることは
　　あなたにとって無理のないことですか」「以前にそれをしたことがありますか」
　　「今から次のセッションまでにそれをできる可能性がどれくらいありますか」

行動とゴールを関連づける質問
　実行したことと望ましい結果の間に関連があるとはっきりわかれば，変化が持続する可能性が高くなる。この場合，変化は単なる幸運や偶然ではなくなる。参加者が有効な行動とゴール達成を意識的に関連づけることができれば，ゴール達成がさらに容易になる。

　　「それで，今までのように巻きこまれずにどうやって離れていられたんですか」
　　「『これがルールだ，言うことを聞け』と言うべき時と，その場を離れるべき
　　時とがどうやってわかったんですか」

意味ある質問

　参加者が明らかに重要な変化を起こしたとき，その経験を深い，注目すべき意味を持つ経験として理解するように助けることは有益である。たとえば，参加者が生まれて初めて妻と共に泣いた場合，次のような評価質問をすると参加者にこの出来事の重要性がわかる。「泣くことは，人としてのあなたにとって何を意味するでしょうか」。ほとんどの場合，人は機会が与えられれば自分の行動に前向きの意味を付加する。たとえば，「つまり私は本当に心配している」「つまり私は感じやすい人間だ」。これが自分は誰で，誰になりたいかを考えさせる。

　評価的質問を始めると，次々に質問が続く。たとえば「あなたがこんなに思いやりのある人だと他の人が知ったら，それは役に立ちますか」「それがどう役に立つと思いますか」「他の人にこれを気づかせるために何ができますか」「あなたがもう一度これをすれば，何が起こると思いますか」。これらの質問の最初のものは「あなたがこんなに思いやりがある行動をしたと他の人が知ったら，それは役に立ちますか」という質問とは大いに違うことに注目してほしい。最初の質問は，人自身に焦点を絞っているのに対して後の質問は，その人の行動に対してである。一般的には人に焦点をあてることが最善だと私たちは信じている。そうすると，行動によって結論を出すのではなく，誰で「ある」とか誰に「なりたい」というようなかたちで一般化される。ここから，次のような質問ができる。「思いやりのある人として，あなたは，妻との関係で次に何をすることが役に立つと思いますか」。この場合，思いやりのある人であるという結論はすでに描かれているので，思いやりのある人は次に何をするかを確認するだけでいい。この質問には，思いやりのある行動の継続性を強く示唆するという利点がある。

　「人自身」についての結論を中心にした評価質問にはさまざまな形がある。

> 「このことからあなたのどんなことがわかりますか」「これはあなたが誰だと言っていますか」「これはあなたについて何を意味しますか」「これは人としてのあなたについて何を意味しますか」「お父さんはあなたについてこれが何を意味すると言うでしょうか」「もし〜さんたちがこれをしているあなたを見たら，あなたがどういう人だと言うでしょうか」「〜さんは，このことからあなたがどういう人だと言うでしょうか」

所有の質問

　参加者が治療過程と成功とを自分のものだと思う場合に，最大の長期的治療成果が得られやすい。人が変化を自分のものだと思えば，誰もそれを取り上げるこ

とはできない。所有の質問（変化を起こしたのは参加者であると示唆する質問）をされると，参加者は個人的決断を意識的にはっきり言葉にし，詳しく話すことができ，それによって変化した行動を自分のものだと思う。所有の質問は参加者が変化の中心であり，変化の過程での決断や行動をする人であることを明確にする。

> ジャックは子どもたちと質の高い時間を過ごすことに取り組むつもりだとグループ・メンバーに話した。「あなたはいつそれをすることに決めましたか」「あなたはいつ，それを思いつきましたか」

　話の内容と話し方はほとんどが微妙で捉えにくいものである。しかし，言葉とその意味を認識することほど重要なことは他にない。質問の最大の価値は創造的で遊び心をもつ思考を生み出す力にある。そのような過程を妨げてしまう質問もあれば，幅広い活発な会話を生む質問もある。言葉は私たちのツールであり，セラピーの有効性は言葉の使い方いかんで決まる。質問は明確で詳細なゴールの説明を引き出すものでなければならない。たとえば「あなたは何をするでしょうか」「他の人はあなたが何をしているのを見るでしょうか」「その利点は何でしょうか」「それはどこで起こるでしょうか」。将来に必ず変化が起こるという意味を含む言葉使いに注目してほしい。

　参加者がゴール関連の行動を実行して成功していると報告する場合，私たちは変化を確実にする言葉を必ず使う。「この恐怖心をどうやって克服しましたか」「これほど心配りする父親になることをどこで学んだと思いますか」。これらの質問は行動をすでに達成されたものとして扱っている。「あなたは息子さんと協力する道をもう本当に歩き始めましたね。このことはあなたにとって何を意味すると思いますか」。これらの質問は全て，参加者に達成を自覚させ自信を与えるものである。参加者が自分について結論を出す方が，私たちが彼らの変化を「洞察」するよりもはるかに効果的である。参加者の見方が大事なのであって，私たちの見方ではない。

治療的対話の注意事項

- 参加者は変化したがっていると示唆する言葉を使う
- 参加者は有能だと示唆する言葉を使う

- 変化が起こった，または起こりつつあると示唆する言葉を使う
- 変化は意味があると示唆する言葉を使う
- 変化の可能性を探すように参加者を励ます言葉を使う
- 参加者は生活のなかで創造的になれるし，遊び心を持てると示唆する言葉を使う
- 参加者独自の改革努力を評価する言葉を使う
- 否定的，非難的，自己否定的説明に使われる非生産的エネルギーを抑える
- 「なぜ」という質問をしない

ブラックホールへの対処法
――巻き込まれないこと

　ほとんどの場合，行動と言葉は参加者を有効な変化の方向に進める働きをするとチームが知っておくとよい。しかし，私たちが渦巻きとかブラックホールと呼ぶ状況があり，それは変化の過程からエネルギーを吸い取るように思われる。理論物理学によれば，ブラックホールは光さえも例外でなくほとんど全ての周囲のエネルギーをそのなかに吸い込んでしまうほどの強い引力を持つものである。ファシリテーターは解決構築からエネルギーが引き抜かれて，もう一度方向を立て直す必要があるときを知るべきだ。それができないとファシリテーター・チームの働きと参加者の努力が削がれてしまう。この状況を理解するには，努力が繰り返し無駄になる人間関係を思い起こすとよい。

　たとえば，あるグループ参加者が結婚生活に問題を感じていた。彼は結婚問題の解決に使う全エネルギーが実際には問題を長引かせていることに気づき始めた。彼のエネルギーは彼と妻を消耗させるためだけに使われる巨大な渦巻きを作っていた。彼は少なくとも何か違うことを考えつくまでは何もしない方がはるかに良いという結論に達した。（興味深いことに，何もしないことは実際には何か違うことをする一つのやり方だったのだ。）彼はエネルギーを渦巻きに吸い込ませなければ，その分を他のことをするために使えることがわかって，妻との間で言い合いが始まりそうになると，何か違うことができないかと探し始めた。そこで彼は言い合いが始まりそうになると，妻をクリベッジ（カードゲーム）に誘

うことを思いついた。言い合いのためにエネルギーを使う代わりに，彼はクリベッジに集中した。エネルギーが自分の望む生活のために使われたので，結果は彼の予想を越えるものになった。

ブラックホールを認識する

　物理学の世界ではブラックホールはとらえにくいものだが，言葉の世界では比較的つきとめやすい。その特徴は少なくとも次の要素の一つを含むことが多い。(1) 繰り返しプロブレム・トークを拡大したり維持したりする，(2) 何の明白な利益もなく一人がもう一人よりもずっと多く働く（特にファシリテーター・チームにあてはまる），(3) 解決志向の探索よりも問題解決に努力が向けられる，(4) 関係者のエネルギーが減少する。

　こうした特徴のどれかが現れたら，何か違うことを考えるほうがいい。具体的には今していることをやめ，渦巻きに注入しているエネルギーをとめるか，現在していることの反対をする。その場合，これまで無視してきた他の活動にエネルギーをふり向ける例も多い。

9
特定のグループとの共働作業
Working with Special Populations

裁判所命令により治療を受ける人

　裁判所命令によって治療を受ける人々は一般的には対応が難しいと考えられている。治療に関する文献や調査は主として自発的に来談するクライアントに関するもので、義務的に来談するクライアントに対する有効な治療の情報はほとんどない。なぜなら義務的クライアントは問題を否認したり提供されるサービスを信用しない傾向があるので、望ましい治療対象とは見なされないからだ。さらに、義務的クライアントはセラピストを司法当局の延長と見なし、ファシリテーターは裁き、非難し、支配し、恥をかかせるとさえ思いこんでいる。彼らは、セラピストは専門家の役割をつとめ、自分たちは治療プログラムの要件を満たすために服従する役を果たさなければならないと考えている。その結果、怒りと敵意とを持って（時にはこんなに屈辱的な状況に自分たちをおとしめた人間に対する怒りを隠して）現れる義務的クライアントもいる。彼らは裁かれ、有罪にされ、尊厳を奪われてきて、その上いまや処罰まで受けていると感じている。

　伝統的治療法は「ドメスティック・バイオレンス加害者には問題があるので援助が要る」と参加者を納得させる必要があるというものだった。ある治療プログラムでは、義務的参加者に過ちを認めさせるために対決的姿勢で臨んでいる。ほとんどどのプログラムも参加者は過去の行動に責任があり、その責任を認めることが将来の改善への前提になるとしている。その場合、治療者は義務的参加者の根本的信念と思い込みに「正面から」立ち向かうことになる。これには相当な努

力と対決エネルギーが必要となり，かなりの抵抗を引き起こすリスクがある。こうした状況ではファシリテーターは無益なパターン化した反応や否定的対応に陥りやすい。

　私たちから見れば，対決は大変な時間の浪費であり，ファシリテーターに裁判官の役割を取らせ，参加者を抵抗させ，参加者とファシリテーターを敵対関係に変えてしまう。さらに，過去の行動に責任を取らせようとすれば参加者に以前とは違う行動をとらせることにはならず，ファシリテーターや裁判所をなだめ落ち着かせるだけである。

義務的参加者をどう関わらせるか———解決志向アプローチ

　解決志向治療は参加者を自らの生活の専門家とみなす。解決志向アプローチは，人は自分が望む変化を起こすスキルと能力を持つと想定するだけでなく，自らのためによりよい未来を作り出す能力があることを前提とする。ディヤングとバーグ（Dejong & Berg, 2002）によれば，受容と非審判的態度はクライアントと臨床家の信頼の基盤である。参加者の価値観にそって働き，彼らの視点を受け入れると，傾聴と理解の気持ちが伝わる。ディヤングとバーグ（Dejong & Berg, 2002）は「クライアントの抵抗」とか「クライアントの視点への挑戦・対決」は解決志向アプローチのなかでは何の機能も果たさないと言う。ディ・シェイザー（de Shazer, 1985）によれば「抵抗はクライアントの協力の一つの形であり，クライアントが自分の考えと存在を示す独自の方法である。また，ファシリテーターはクライアントが有能であると見なして彼らと協力する方法を探すほうが（対決よりも）有効」である。解決志向治療はクライアントの長所を探して積み上げ，彼らの参加と自己決定を奨励することによってその能力を高める。

共働作業

　解決志向ファシリテーターの役割の一つは，義務的参加者をコントロールしたり服従させたりするのではなく，彼らと協力したいと思っていることを実践で示すことである。その課題は，権力差をなくして参加者に力と選択権があることを経験させることであり，ファシリテーターを「答えは知らないが参加者に解決を発見させる助手」だと認識させることである。解決志向アプローチでは伝統的ア

プローチにおけるような権力差が表立って現れない。なぜならグループ参加者は「自分の生活の専門家」とされ，ファシリテーターは「良い質問をする専門家」だからである。ディヤングとバーグ（Dejong & Berg, 1999）は，協力の基礎を共働して作ることが義務的参加者を引き込む唯一の生産的方法であると言う。グループ参加者の協力を奨励する方法の一つは，彼らに尊厳と敬意をもって接し，自分の長所を認識させ，選択できるところでは選択させ，変更できることとできないことを知らせることである。

　このプログラムのなかで，不満をもつ参加者が「私はここにいるべき人間ではないし，グループに参加もしたくない」と言う場合には，私たちはおだやかに親しみをこめて「わかりました。それでは何をしたいですか」と尋ねる。参加者はこの答えに驚くのが普通である。彼らは私たちが「義務的参加者は治療を受ける義務があり，選ぶ余地はない」と言うと予想しているからだ。私たちはそうはせずに彼らの答えを待ち，それによって彼らが実際に選択できることを知らせる。うまくいくこといかないこととをグループ参加者に自分でわかってもらうことが敬意を払うことになり，彼らが自分の答えを作り出さねばならないことも理解してもらうことになる。

　私たちはグループ参加者に虐待はいけないとか飲酒すべきでないという説得はしない。彼らが自分自身のために考え出す能力があると信じていることを伝えるのである。私たちは教育したり説教したりもしない。私たちが専門家として振る舞わないことは，参加者は自分が望む変化を手に入れるスキルとツールを持っていることを示すことになる。私たちの哲学は参加者がゴールに到達するために彼らと協力することである。過去の行動を裁かれると予期する参加者は，私たちが参加者と対決しないので驚き，私たちが彼らをコントロールするつもりはないことを知る。私たちが注意深く聴くと参加者は尊重されたと感じ，その結果，私たちにも同じように耳を傾けてくれるようになる。

　エリックの事例はこの過程を示している。彼は最初のアセスメントで必要な書面に署名することを拒み，グループには出席しないと決めた。彼と対決したり，彼には選択の余地がないと言ったりはせず，私たちは彼に代わりにどうするつもりかと尋ねた。エリックは判事のところに戻って「プログラムには参加しない」と言うことにした。

　1カ月後，エリックは戻ってきて，プログラムに登録したいと言った。私たちは判事との間に何があったかとか彼の以前の決定を再検討しようとはせずに，初

対面のように彼に接した。エリックはグループの期間中，ゴールに向かって熱心に努力し，プログラム完了時に，努力し続けた自分自身を（1から10のスケールで）10と評価した。私たちがエリックと対決してプログラムに参加することに選択の余地はないと言ったり，判事と話し合うという希望に反論したりしていれば，エリックが同じように行動したかどうかは疑わしい。私たちは彼の決定を尊重して邪魔しなかったので，エリックは協力する気になった。グループの最終課題に彼は次のように書いた。

> 私は，人はそれぞれの関係のなかでさまざまな問題を持っていることを知りました。グループでの話し合いは，問題の種類は違っても自分の人間関係の解決法を学ぶ助けになりました。関係についてゴールを持つことは良いことだと思います。このようにして問題に向かって努力することができ，ゴールの結果がよくなければ新しいものを考えればいいのです。私のゴールに関しては，娘と気持ちを通じ合えたので娘や娘の母親との関係がよくなり，幸せです。それで私たち皆がとても幸せになりました。私は自分のゴールに向かって努力し続ける自信があります。なぜならそれで自分は満足し，娘も満足で，娘の母親も喜ぶからです。

これを書いた人が最初に紹介されて来た時には，プログラムに参加しないと言い張っていたとは驚くべきことである。私たちがエリックと対決しなかったので彼は自分で納得して参加することができたのである。

義務的参加者を関わらせるために参加者のゴールに注目する

　ゴール設定は変化への取り組みと自発性を促すすぐれた手段である。効果的に活用されればゴールは多様な選択を提供し，変化は可能だと示唆するうえに，変化を扱いやすい状態で引き起こす。また，ゴールを作ることで参加者は自分自身と生活を独自の視点から見るので，変化について話しやすくなる。納得いく形でゴールを自ら設定した人は，それに向かって努力し続ける気持ちになる。
　グループ参加者の反応がセッションを方向づける。私たちはグループ参加者一人ひとりに耳を傾け，参加者の反応に直接関わる質問をする。参加者各人は聞いてもらい，自分の考えや経験が大切だと保証されたと感じる。

有効なゴール作りの「てこ」として紹介（リファー）資源を活用する

　義務的参加者の多くは，私たちのグループに紹介された理由がわからないと言う。ファシリテーターは次のような言葉を何度も聞く。「私がなぜここにいるのかわかりません。彼らに来るように言われました」「私には本当に何も問題がありません。それなのに子どもたちを取り戻すためにここに来るように言われました」「裁判所が来るようにと言いましたが，何も悪いことをしていません」。私たちがグループでよく聞く言葉は「全てうまくいっているので，何も努力すべきことがありません」「それは私の問題ではない。怒ってるのは彼女なんだ」。

　インスー・キム・バーグは，義務的クライアントに協力を促し，努力を引き出すために質問を効果的に活用するように勧めている（Berg, 1990）。次のような質問ができる。「あなたがここへ来たのは誰の考えですか」「あなたがここへ来た結果として彼らは何を期待していますか」「彼らは何が違ってくるだろうと思っていますか」「彼らに干渉されないためにはあなたは何をしなければなりませんか」「あなたが何をすれば，もうここへ来る必要がなくなるでしょうか」。

　こうした質問は義務的参加者から協力を引き出すためにとても有効である。ファシリテーターのこういう質問に答えながら，参加者はどんな違った行動をすべきかをみつけていく。これらの質問には，参加者が答えを持っていること，困難への解決は彼ら自身のなかにあること，彼らには解決を手に入れる能力があることが暗示されている。

協力を引き出す方法として長所に関する質問を活用する

　参加者の長所に関する質問は「グループ参加者は彼らの生活のある分野において有能であり，解決はこの有能な分野のなかで発見できる」ことを教える（De Jong & Berg, 1999）。こうした質問への答えは参加者には能力があり，争いや問題に取り組むことができることを認識させる助けとなるので，彼らは将来への望みを持つ。このような質問が真摯なものであり，私たちが純粋に彼らの長所に関心を持つことがわかれば，彼らはさらに熱心にプログラムに取り組む。ドメスティック・バイオレンス・グループのアセスメント段階では次のような長所に関する質問が使われる。「あなたがしたことで自慢に思うことはどんなことですか」「大変な努力をしてやりとげたことはどんなことですか」「他の人たちはあなたの

何をほめますか」「あなたが最近，成功したことにはどんなことがありますか」「やめにくい習慣をやめた経験がありますか」。

参加の質を高める方法としてのグループ・ルールの活用

　グループ・ルールは義務的参加者を引き込むためのすぐれた道具である。ルールは参加者がグループに所属するためにすべきことを具体的に示す。たとえば出席，時間厳守，参加，行動を変えることなどである。この取り決めはスポーツ・チームに参加する場合と同様である。そのルールが気に入らなくてもチームに所属するためにはそれに従ってプレイしなければならない。ルールのおかげでファシリテーターはすべてをコントロールする責任を負わなくてもよい。変更できないことを明確にすることによって，変更できること（例：ゴール）を準備するが，その中身は主として参加者が考える。

義務的参加者と共働するときの注意事項

・長所と達成したことを引き出す
・気づいた変化と長所はすべて承認し，強化する
・望むこととそれがどう利益をもたらすかを明確にするよう参加者を助ける
・長所と達成したことを使って彼ら自身についての見方を再定義するよう参加者を助ける
・選択肢のなかから選択するよう参加者を助ける
・選択肢は限定されたものであることを受け入れる
・自分の行動の結果に責任を負いたいと思う参加者についてはその気持ちを尊重する
・服従させない
・告白させない
・専門家にならない

物質乱用問題がある人

　物質乱用者はドメスティック・バイオレンス人口の大きな部分を占める。たとえば，私たちのプログラムでは 1996 年 10 月～ 2002 年 1 月の参加者の 61.4% が物質乱用・物質依存障害と密接に関わる行動を示していた。この事実が「物質乱用はドメスティック・バイオレンスの原因だ」と示唆するものではないが，加害者の多くにとってそれが私たちのグループに治療に来る一因となっていることは確かだ。こうした事実があるために，臨床家のなかにはドメスティック・バイオレンス・プログラムには物質乱用治療が含まれるべきだと結論を下す人が出てきた。

　アルコール・薬物乱用や依存症については病因と治療の両者に関してかなりの論議があるので，ファシリテーターが適切な治療法を選ぶことは難しい。アプローチをざっと挙げてみても行動的，生物心理社会的，認知的，疾病論的，生理的，精神分析的，心理社会的アプローチや AA（アルコール依存症者自助会）など多数ある。しかしお互いに相容れないものもあるので，これらのアプローチを統合することは容易ではない。

　ドメスティック・バイオレンスの治療的アプローチを開発し始めた段階では，私たちはグループ参加者がグループに参加する場合には薬物もアルコールも一切飲んでいないことを条件にする他は，物質乱用については取り上げなかった。私たちは参加者がゴールとして禁酒を挙げることは許可しなかった。それはある行動をやめること以外に前向きに何かをさせないからである。禁酒は「しないこと」が目標である。多くの点で，この狭くて限定されたアプローチは参加者が物質乱用問題から離れて，生活に何か新しくて違ったものを取り入れる上で役に立った。多くのケースで，参加者は飲酒や乱用以外の何かをし始めた。参加者は新しい行動とライフスタイルが展開して，アルコールや薬物のはいる余地がなくなったことに気づくことも多かった。

　私たちは何人かの参加者が禁酒や薬物不使用の重要性を話すことに気づき始めた。私たちが適当なゴールと認めていないのに，それが大事なことのように彼らは話した。その結果，私たちは彼らが薬物乱用やアルコール問題にどう対処し，取り組んでいるかに真剣に耳を傾け始めた。今では私たちは，この問題への私たちの聴き方，反応の仕方が彼らの成功にとって重要だとわかっている。私たちは

結果としては，物質乱用問題とは離れて参加者をゴール作りに関わらせるアプローチを開発していった。しかしその一方で，酒や薬物を減らしたりやめたりする彼らの努力に敬意と関心をたえず持っていた。私たちはこの分野で問題志向的にならないように注意を払い，解決トークに耳を傾け，問題志向的な物質乱用ストーリーに流れる場合には話を解決のほうへ向け直した。

　私たちが変わらず目指したことは，成功を続けるためにすべきことを参加者に検討させながら，うまくいっていることについてのストーリーを共働して作り上げることであった。ほとんどのグループでも少なくとも一人の参加者が自分のアルコールまたは薬物使用問題と取り組まなければならないという結論にすでに達していたことは重要で好都合だった。そのような人の存在がインテイク中やゴール作りの段階で明らかになり，彼らは酒や薬物をやめることの重要性を話題にした。彼らはアルコールや薬物使用をドメスティック・バイオレンスと結びつけて話すときもあるが，単にそれが自分たちにとってひどく破壊的だと言うだけのときもある。彼らは，行動を変えるためにすでに実行し始めていることも多いし，ほとんどの場合，その変化による利益に気づいていた。機会があれば彼らは酒や薬物の上手いやめ方を進んで話し，ファシリテーターが勧めたらどんどん新しい工夫を生み出す。その結果，彼らは他のグループ参加者がこの重要な問題を積極的に検討するための刺激となる。変化のための計画に参加者が取り組む手助けをしているときに私たちが常に経験することは，物質乱用者の大多数は普通，外部の介入なしに自分自身の努力の結果，変化するということである。

　次の例は，チームが参加者をゴール作りに関わらせながら，同時に物質乱用問題への努力にも注意を向けていることを示している。

ラリー（L）　俺はゴールのことを考えているんだ。禁酒しなきゃいけないと思う。……やめてから物事がうまくいくようになっているし，飲むと問題を起こすんだな。

F1　ラリー，ゴールはあなたが何かすることでなければならないから，禁酒はここで許されるゴールではないんです。だからあなたはこのグループのために違ったゴールか追加のゴールを作らなくてはね。でも私は，禁酒があなたにとってどんな違いを作り出したかぜひ知りたいです。

　私たちはラリーに彼が実際に何かをするゴールを作らなければならないし，禁酒が彼にどう役立つかもぜひ知りたいと話した。

L　ええと，ワイフは俺がバーに行くのを前ほど文句を言わなくなった。この頃は家にいることもふえたしね。

F2　それはあなたにとってどんな違いになりますか。
L　前ほど言い合いをしないし，しても前よりおだやかだね。彼女はまだ少し飲むんでそれが少々悩みだが，でも状態は前より静かだね。
F2　その静かな状態はあなたにとってどれほど重要ですか。たとえば1は問題ではなくて，10はとても重要だとするとどうですか。
L　9か10くらい重要だね。
F1　9か10ということはどういうことになるんですか。
L　俺には今，責任があるんだ。こんなことをするには年を取りすぎている……。友達を見たり，おやじを見たりしてるので，俺はあんな風に終わるつもりはないね。
F2　お父さんとは違う暮らしをするってことは，何から言えるんですか。
L　（沈黙）おやじは先週入院したが，酒をやめないから多分死ぬだろう。彼にそう言ったんだが，彼はやめないに決まってる。俺は自分の子どもたちにそんなことはしないつもりだ。俺は違うやり方をする。おやじを止めることはできないが，自分のことについては何とかできる。
F1　すごい。あなたはあなたと家族のために生活を変えようと真剣に考えているんですね。
L　ああ，そうなんだ。
F2　そうすると，禁酒して何か違うことをすることはあなたにとってすごく大事ですか。

　　このF2の発言はラリーの禁酒と何か違うことをすることを再確認している。

L　ああ，その通りだね。
F1　お母さんはこのことについて何と言うでしょうか。

　　ラリーは母親についてあまり話していないし，彼の反応は予測できないので，この質問は推測にすぎないが，ラリーに彼の社会的ネットワークが彼の変化にどう反応しているかを判断させる助けとなる。それはファシリテーター・チームがラリーの社会的環境と利用できる資源についての知識を得る助けにもなる。もしもラリーの母親がアル中で，彼のすることや彼がどうなるかに無関心だとしても，チームはラリーの生活を変えようとする意欲にますます感心するだろう。チームがこの基準でラリーを評価するならば悪い答えなどはない。全ての答えは役に立つ。

L　彼女はもう違いに気づいていて，俺を自慢しているよ。
F1　お母さんがあなたを信じて支えてくれるなんてすばらしい！
L　そうなんだ。それは助かるんだが，毎日実行しなければならないのは俺だからね。
F2　成功し続けるには何をしなければなりませんか。

　　この質問はラリーが実行し続けるには何が必要か，すでに成功していることは

何かを彼に確認させる意図がある。

L　それなんだ。仕事が終わってバーの前を運転しながら通り過ぎるのはつらい。トラックがいっぱい停まっていて，俺の知っている奴らばかりなんでね。その時はおやじのことだけを考えて運転し続けるようにしてる。それが大事なんだ。

　ラリーはアルコールと薬物のカウンセラーに続けて会う必要があるとか，毎週金曜日の夕方教会の床掃除をして謙虚に過ごす必要があると言うこともできたはずだ。上の会話の重要な点は，ラリーが自分にとってうまくいくことがわかっていることである。つまり彼は自分自身の解決や治療計画を決めているのである。

F1　すると，運転しながら通り過ぎることと，お父さんのことを考えることはあなたにとってすごく大きいことですか。
L　そうなんだ。俺は何かをやろうと決断できるし，それをやりとおす男なんだ。何をすべきかはっきりさせさえすればいいんだ。
F2　その他にあなたをもっとやる気にさせるものがありますか。
L　(沈黙) 子どもたちを失うことだが，そんなことをするつもりはない。俺はあの子らをそんな目には会わせないよ。
F2　あなたが作り出したこの変化はあなた自身のためだけでなく，子どもたちのためでもあるけど，あなたは本気で取り組んでいますね。
L　そうだと思う。
F1　この話し合いは，グループでのゴールを作るのに役に立ちますか。

　この分野でラリーができることについて詳細をさらに拡げていくこともできたが，私たちはこの時点でグループにおける彼のゴールを確定する方向に転換した。なぜならラリーのゴールは薬物を断つことと密接につながっていることを私たちは経験上知っているからである。後半のグループ・セッションで，私たちはラリーに「どのようにアルコールに近づかないようにしているか」「どのように何を違ったやり方でやっているか」を認識させるつもりである。そうするとラリーは薬物を断つための自分の働きを肯定できる。

「気づき」

　グループ過程の終盤に薬物・アルコール使用の話題が再び浮上する。その場合，参加者はアルコールがゴールへの努力を妨げることに気づいていたり，アルコールが彼らにとって問題かどうかを見直していると話しあうこともある。彼らはしばしば「他の参加者の言葉に刺激されて，アルコールや薬物の使用が自分の生活にどれほど影響を与えているかを考えるようになったことに気づく」と言

う。私たちはこれを「気づき」とよぶ。こうした人々はうまくいくこといかないことを参加者に見直させ，それが変化への努力を強め，何か違うことを始めるためのすばらしい機会を提供する。

ジム（J）　なあ，今まで話したことはないが，酒と薬物をやめたんだよ。ひどいことになってたからね。4カ月前に刑務所入りしたときに薬物をやめたんだ。先月は酒を飲まなかった。先週は湖に行ったとき友達にからかわれたんだ。あいつらは俺が飲むかどうか試そうとして，ワイフでさえ飲めって勧めたんだ。友達は俺が飲んで大暴れするのを知ってるから，俺が本当におかしくなっちまったと思ってたんじゃないかな。

Ppt1　そうか。俺にはそんなことはとてもできないね。

J　ああ，このクラスの初回にあんたが言ったことをずっと考えてたんだ。……だがビールを一杯だけにして，子どもと水辺で遊んだ。

F1　それでうまくいきましたか。

J　そう思うよ。酔っぱらいもせず，大暴れもしなかったからね。俺はすごく変わったんだ。そして成長してる。俺の変りようは信じられないだろうな。

F2　あなたは大事なことがわかっている若者ですね。

J　そうだよ。もっと大人になって子どもに良い生活をさせたいね。

F1　これまでの変化についてあなたの妻はどう思ってますか。

J　湖では彼女はハラハラしてたが，その晩，家に帰ったときは喜んでてね。酒についてはまだ自信がないんだ。

F2　娘さんが思っていることを本当にあなたに言えたら，お酒についてあなたに何と言うでしょうか。

ジムの娘は9カ月である。

J　そんなものはやめちゃえと言うに決まってるよ。

F1　そのアドバイスはあなたにどれくらい大事ですか。

J　ものすごーく大事だね。彼女は俺の全てだから。

F2　あなたが正しい方向に進んでいることはどうやってわかりますか。

J　俺は正しい方向に向かっていることがわかるよ。大暴れする男になろうなんて思わない。もうそんなことは意味がないよ。もしビール2杯飲んでたら問題をおこしていただろうね。そもそも飲むこと自体がよくないんだろう。

F1　多分そこに娘さんが関係してくるんでしょうね。

J　そうだね。

物質乱用問題を扱うときには，短時間に区切って作業することが最も効果的だろう。ジムはコントロールしながら飲むことができるのか，それともそれはリス

クが大きすぎるのかという疑問に悩んでいた。彼は本来，酒飲みで，変わろうとし始めたばかりなのに，彼の娘の想像上のアドバイスは禁酒すべきだということである。彼は彼自身と娘と家族に対して重要な約束をし，さらにもっとすべきことは何かを見きわめようとしている。私たちは彼を追いつめないように注意して，それ以上尋ねなかった。結局，彼が選択しなければならないのだし，彼がもうここまで歩んできたことに私たちは深く感動している。

治療のストーリーと解決のストーリー

　物質乱用問題に前向きに取り組んでいる当事者の話を聞くと，彼らの問題解決の方法は独特である。こうした人々ははっきり二つのグループに分けられる。一つは問題には「治療」が要ると考えるグループで，もう一つは自分の行動を適応させることで対処できると考えるグループである。

　物質乱用を自分で対処できる問題と見なした人々と関わる場合には，彼らの「解決ストーリー」を理解することから始めなければならない。つまり彼らが何か違うことをしなければならないということをどう認識し始め，どうやってその違いを作り出したのかについて理解するのである。人々は解決を求める場合にそれぞれ独自の方法を使うことがわかった。ある人は非常に組織だった複雑な解決策を使い，別の人は単純で大ざっぱなルールを使って成功している。私たちは，彼らがどうやって解決するのかを本当に知りたいと思って尋ね，彼らの解決の構造を尊重する。

　つまり物質乱用の分野では，参加者が自分たちの社会的環境を考慮してなすべきことを判断するのを助けることが重要なのである。たとえば，アルコール問題を繰り返す人は例外なく自分が禁酒すべきだと言うが，それが彼らにとってどのように重要かを認識できないことが多い。「禁酒」の最初の理由は，問題状況と関係していることがよくある。つまり，「飲むと必ずトラブルにまきこまれる」とか「飲むと彼女に捨てられる」。しかし，もっと一般的な状況においても，禁酒が彼らにとって重要だと気づかせることは役に立つ。変化は将来の状況に関わり，問題は過去の状況に関わる傾向があると私たちは思う。そこから，物質乱用の中止や減少についても，それが将来にもたらす利益はなんだろうかと考え始める。そこで私たちは「禁酒したらどうよくなるか」と「この新生活の支援者は誰か」を尋ねる。支援者は通常，グループ参加者の子ども，配偶者，雇用者と彼ら

自身である。参加者の子どもたちが親の禁酒や薬物使用の減少の結果に気づくかという質問が，変化への強力な動機づけとなることがわかっている。このやりとりで参加者は自分たちが彼ら自身と他の人々に与えた損失に気づく。私たちはこのように過去を一時的に振り返ることは将来の変化への通過点として受け入れ，折りを見て彼らの将来のストーリーへと方向を向け直す。

アルコール／薬物治療ストーリーを作る参加者

　前に触れた通り，参加者のなかには，自分自身と問題と解決の三者を伝統的な枠組をとおして見る人がある。そうすると参加者はその枠組に沿った治療を受けなければならないことになる。参加者が自分の問題を異なった視点から見るだけでなく，解決をも同様に異なった見解から出てくるものとして見るという事実は非常に重要である。たとえば，参加者が飲酒を自分が支配される問題として見ると，並々ならぬ努力を必要とする解決を試みるかもしれない。時には，そのような参加者はうまくいくはずだという先入観から，極度の粘り強さで非解決的と見えるものにこだわり続ける。彼らは尊敬する人たちから特有な治療が必要だと言われているのかもしれない。成功しなければ努力が足りなかったとして自分を責めたり，他の人からの非難に過敏になることもあるかもしれない。その結果，効果のない方法でさらに努力するパターンに陥る。

　このような状況に出会ったら，参加者の問題説明とその解決努力に直接対決しないほうがよい。対決すると参加者は自分の問題説明と解決努力を強烈に守ろうとする。それよりは参加者が「解決ストーリー」を検討して再構築するのを助けるほうが生産的である。そのためには，ファシリテーターチームは参加者がうまく行っていることといないことを検討する機会を持てるようにたえず注意していなければならない。この検討の過程が進むにつれて参加者は「解決ストーリー」を修正できるようになる。

　参加者が採用している従来の枠組みのなかに治療条件が含まれている場合には，「解決ストーリー」は「治療ストーリー」や「解決／治療ストーリー」と言うほうが適切である。概して「リハビリ」とかAAミーティングのような既定の「治療ストーリー」に取り組む参加者は，この治療がどのように自分に役に立っているかまたは役に立つだろうかということを検討してこなかった。参加者がそれを検討することは非常に有効である。その結果，うまくいく「治療ストーリー」

だとわかればさらに努力するし，自分に不利益な治療ストーリーだとわかれば修正することができる。不思議なことに参加者は今，自分が採用している治療の有効性を見きわめることがほとんどできていない。しかし機会がありさえすれば，自分にとって何が有効であったかまた将来何が有効になるだろうかを見きわめる能力が参加者にはある。

　有効／無効を検討する機会が与えられれば，参加者は解決を探せるし，変化のための具体的計画を示す治療ストーリーを作ることができる。自分で治療計画を作ると，参加者は熱心に実行し，責任を負うことははっきりしている。ファシリテーターが自分の先入観でこの過程を妨げてはならない。

　私たちの経験では，ファシリテーターはアルコールと薬物治療に関して強い偏見を持つことが多い。参加者が自分自身に意味のある解決方法を計画するには，私たちが偏見を持ち込まないことが重要である。たとえば，参加者がサポート・グループに毎日2回参加しなければならないと言うとしたら，私たちはそれが多すぎるとか間違っているという素振りは見せず，そうすることがどう役に立つかを尋ねる。私たちは参加者は，その方法がどのようにうまくいくかを説明したり，有効な修正を探したりし始めるだろうと常に想定している。

　全ての変化過程の特徴は，参加者が問題に「支配される」のではなく彼らが解決の創造者であると理解する手助けをすることである。特にアルコールと薬物使用の分野の解決志向アプローチは参加者の問題説明と対決しない。対決すれば，参加者に彼らの行動をさらに防衛させるだけである。

薬物／アルコール問題を持つ参加者と働く時の注意事項

・アルコール／薬物問題の成功に耳を傾ける
・成功した治療ストーリーを詳しく話すよう促す
・解決ストーリーを詳しく話すよう促す
・アルコールと薬物関係の苦痛を敬意をもって聞き，機会があれば解決ストーリーのほうに方向転換させる
・あらゆる治療と解決の選択を尊重する
・アルコールと薬物問題に関する遊び心のある対話を作り出す
・アルコールと薬物治療について先入観を押しつけない

怒ったり攻撃したりする人々

　ほとんどの参加者は，裁判所の命令に従って「関係当局から逃げるために」グループを完了するつもりでプログラムを始める。私たちの役割は彼らが当面のゴールに到達するように助け，彼らが生活のなかで価値のある変化を続けながら，ゴールを拡大できるようにすることである。

　私たちはグループ内で過度に攻撃的な参加者を扱ったり，身体的暴力を経験したりすることはほとんどない。しかし参加者の大多数は怒っているし，時には攻撃的な言葉を使ったり敵意を示したりする人もいる。攻撃的な言葉は，アセスメント段階や最初の2・3回目のセッション中に使われることが普通である。最初の2・3回のセッションが終わると，怒ったり，攻撃したりすることはほとんど見られなくなる。それは多分，ほとんどの参加者はファシリテーターが彼らを尊重し，コントロールしようとせず，プログラムの経験が参加者に役立つように強く望んでいることを理解するからだろう。その上，参加者は自分でゴールを作り，それに向かって努力するので，グループに留まろうという気持ちになる。言い争ったり攻撃したりすれば自分の計画や有益なことのための時間が減ることになるので，自分たちの損失となる。有益な計画を立てたり，うまくいっていることを話したりすることは，グループに留まる必要条件である。後半のセッションでは，参加者は自分のゴールに取り組み，関係をよくすることに忙しいので，否定的行動の余地はなく抵抗は協力にとって代わる。

　怒りや攻撃的行動が起こる場合，参加者が直面している問題を解決するためにその時にできる最善の努力を払っていると，私たちは理解することにしている。これは攻撃的行動が受容されるとか問題解決に効果的だという意味ではない。そうではなく，私たちは「参加者は最善を尽くしているとファシリテーターが想定すると変化が生まれる」という認識に立っているのである。ファシリテーターが「この人は病気だ，意地が悪い，サディスティックだ，手に負えない，支配的だ」などという想定をし始めると，意味ある変化の可能性を認識しなかったり気づかなかったりする恐れがある。たとえば，グループ参加者が怒っていたり，傷ついたり，恐怖心を持っていても不思議ではない。彼らの立場からすれば，彼らの権利は「関係当局」によって取り上げられ，コントロールされ，審判され，誤解されているのだ。彼らは多額の裁判費用を支払わなければならないし，刑務所入り

していたかもしれない。仕事も家族も失ったかもしれない。参加者の多くは，地方判事，警察，裁判所が不当な扱いをしたと感じていて，ファシリテーターも同じように彼らを扱うだろうと思い込んでいる。さらに，ほとんどの参加者はグループに参加したことがなく，何が起こるかわからない状態である。未知との直面は強い不安を引き起こすことが多い。

　怒りがあれば，ファシリテーターだけでなく，その参加者にもまた他の参加者たちにも危険な状況が生まれる。そのために参加者を変化に向かって努力させると同時に，攻撃のリスクを減らすことが重要である。

　攻撃的になる恐れのある人と作業する場合に，留意すべき点がいくつかある。(1) 安全で予測可能な環境作り，(2) ファシリテーターの情緒的反応の観察，(3) 怒りの反応の緩和。

安全で予測可能な環境作り

　グループ過程に関わっている全ての人にとって，安全で予測可能な環境を作ることは，混乱を減少させ，望ましい結果を生みやすいという意味で特に重要である。安全な環境はファシリテーターの自信を強めるとともにそれが参加者の不安を減少させることにもつながる。ファシリテーターは仕事を達成するために必要なサポートを得ているという自信をもっていなければならない。一般的ルールとしては困難な状況が起こる前に，安全に関する十分な配慮がなされるべきである。そうすれば，ファシリテーターは参加者や当面の問題に注意を集中することができる。

　構造的見地からは，必要ならば，緊急の援助も含めた安全な物理的環境がファシリテーターのために準備されなければならない。つまりその環境は，合理的で快適であるだけでなく，投げたりぶつけたりできる不必要なものを取り除いておかなければならない。次の質問を念頭に面接室をチェックするとよい。「何が傷害のリスクを作り出したり減らしたりするのか」「参加者をコントロールできないとき，私はどうするだろうか」「誰が助けてくれるだろうか，私に助けが要るとどうやって他の人にわかるだろうか」。その部屋で同僚や友人とこの質問を考えてほしい。こうするとアイディアや選択肢が増える。一般的ルールとしては，ファシリテーターと他の参加者は必要なら逃げ出す出口を知っておくべきで，身の安全のために室内の配置を考えるべきである。彼らを誰が助けてくれるか，ど

のように助けを呼ぶかについてもはっきり知っておく必要がある。予約時間帯と他のスタッフがいる時間を知っていることは役に立つ。私たちのクリニックでは，声が大きくなると室外のスタッフが状況を観察し始め，対応できるように準備する。声の大きさや話の内容が心配なレベルに達すれば，そのスタッフが声をかけるとか，ドアをノックして「その行動を中止」させる。こうすることで，参加者に感情を鎮める時間を与え，落ち着きを取り戻させる。いかに，いつ，サポートするかという基本的取り決めは，安全な作業環境作りの重要な部分である。

　一人からあることを言われ，別の人から別のことを言われるほど参加者にとっていらだたしいことはない。したがって，インテイクとグループ過程は整理され，組織的で，合理的で，予測可能なものであることが必要不可欠な条件である。インテイクとアセスメント過程では参加者の不安と緊張が高まるので，これは特に重要である。最善のアプローチは，一人の人が全ての情報を提供してインテイク過程を完了させることである。私たちの経験では，この方法がコミュニケーションの行き違いを大幅に減らしている。

　アセスメントに先立って，またはその間に参加者に対して「グループはどんなものか」「彼らに何が期待されているか」「彼らは私たちに何を期待できるか」をできる限り完全に説明するために私たちはあらゆる機会を使う。明確で合理的な期待を設定し，できるだけ多くの選択肢を提供すると，参加者に安心感を与え，コントロールされるという感じを減らすことができる。私たちが問題よりも解決に焦点を絞ることがわかると，参加者は安心する。私たちは，参加者自身と彼らが何を達成したいかに関心があって，コントロールすることには関心がないと伝える。私たちは，彼らが自分の何が好きか，他の人は彼らの何が好きかについて情報を引き出す。「ゴール過程は難しい作業を含むかもしれないが，私たちは彼らがグループを成功裡に完了するためにあらゆる援助を惜しまない」「グループ過程について質問があれば何でも尋ねてほしい」と話す。

　インテイクとその後の第1回のグループセッションで，グループ内で許容されるものとされないものの明確な指標を設定するためにプログラムのルールを見直す。第2のルールは「いかなる暴力も受け入れられない。いかなる暴力の行使もプログラム参加の終結となる」と明確に述べている。私たちは最初から参加者に許容されるものとされないものを知らせる。グループ内外の暴力は受容も許容もされない。

ファシリテーターの情緒的反応の観察

　安全で予測可能な環境を作り，それなりの予想をしていれば，攻撃の可能性をある程度減らすことができるが，それでも参加者によっては，怒りをもって参加するので，ファシリテーターは有効な方法で対応することが非常に重要である。効果的に働くためには，ファシリテーターは冷静かつ明確に役割を理解していなければならない。ファシリテーターが役割を明確に理解していれば，平静な態度を示すことができるし，平静さは明確さにつながり，この二点が緊張状況を緩和する役割を果たす。明確さとは，参加者がすべきことについてではなく，ファシリテーターの役割について求められるものである。ファシリテーターは自分の役割には「矯正する，直す，対決する，コントロールする，教育する」ことは含まれないのだとはっきり理解していなければならない。限界が設定され，期待についての合意が得られたら，ファシリテーターの役割は何がうまくいくかを参加者が探す助けを提供することである。このなかには，参加者の怒りが彼らのためになっているのか，その逆なのか，彼らが本当にしたいことを達成させる妨げになっているのかなどを査定することも含まれる。

　私たちの考えでは，怒りを扱うことと「ドメスティックバイオレンスを治療すること」とは違う。プログラムのために必要ならば，参加者の怒りを直接取り上げることもある。さまざまな面から考えて，怒りはその参加者が人と協力する際の障壁になる。もっと重要なゴールへ進む前にこの障壁をなんとかしなければならない参加者もいるので，その場合には障壁を取り除く援助をする。

怒りの反応の緩和

　参加者が怒っている場合，こう尋ねるとよい。「このことを直接的か間接的に取り上げましょうか，それともそうしないほうがいいでしょうか」。怒りの言葉は注意を引きやすいので，ファシリテーターはそれと同等の力でこの問題に対処することが必要だと思い込みがちである。しかし，それよりもかなり控えめで，しかも十分な敬意を示すことが有効な対応なのである。そうすれば，参加者はまるで空気を打ち返すような無抵抗な感じを経験させられる。これが参加者に行動を見直させるきっかけとなる。たいていの参加者はファシリテーターのこうした反応に出会うと，すぐに平静になり他の問題に再び注目する。怒りを持ち続ける

参加者に対してはごく控えめに平静な態度で対応することが有効である。こうすると参加者は無反応に対応することになるので，もう一度何か違うことをせざるをえなくなる。こうした状況がグループ内で起こると，グループのメンバーは参加者にもっと生産的な方向に進むように促すことがある。グループ参加者は直接言葉で提案をしたり，怒りを無視して他の問題に移ることもある。この過程では，怒りを持つ人に平静になるようにと言ったり，議論したりしないことが重要である。というのは参加者はこのような反応を侮辱と取ることが多いからである。概して参加者は平静を取り戻し，近い将来の計画を作ることができる。

　参加者が「作業に戻る」準備ができているかどうかを確かめられない場合には，直接尋ねるか，重要な作業があることを知らせる必要がある。グループ内では，次のような質問が使われる。「あなたのゴールのために何をするかを考える良い時ではありませんか」「あなたのゴールは何ですか」「あなたのゴールに関してあなたがした作業は何ですか」。時にはその同じ質問を別のグループ参加者に尋ねると焦点が移るので効果的である。

　最も難しい状況は，一人の参加者が怒りをファシリテーターの一人に向ける場合である。たとえば，ある参加者が侮辱されたと誤解したとする。こうした状況では，怒りの的にされていないファシリテーターが状況を緩和するための主導権を取ることが効果的であると考える。その場合，まず参加者の見解を理解する助けになる質問をし，次に彼にとって満足のいく状況を彼自身に決定してもらうように転換していく。この過程の初期には，怒りを向けられたファシリテーターはほとんど発言しない。私たちの経験からすると相手の感情が治まるまでそのファシリテーターが何もしないことが望ましい。

　会話の速度をゆるめ，一人ひとりが話の内容についてはっきりと考える時間を取ることが有効である。敵意を持つ参加者が質問する場合，私たちは十分考えて答えたいと約束する。怒った参加者がある程度落ち着きを取り戻すと，彼らは何らかの弁解をして面目を保とうとする。そのような場合には，グループとファシリテーターに自分が不愉快にさせたと謝る参加者も多い。彼らは誤解から過剰に反応したことに気づくこともある。私たちはまず私たちとの関係についての彼らの新しい理解に耳を傾け，次に違いを作るための近い将来の計画に焦点をしぼる。

　次は，ある参加者がグループに留まってはいるものの不満を持っていて，最初はグループを否定的に利用しようとした例である。次の記録にはこのような難しい状況に非専門家的立場から冷静に対応するヒントがある。

ティムはアセスメント面接中に敵意を示し，暴言を吐き，罵ったり怒鳴ったりしていた。彼は判事と地方検事に腹を立てていた。彼の言い分では裁判所の言うようなことはしていないし，自衛のために行動しただけだということだった。面接中ずっと彼は大声で攻撃的な言葉を吐き続けたので，アセスメント面接を完了して必要な情報を入手することはできそうになかった。

　ファシリテーターはティムに反論せず，違反行為について質問せず，真実を話しているかどうかも問わなかった。ファシリテーターは平静な態度を保ち，おだやかにアセスメント面接に関係のある質問をした。ティムがグループに参加する気はないとどなった時に，ファシリテーターはその代わりにどうするつもりかと静かに尋ねた。ファシリテーターは対決せず，防衛的にもならず，ティムには選択の余地がないことも言わずに彼はどうするつもりかと尋ねた。このようなやり方で対応されると，ティムはしばらくだまって答える間を取ってから，結局グループに参加することに決めた。彼は相変わらず攻撃的な話し方をしながらも，グループに参加するために必要な全ての筆記課題をしぶしぶ完了させた。

　最初のグループセッション中，ティムは無言でグループのメンバーに向き合おうともしなかった。2回目のセッションでは，ティムはグループのほうを向き，話を聞いている様子で，2，3回コメントさえするほどになっていたが，まだゴールを作ることはできなかった。3回目のセッションの終わりになってもティムはまだゴールができていなかったので，ファシリテーターはグループ終了後，時間を制限して特別に面接し，彼がこれからの作業を考える手助けをした。ティムはしばらくぶつぶつ言っていたが，職場の人間関係を改善するというゴールを作ることができた。それは同僚をほめるという実験だった。

　次のセッション中に，ティムはゴールに関する努力について話し続けたので，ファシリテーターは彼自身の努力に的を絞って話すよう促した。

F1　それでティム，あなたのゴールは何だと言いましたかね。
ティム（T）　俺のゴールは仕事場のやつらをほめることだった。でも，すべてをめちゃくちゃにした。しまいには自分もひどいことになってしまった。だから「お前らはくそ野郎だ。俺がほめてやったのに，そのお返しがおまえらの分まで俺が働くことだった」って言ってやった。それで俺たちはそのことを話し合った。俺はこう言ったよ。「俺はお前らに良くしてやれるけど，つらくあたることもできるんだ。俺は良くしてやりたいが，もしお前らが望むなら本当にひどくすることもできるんだぞ。お前ら次第だ」。それで先週はあいつらはがんばって，今週はとうとう

全部やってのけたんだ。で，こう言ったんだ。「なあ，今日は仕事に来るのが嬉しい。皆，ありがとうよ」

F1　今週は彼らは自分の分担の仕事を全部片付けたんですね。

> ティムの怒りと攻撃的な言葉に巻き込まれても無理はないところだが，ファシリテーターは彼のゴールが有効かどうかに焦点をあて続けた。

T　そうだよ。

F1　あなたは彼らをそのことでほめたっていうことなんですね。

T　最初は文句を言ったんだ。「なあ，俺がお前らをほめたら，見事に平手打ちをくらった。俺は自分の仕事をしながら，お前らの仕事もするのは大変なんだ」。あいつらはそれを聞いて考えたんで，俺はこう言った。「あんたらも俺みたいに二倍働きたいか」

F2　それをどうやって考えつきましたか。状況が変わったようですが。

> ファシリテーターは敵意を無視しながら，より良いことに焦点を絞り続けている。

T　いいや。あいつらは今でも同じだ。あいつらは今でも俺をくそ野郎だと思っている。

F1　それじゃあ，ほめることですが，役に立ちましたか。状況が悪くなったようですが。

> ファシリテーターはティムのゴールに焦点を絞りながら，その努力が有効かどうかをティムに考えさせようとしている。

T　最初はそうだった。それでもっと小さいほめ言葉にしたんだ。「今日はタバコを吸う仕事をよくがんばったなあ」（皮肉たっぷりに）とか，「今日は本当によく働いてくれた」とか。働きかたの違いがわかるようになったら，こう言うことにしたんだ。「わあ，本当によくやってくれた。どうもありがとう」ってね。

F1　それがうまくいきますか。

> ファシリテーターはまた，皮肉には注意を払わず，これが彼にとって良いゴールかどうかに注目し続けている。

T　そうだね。

F1　そうですか。

F2　どうやってそうだと言えますか。それは彼らのためになっていますか。それともあなたのため？　どう思います？

> ファシリテーターは彼のほめ言葉は有効かどうかを見きわめさせる。彼らはティムの見方に心から興味を持っているのだ。

T　あいつらはあいつらの仕事をするんだから，俺が代わりにしてやる必要はないんだ。

F1　それじゃあ，もっと小さいほめ言葉にしなければってどうやって考え出したんですか。

　　これはティムの工夫に対する遠回しのコンプリメントである。

T　あいつらの一人か二人は理解力のないあほうなんだ。若いときに十分にほめてもらってないと思うね。

F1　それで大きいほめ言葉でなく彼らの仕事ぶりに対してもっと小さな言葉にする必要があることをどうやって考えついたんですか。

T　ほめてやったときに平手打ちをくらったからね。

F1　そうでしたね。でも私ならほめることを全部止めてしまったでしょう。

　　ファシリテーターは再び，ティムが難しいことを実行している点と行動を調整する必要に気づいた点にコンプリメントしている。

T　いやいや。結構なんかじゃない。こんな一杯のクソ仕事に対処しなくちゃいけないんだ。かわりにやるかい？　俺は他のやつらよりも1時間も早く来て，用意するんだ。あんたが代りに来て，用意するかい？　結構だね，ここに来てバラして片付けるかい？

F2　あなたが前より小さいほめ言葉にしてから，職場の状態はよくなっていますか。

　　犬が骨を離さないように，ファシリテーターは敵意には取り合わずゴールから話をそらさない。

T　クリントは今日，クビになったか人員整理された。

F2　あなたは職場の人にかなりきつく当たりながらも一方ではほめてもいるんですね。

　　このコンプリメントによって，ティムのきついやり方に触れながらも，一方では彼の努力を評価している。

T　あいつらが自分たちの仕事をちゃんとやりさえすれば，俺は文句はないんだ。しかし他の人間の仕事まで抱えたくないよね。仕事がちゃんとできていないと，ボスは俺のせいにするんだ。（下品なジェスチャーをして）午前11時から午後5時までが俺の責任なんだ。

F2　そうですね。だからあなたの責任になるんですね。

　　ファシリテーターはティムに同意し，再びティムの仕事への責任感にコンプリメントする。

T　そうだよ。

F2 そして、彼らにも自分たちの仕事を責任をもってさせたいんですね。

  これはティムがよい上司として彼のスタッフに仕事をさせようとしていることに対するもう一つのコンプリメントである。

T そう、あいつらは仕事に責任があるんだ。前はできていなかったが、今は仕事をちゃんとやってる。

F2 あなたはこのほめ言葉をほかでも使ってますか。娘さんに対して、娘さんがいますよね。彼女に使っていますか。それとも主に職場でですか。

  ファシリテーターはティムに生活のなかでもゴールを拡大させようとしてその方法を探している。ティムは娘に対してコンプリメントしていることを話したので、ファシリテーターは彼の12歳の娘が責任感が強いのは、ティムが親として適切なことをしてきたからだと推測した。

F1 そこでこのほめ言葉の件ですが、これはあなたにとって本当に良いゴールでしょうか。

T ああ、いいゴールだね。

F2 今の時点でもっと何か他のことをやってみたいと思いますか。

T 俺の個人的生活はうまくいってるし、娘と仲良くしようと努力しているので、人間関係も仕事も前よりとてもうまくいってるよ。

F2 それじゃあ、このゴールは実行できますか。

ティムの敵意、怒り、攻撃的な言葉に焦点をあてる機会は何度もあるが、ファシリテーターは彼のゴールに注目し続ける。そのためには横道にそれようとするあらゆる誘惑を無視し、彼の怒りは避けてとおり、彼にコンプリメントする機会を探し、彼の生活が改善されていることを指摘する。この逐語録は、攻撃的な参加者に対応する場合に、二人のファシリテーターがチームを組んで働くことがいかに効果的かを示している。このような参加者は特に対応が難しいので、協力して働くことによってファシリテーターが軌道からそれないという利点もある。

6回目のセッションでティムは「部下がチームとして働くようになった」「くすぐったいようなほめ言葉を俺に向かって言う」と報告した。彼によればコンプリメントは受けるよりも与えるほうが容易だということだ。最終グループでファシリテーターはティムにゴールは彼にとってどれほど役に立つかを尋ねると、彼は1から10のスケールで7ぐらいだと答えている。開始時にゴールがどれほど役に立つと思ったかを尋ねられて彼は1ぐらいだと答えている。

ファシリテーターが攻撃的なグループ参加者に脅威を感じ、気持ちを集中でき

ないことは自然なことだし，特にファシリテーターに怒りを持つ参加者との作業の場合はそうなりやすい。グループの他のメンバーが私たちの状況処理を見守っている場合，私たちは何とかしなければと焦りがちになる。そうした状態で平静さを保ちながら集中し続けることは容易ではない。

　私たちが解決に焦点をあてると，参加者は気が楽になり，その結果怒りが治まってくる。ファシリテーターの一人がセッションを欠席しなければならない場合は，最初の3回のセッションはそれを避けることを勧める。というのは，攻撃的行動が起こるとすればこの期間が多いからである。私たちの結果調査によれば，このプログラムは最初，敵意を持ったり防衛的だったりした参加者（反社会性パーソナリティ障害と診断された人）にとっても，始めから協力的だった人々と同じほど効果がある。プログラムを最も高く評価する参加者は，インテイク中はプログラムを信用せず，防衛的で腹を立てていた人々なのだ。

　明確で合理的なルールを設定し，平静さを保ち，攻撃的行動を刺激せず，ファシリテーターにとってではなく参加者にとって望ましいゴールを目指せば，アクティングアウトをほとんど全て排除することができる。参加者がゴールに向かって作業し始め，普通3〜4セッションまでに彼らの生活が好転し始める頃には，否定的またはけんか腰の行動はほとんど見られなくなる。それどころか参加者同志がゴールに関する進歩をお互いに熱心にコンプリメントし協力しあう状況が生まれる。

怒ったり攻撃したりする人々と働く時の注意事項

- 平静さを保ち，敬意を持って聴く
- 可能な限り選択肢を提供する
- もう一人のファシリテーターとチームを組んで働く
- 攻撃性を刺激しない
- 審判しない
- 力の争いに巻きこまれない

精神障害と診断された人々

　私たちの機関は裁判所命令を受けたドメスティック・バイオレンス加害者と共に働くこの郡の唯一のものである。それは，幅広い層の人々と仕事をすることを意味する。機関の手続きの一部として全てのインテイクの際に私たちは精神障害の診断・統計マニュアル（DSM-Ⅳ）による診断を行う。来所する人の多数がⅠ軸かⅡ軸の診断がつく。1996年10月から2002年1月までに私たちのプログラムに登録された参加者のなかで，18.8％はⅠ軸と診断され，そのなかには，大うつ病，統合失調感情障害，心的外傷後ストレス障害（PTSD），注意欠如多動性障害（ADHD），適応障害，間欠性爆発性障害，衝動制御の障害が含まれる。参加者の25.5％は反社会性パーソナリティ障害，自己愛性パーソナリティ障害，強迫性パーソナリティ障害，依存性パーソナリティ障害などの病歴を持っている。

　解決志向アプローチでは，アセスメントや治療過程中に精神障害や精神疾患に焦点を合わせることは有益ではないと考える。伝統的な診断的アプローチは問題分類と個人の限界と欠陥に注目する。ファシリテーターが，参加者の人となりとその人の能力を含めた現実よりも，診断に基づいてラベルづけをすると，問題のある現実を意図せずに維持することになる。反社会的人格とラベルづけされた人が必ずしも生活のあらゆる面で反社会的ではないことを認識するほうが有益である。うつ的な人がいつもうつ状態にあるわけではなく，うつが軽い状態を経験する時が必ずある。衝動制御の障害をもつ人が不適切な衝動をコントロールできる経験をすることも稀ではない。統合失調症と診断された人は，その表出の仕方と症状の説明が独特である。この診断をもつ人の多数は普通に社会生活をおくっているが，事実上社会的機能を失っている人もいる。私たちの役割は障害の程度には関わりなく誰に対しても同じである。つまり，私たちは参加者がゴールを達成するために自分の資源を活用することを助ける。診断は本人の能力を極度に限定された視点から見るだけのものである。

　ファシリテーターはラベルづけに影響されて診断を重視すると，全人的可能性を見過ごすおそれがある。さらには精神障害というラベルは，参加者が自分の長所と資源に気づく力を限定する可能性がある。特に人が自分自身を診断名の症状にあてはめて見始める時にその恐れがある。そうした状況では人はできることとできないこととを診断に基づいて述べるようになる。

私たちの経験からすると，大部分の人は精神医学的診断を求めているわけではない。彼らは自分が望む生き方を妨げる感情，行動，経験の治療への援助を求めているのである。私たちは自分の能力を妨げる症状に苦しむ人を援助することは価値がある仕事だと信じている。それができれば，彼らは精神医学的評価や投薬を積極的に求めることができるようになる。私たちは精神医学的症状があると明言する人には，どうやって症状に対処しているか，有効な対処法とそれを続ける重要性について尋ねる。服薬も含めてさまざまな方策が語られる。このような会話はグループ過程で起こることは珍しく，グループセッションの後でファシリテーターと個人的に話すとか，セッションの合間の電話で話されることが多い。参加者は彼らがしていることに承認や保証を求める傾向がある。このことから個人の努力と継続的自己管理にコンプリメントすることが重要だとわかる。社会から孤立したり，他人と付きあいにくい人にコンプリメントすると，自信を与えグループ参加を促すのに効果的である。

　一般の意見とは反対に，精神障害の診断を受けた人が一般人よりもドメスティック・バイオレンスに関わりやすいということはない。私たちのプログラムにおける再犯率からは，精神障害をもつ参加者の方がそうでない人よりも再犯する可能性が高いとは言えない。結果調査によれば，精神障害の診断は有効なゴール作りやゴール達成の能力の予測とは結びつかない。ブリーフ・ファミリー・セラピー・センター（BFTC）で実施された調査は上と同様に，成功したケースは診断名とは関係がないことを表している。（DeJong & Berg, 2002）。

調整する

　診断とラベルづけが生産的でないとしても「グループ過程中に精神症状を呈する人にどのように対応できるだろうか」という疑問が残る。その答えは参加者一人ひとりと同様に複雑だが，グループに留まるという意味では単純である。言い換えれば，参加者の独自の見方を完全に尊重するという意味で複雑だが，一方で全ての人はグループの期待に応える責任があるという意味では単純である。この場合，ファシリテーターに求められるものは参加者の限界に関するあらゆる想定を保留し，彼らに成功するために必要なことを実行する能力があると期待し続けることである。単純さと複雑さの調整は参加者の表面上の姿を尊重することから生まれる。

精神障害と言われる参加者はファシリテーターの「人を尊重して対応する能力」を試すこともある。たとえば，数年前，インスー・キム・バーグは，私たちのクリニックで一人の女性と会ったが，その人は，死亡した叔父の言葉による不当な要求に苦しめられたと話した。彼女は何人もの精神科医を受診し各種の投薬を受けたが，ほとんど効果がなかった。インスーは彼女と叔父の現在の関係を話しあうなかでインスーがその叔父と話せるかと丁寧に尋ねた。彼女はそれを断わったがインスーからのメッセージを伝えることはできると答えた。これでインスーには彼女と協力して作業する機会ができた。インスー・キム・バーグはこの女性の世界観に沿ったコミュニケーションをし，彼女が求める変化を尊重した。このような人はファシリテーターに自分独特の表現を尊重するとともに，変化への活動もさせてほしいという課題をつきつけるものである。

　グループの期間中，私たちのアプローチはほとんど同じである。つまり，独特の表現を受け入れ，グループ参加者の期待に焦点を絞り，ゴール形成とゴール作業からそれないようにすることである。質問の速度と形を調整する必要が生じることもある。たとえば，ある参加者は質問の速度をゆるめたり，具体的でより単純な質問を求めたりする。速度をゆるめることには，ファシリテーターの話し方や質問の全体的流れも含まれる。速度をゆるめることに付随して，参加者にこれまでの話の内容と合意されたことについての理解を繰り返してもらうことが役に立つことがある。これによってその人のプログラムを利用する能力と，有意義な調整の仕方を知ることができる。

　考えをまとめたり注意を集中しにくい人にとっては，複雑でなくはっきりしたゴールが取り組みやすいようだ。そのようなゴールは覚えやすく，日常的に実行しやすいものが多い。また，考えをまとめにくい参加者が成功しやすいゴールでもある。比較的小さくて限定されたゴールだと，参加者が他の考えに気を取られそうになってもファシリテーターが彼らをゴールに引き戻しやすい。具体的なゴールにするとグループの進歩につれて参加者がゴールを拡大しやすい。このようにして，ファシリテーターは，参加者の複雑さの処理能力にあわせてゴール拡大の速さを調節することができる。かなり深刻な思考障害のある人に対しては，ゴール作業を基本的なものに限定し，ゴールが利益になることと成功したらどうなるかをわかってもらうことが有効である。彼らは自分の考えを整理しようと苦労しているので，単純なゴールに向けて作業することの価値をすぐに認める。「大きい」ことではなく「小さい」ことをする利益を参加者が評価できるような質問

をすると役に立つ。

　混乱した思考や平板な情緒反応を示す参加者に対しては特にコンプリメントと注目が重要である。このような人たちは社交的スキルを欠いていることも多く，グループのなかで影が薄くなりがちである。思考の欠陥が社会的欠陥や引きこもりと解釈されやすい。その人に注目し，参加させ，彼のアイディアと努力を尊重することは，その人のためばかりでなくグループが全ての参加者の努力を認め尊重することに役立つ。

芝居がかった表現

　めったに起こらないが，参加者が全グループとファシリテーターの注意を引かずにはおかない芝居がかった振る舞いをすることがある。このような人は，広い意味でのパーソナリティ障害と診断されていることが多い。私たちのアプローチでは，すぐに反応せず平静に根気強く対応し，明確な限界を設定し，思いやりのある雰囲気を示すようにする。ファシリテーターは目前の振る舞いに細心の注意を払いつつも，グループの基本的課題に立ち返ることが重要である。

　芝居がかった振る舞いをする人は自分に特に注意を払ってほしいと言っているのである。極端な場合には自分のニーズはグループとファシリテーターの全部を合わせたものよりも大事だと言っているのだ。これについて議論することは馬鹿げているので，その人が注意を求めていることを受け入れる方がずっと有効である。私たちのゴールはその振る舞いを弱めるような思いやりのある受容的方法で，その参加者から協力的反応を引き出すことである。

　こうしながら，状況を拡大させない方策を考えることが多い。その参加者に，自分の気持ちのガス抜きができるような質問をしたり，自分の考え方を話せるような質問をすることもよい。このことは，彼に対してどんな対応をすれば役立つかを知る手がかりになる。ファシリテーターはこのような参加者に注意深く耳を傾け，彼らが理解されていることを知らせなければならない。彼らから情報を得ることは重要だが，どうしてそういう行動をしたのかという長話に引きずり込まれないように注意する。できるだけ早く「今，私たちは何ができますか」と話題を転換することが大切だ。ファシリテーターは，こうした人々が必要なことを探す助けをする一方で，徐々にグループ課題に焦点を戻さなければならない。状況によっては，参加者に単純に何が役に立つかを尋ねたり，進め方について具体的

選択肢を提供することも役に立つ。

　私たちの経験では「芝居がかった振る舞い」をする人に効果的に対応するには，新しい特殊なスキルは必要ではないが，対決とストレスに有効なスキルを適用しなければならない。サムは奇妙で威圧的な行動をする参加者だった。彼のDSM-Ⅳによる診断名は脳器質性障害と反社会性パーソナリティ障害であった。サムは席につくと一人のグループ参加者かファシリテーターを一言も発しないで5分間以上見つめ続けることを何度か繰り返した。私たちはその行動に反応しなかったので，サムはそのうちにやめた。第3回目のセッション中に，サムは一人のファシリテーターに敵意をもって関わり始めた。彼はグループについての不満を述べ，攻撃的な態度でそのファシリテーターの能力に疑問を投げかけた。彼の行動は度を越したひどいものだったので，過去の異常な行動から考えてグループ全体が緊張してしまった。サムが注意を向けたファシリテーターは沈黙し，同僚のファシリテーターが質問をしてサムの注意をそらし，何に怒っているかをわかろうとした。ゆっくりと質問してサムが気にしていることを話せるようにした。サムは気がかりについて話し，彼が怒りを向けたファシリテーターを攻撃して巻き込もうとした。こうしたサムの感情的な言葉には一切触れずに，サムがしたいことを尋ねる次のような質問に徐々に注意が向けられた。「グループを続けたいのか」，もしそうなら「ゴールを作りそれに向かって努力するつもりがあるのか」。この過程でサムは冷静さを取り戻し，グループ過程に適切に参加することができた。

　次のセッションで，サムはファシリテーターとグループを不愉快にさせたとしたら悪かったと謝った。彼は誰も傷つけるつもりはないと言ってグループを安心させた。彼は武道を習い始めていて，敵をにらみつけるのはそのテクニックだと説明した。彼は，重篤な頭部損傷のため頭のなかに金属板が入っているが，それにもかかわらず武道を続けていた。残りのセッションの間中，もう二度とにらみつけることはしなかった。上のようなグループ過程によってサムは自分の行動を見直し修正して，グループの効果を利用することができるようになった。

　次のセッションにサムは，きちんとした服装で，ひげをそり，スポーツマンらしい新しい髪型で現れた。彼は極度に孤立した生活を送っており，社会的接触はごく稀だった。彼は自分が他人との関係を避け，人を信用していなかったことに気づいた。彼はこれは自分にとって良いことではないと感じていた。サムは自分の生活を改善するために努力することにした。その結果，彼は不安になるような

状況下でもリラックスする方法を学ぶことと，他の人を助けることをゴールとした。彼はセッションとセッションの間にこのゴールに向かって努力するだけでなく，グループに参加している間にもくつろげる会話に加わろうとした。彼は人々と関わったり助けたりしながらこのゴールに向かって努力し，そのすばらしい実例を話してくれるようになった。

　もう一人の参加者スティーブンは 30 年ほど前から精神科に通っていた。彼の診断は多様なもので，統合失調感情障害，精神病症状を伴う大うつ病，全般性不安障害などがあり，数回の入院経験中，抗精神病薬の投与を受けていた。このような病歴にもかかわらず，彼は長期の，しかも成功した職歴を持っていた。グループ期間中の彼のゴールは「気持ちが動揺したときに罵り以外の言葉を使うこと」「アートプロジェクトに関わることで気持ちを変えること」，この二つがうまくいかないときには「母親の家を訪ねること」だった。

　スティーブンはグループの助けになるやり方で参加者と関わることができたし，精神科に通いながら，ゴールに熱心に取り組み，生活の安定を維持していた。最後に提出した宿題のなかで，スティーブンはグループは彼にとって非常に良い学習経験であり，グループは宗教的な諺，「天は自ら助くる者を助く」そのものであったと述べた。彼はさらに自分がドメスティック・バイオレンスを終わらせる全社会的努力の一部であったことを誇りに思うと書いている。

　グループ参加者のなかに異常な振る舞いをする人がいる場合，他の参加者はその人を受け入れ支持することに私たちは気がついた。私たちはこれまで，村八分的，あるいは拒否的態度を一度も目撃したことがない。参加者はお互いにグループを完了して成功したいと願っているように思われる。

精神障害と診断された人々と働く場合の注意事項

- 人は一人ひとりがユニークであると認識する
- グループ参加者の能力と長所を探す
- どんな変化が起こるかに注目する
- チームとして働く
- 必要なら速度を落とす
- ゴール作業に全参加者が責任をもって関わるよう助ける
- 変化と参加にコンプリメントし，注目する

- 小さな具体的ゴールを作ることを考える
- 参加者がゴールの具体的詳細部分に注意を集中するよう助ける
- グループ参加者を診断名でラベルづけしない
- 不適切な行動に注意を払わない
- 参加者が有意義な変化を起こすことができないとあきらめたり想定したりしない

多様な民族・人種的背景を持つ人々(マイノリティ出身の参加者)

多様な背景（マイノリティ出身）の参加者と働く場合の最も重要な臨床的課題の一つは、彼らにとって意味のある治療を受けられるようにすることである。多くの文化においては、ドメスティック・バイオレンスを「外部」の専門家に開示することは家族の名を汚して面目を失わせることである。特に男性優位、集団主義、義務を重んじる文化においてはそうである。マイノリティの参加者に援助を求めにくくさせているその他の潜在的要素はそれだけに限られてはいないが、違和感、サービス制度への不慣れ、サービス制度への不信感、誤解への恐れ、援助の探し方と問題解決の方法が多様であるという文化的障壁、言葉の壁などがある。こうした要素から考えて、参加者が初期の脱落を避け、有効な治療的関係を作るためには、ファシリテーターが参加者と十分に連携することが最大の重要事項である。

多様な背景を持つ参加者（マイノリティ）と関わること

援助を探す参加者のジレンマを理解する

マイノリティの参加者のなかには、家族の名前を汚すとか、面目を失うなどの強い恐れを持つ人がいるので、秘密保持の問題についてはグループの初期にはっきりとあいまいでなく話し合うことが必要である。さらに治療を受けることのジレンマを理解し、罪とか恥の感情を取り除くことが大切である（Sue & Sue, 1990）。ドメスティック・バイオレンス加害者にジレンマについて話す機会を与えることは彼らのアンビバレントな感情をもっともなものと認め、他方では問題

と解決について文化的に埋め込まれた参加者の見方に関してファシリテーターを教育する機会となる。とはいえ，このアプローチはファシリテーターが問題や否定的感情を扱う訓練をすることが変化を起こす役に立つとは見ていない。もっと有効なことは，参加者が持っている動機づけの要素が何であれ，それを承認し，強めるような治療的対話をすることである。

動機づけを強化する

参加者の動機づけを承認し，強めるために，彼らの文化的背景のなかで実行可能で意味があって，その参加者に関わりのあるゴール作りを助けることが重要である。外から強要されたゴールは参加者によって消極的または積極的な抵抗を受けて壊される可能性がある。参加者は治療過程に活発に関わり，治療のゴールを決め，変化の過程の責任をとる方が，変化しようと頑張るに違いない。

文化によって異なる参加者のコミュニケーション様式を理解する

社会文化的背景の異なる人々は相互作用とコミュニケーションのやり方に関してそれぞれの「安全地帯」をもっているだろうから，ファシリテーターは参加者の言語的・非言語的コミュニケーションの特徴を観察し，尊重すべきである。たとえば，マイノリティのなかには，感情表出を控えたり避けたりする人もいる。その場合には彼らが無理なく打ち解ける時間とゆとりがもてるように配慮する。直接的アイコンタクトがないことを回避とか不安の症状と誤解してはいけない。むしろそれは尊敬の表れであるかもしれない（Chung, 1992）。無言や控えめな行動は必ずしも援助への抵抗とか拒否ではない。もっと打ち解ける時間が要るだけのことかもしれない。

治療の構造を知らせる

マイノリティの参加者の多くは治療を受けた経験がない。専門的援助への不安を少なくするために，ファシリテーターはグループ治療プログラムの構造をはっきり説明することが重要となる。またファシリテーターから彼らにわからないことがあるかどうかを尋ねるべきである。

マイノリティ同志のペアを作る

マイノリティの参加者がグループで孤立したり違和感を感じたりすることはよ

くあることで,治療過程には不利益となる。グループに同様な参加者を加えると,孤立感が弱まりグループとの連帯感が増す。

コミュニケーションの明確化のためにフィードバックを求める

文化・言語の違いや障壁のために,人は特定の文章を他の人とは違って理解したり,使ったり,解釈したりすることがある。たとえば「はい」が別の人の言ったことを肯定する言語上の指標であるかもしれない。一方でそれは肯定の意図はなくて「聞きました」との意味かもしれない。疑いがある場合は両方を比較したり質問したりすることによって,進行中のコミュニケーションを明確にすることが重要である。たとえば次のように尋ねる。「それがあなたの言う意味ですか」あるいは「今私たちが話し合ったことについて何か質問がありますか」

通訳者の活用

言葉が不自由なマイノリティや聴覚障害の参加者には通訳のサービスが必要かもしれない。通訳者がはいると参加者・ファシリテーター・通訳者の「三角関係」になるので,「コミュニケーションの型」と「役割に関する境界問題」がでてくる。通訳サービスを使うファシリテーターは効果的コミュニケーションと明確な境界設定のためのガイドラインに注意する必要がある。

- 守秘義務とサービスの質を高めるために専門的通訳者を使う
- グループの前に短時間会い,通訳者の役割と境界を明確に伝え,こちらの期待を説明し,質問に答える
- ファシリテーターと参加者の直接的コミュニケーションを確かにするために通訳者は一人称を使う
- 通訳時には次のような技術的問題に注意する。
    (1) たびたび間を取ってゆっくりはっきり話す
    (2) 単純な言葉を使う
    (3) 不要な専門用語を避ける
    (4) 疑いがある時には明確にする質問をする

解決志向アプローチは,グループメンバーの率直なコミュニケーションを目指すとともに,ドメスティック・バイオレンス加害者への治療過程自体を通してマイノリティのもつ問題に取り組む。このアプローチは治療過程において参加者の

解決の文化的構造・長所・資源を尊重し活用するので，文化的多様性という難問の解決にも対応している。

文化によって異なる「問題と解決についての見解」を尊重する

解決志向アプローチは解決を各参加者にとって個人的で意味のある活動と見る。従って，マイノリティのドメスティック・バイオレンス加害者との作業に際して，私たちは彼らの問題を客観的に分類・解決するに足る専門知識を持つ必要があるとは思わない。私たちが目指すのは，私たちの「知らない姿勢」と参加者の自己決定ゴールを参加者の主観的状況に合わせて，彼らの文化的背景のなかで活用できる解決にともに努力することである。こうすることでファシリテーターは，参加者の文化によって異なる生活構造を解決の過程で十分に尊重することができる。

文化的長所を活用する

私たちの治療プログラムは参加者が何ができないかではなく，何ができるかに注意を払う。その結果，介入の中心は「活用すること」となる。つまり，彼らが望む結果に導くために，その人の文化的背景のなかにある資源，スキル，知識，信念，動機づけ，行動，社会的ネットワークを活用するのである。私たちの価値観に合うスキルや介入であっても，参加者の文化的背景においては適切でも実行可能でもないようなものは教えない。それよりもむしろ，たとえどれほど小さく，稀であっても，彼らが持つ文化的長所，資源を彼らに気づかせ，拡げ，維持，強化できる援助をするのである。

参加者と協力して働く

このプログラムでは，私たちは共働的治療過程のファシリテーターとして働き，参加者は変化を達成し，治療のゴールを決定する資源を持つ「知る人」として働く。私たちは，マイノリティのストーリーや経験をふるいにかける型通りの治療理論に頼らない。階級的ファシリテーター対参加者関係に代わるものは，もっと平等な共働的参加者・ファシリテーター関係である。「解決」の対話を通して，参加者が新しい意味と新しい現実をたえず再定義し，共に作り出していく相手としてファシリテーターは「他者のコミュニティ」になる。こうして，治療過程は共働的で平等なものになり，参加者の自己決定は十分に尊重される。

実際的変化:具体的で行動的で小さな変化に注目する

 ある文化的マイノリティは,実際的で効果的治療を求める人々と言われてきた (Ma, 1998)。彼らは迅速な介入が行われる短期で効果的な治療を期待する傾向がある (Lee, 2000)。解決志向アプローチは,変化の明確な指標を示しながら,具体的で明確で小さなゴールを作り上げることを提言する。解決志向ファシリテーターは,望む変化に向けて「ドミノの最初の駒を倒す」ために参加者が最初の小さな一歩を見分けるのを助ける (Berg & Miller, 1992)。このような実践的特徴は,前述のマイノリティの効果的援助追求傾向とよく合致する。

解決に対する責任:面目を保つ技法

 集団中心の見方をする文化的グループにとって,家族の名前を辱めたり面目を失ったりすることは,治療を求めたり部外者と私的なトラブルを話したりする上で大きな障壁だと考えられてきた (Lee, 2000)。対決的アプローチも調和という重要な文化的価値観を犯すことになる恐れがある (Ho, 1993)。多くのマイノリティの文化において面目を保つことは重要な文化的要素であるから,援助職は彼らと働くときには面目を保つ技法を考慮に入れなければならない。私たちは非対決的アプローチを使うが,それは次のような形をとる。つまり「自分ができないことではなくできること」に,「問題を持ったり起こしたりする他人にではなく,解決に貢献できる自分」に注意を払うのである。ゴールと解決とコンプリメントを強調すれば,それは文化的マイノリティの面目を保つやり方と自然に調和する。こうした治療手段は本質的に面目を保つものである。というのは,解決志向アプローチの場合,面目を失って防衛的・否定的経験をすることなしに,問題を起こす行動が有益に変化するからである。

マイノリティ出身の参加者と働くときの注意事項

- 聞いて,聞いて,聞く
- 参加者に参加するように勧める
- 守秘義務の問題を話し合う
- 治療を求める場合の文化的矛盾を理解する
- 問題とその解決について文化によって異なる見方を尊重する

・治療構造を明確に知らせる
・文化的コミュニケーションの型を認め尊重する
・コミュニケーションを明確化する
・マイノリティ参加者をペアにする
・文化的長所を活用する
・参加者と共働する
・具体的で観察できる小さな変化に焦点を絞る
・面目を保つ技法を活用する
・理解したと思い込まない
・文化的に不適切で無神経なゴールや治療過程を強要しない
・非難の話に巻き込まれない
・マイノリティの参加者を孤立させない

読み書きができない人

　私たちのアプローチで読み書きができない人のことで困ったことはないが，ファシリテーターに感受性が求められることはある。アセスメント面接で，グループ参加候補者が読み書きができないとわかれば，署名を要する全書面ははっきりと声に出して読む。こうした参加者にはプログラムのコース中に「ファシリテーターが出す課題に対して答えを1ページ書いて提出する」という宿題をしなければならないことを説明する。誰か代わりの人に答えを書いてもらうことが必要になるが，内容は自分のものでなければならない。

　最初のグループセッション中に全てのグループ・ルールが音読される。グループ参加者のなかからルールを読むボランティアを募るので，読めないことで恥ずかしい思いをする人はいない。書面の宿題以外に，グループ活動で読み書きが必要になることはない。

　ある参加者は読み書きの教室に参加することをゴールにした。彼は別居中の妻と暮らす子どもに手紙を書きたかったのだ。グループの最終日に彼は他の参加者の前で絵本を読んだ。グループ全員が喝采し，ファシリテーターも含む何人かは涙ぐんでいた。

読み書きができない人と働くときの注意事項

・署名が必要な全ての書面を音読すること
・参加者に書面の宿題があることを知らせる
・参加者から音読するボランティアを募る
・読み書きできない参加者に配慮する

10 治療プログラムの評価
Evaluation of the Treatment Program

治療プログラムの評価に関する課題と問題点

　1980年代半ばに裁判所命令によるドメスティック・バイオレンス加害者治療が施行されて以来，米国全土で治療プログラムの数は劇的な増加をみせている。同時にこうしたプログラムの効果の評価にも関心が強まっており（Dunford, 2000），現在までに，約35のプログラム評価が出版されている（Hanson, 2002）。これらのドメスティック・バイオレンス加害者の治療プログラム評価報告を全般的に見ると，プログラム完了1年後の再犯率は，大体15％〜50％である（e.g., Edleson, 1996; Rosenfeld, 1992; Tolman & Bennett, 1990; Tolman & Edleson, 1995）。これらの効果調査報告のうち，影響力の大きい報告には以下のものがある。メラニー・シェパード（Shepard, 1992）はドゥルース・プログラムに参加した100人の男性を5年間追跡調査した。彼女は再犯率40％と報告しており，再犯者を「家庭内暴行で有罪判決を受けた人，保護命令の対象者，警察によって家庭内暴行の容疑者とされた人」と定義している。ダニエル・ソンダース（Saunders, 1996）は地域単位で作られた治療プログラムを受けた218人の男性の治療効果を調査した。男性たちはフェミニズム的認知行動療法または精神力動的グループ療法のいずれかに無作為に割り当てられた。ソンダースは，再犯者のパートナーからの報告および逮捕記録の両方を参照している。その結果フェミニズム的認知行動療法の治療修了後54カ月間における再犯率は45.9％であり，精神力動的グループ療法の場合は48.5％であったと報告している。ゴンドルフとホワイト（Gondolf

& White, 2001）は国内4都市の618人の加害者の追跡調査を実施した。女性パートナーの報告に基づくと，30カ月の追跡期間に41％の男性がパートナーに再度暴行を加えたという。ダットンと共同研究者（Dutton, Bodnarchuk, Kropp, Hart, & Ogloff, 1997）は逮捕記録のみを使って446人のドメスティック・バイオレンス加害者を11年間にわたって追跡調査している。彼と共同研究者が記す再犯率18％は，パートナーの報告を再犯定義に含む調査の率よりも相当低いものである。最近の二つの実験的評価によれば，グループ治療を受けた者と受けなかった者の間に態度や信念，行動（Feder & Forde, 2000）および，被害者が新たな暴力行為を受けたという報告数（Davis et al., 2000）においても顕著な違いが見られないので，グループ治療が多くの場合効果がないことがわかってきた。

定義上の問題点

ドメスティック・バイオレンス治療プログラムの効果評価は重要であると見なされてはいるが，方法論的に重大な問題点があるため，定まった評価方法と言えるものはまだ得られていない（Gondolf, 1997; Quinsey, Harris, Rice & Lalumiere, 1993）。「成功結果」の評価は成功の定義の仕方，情報源の使われ方，プログラム終了後の追跡期間の長さに左右される。最近では，ドメスティック・バイオレンス加害者の治療プログラム評価の大部分は，測定値としてインプット・アウトプットを使う調査方式を採用している（Gondolf, 1997）。評価の中心は加害者が繰り返す一定の行動（概して暴力の行使）で，それは加害者がプログラムに参加した時点と終了時に計られ比較される。インプット・アウトプット方式を使う評価の場合，プログラム参加者の長期における暴力の非行使が，効果を決定する最も一般的な単一基準である（Tolman & Bennett, 1990）。しかし，再犯や非暴力を定義しようとすると，評価者には難題がみえてくる。身体的虐待の中止は心理的虐待の中止を意味しないのであるが，しかし心理的虐待はプログラムの効果調査のなかでは再犯定義から外されることが多いのである（Edleson & Brygger, 1986; Edleson & Syers, 1990）。加害者は被害者に実際には近付けないために「暴力」を振るわないのかもしれない（Mulvey & Lidz, 1993）。再犯または非暴力かどうかを決定する判断も，逮捕記録のみによるものから治療後の身体的虐待に関する本人の自己申告またはパートナーの報告を含むものまで，調査によってさまざまである。

評価における欠点志向

再犯率を使って治療が成功したかどうかを見る従来の定義について私たちが抱く懸念は，それが加害者の問題点と欠点のみに焦点を絞ることにある。暴力行為の中止はドメスティック・バイオレンス加害者の治療プログラムのゴールであることは明白だが，ほとんどの治療プログラムのもう一つの重要なゴールは，親密な関係のなかで暴力行為のない前向きの関係作りができるように加害者を助けることである。関係作りのスキルおよび対立解消のスキルのような加害者の前向きの変化に注意が向けられなければ，ドメスティック・バイオレンス加害者のための治療プログラムの評価に際して，長所に重点を置く方法よりも欠点志向の方法が，過大評価されることになりかねない。

方法論の問題点

ドメスティック・バイオレンス加害者のための治療プログラムの効果調査は，数々の方法論的制約にもはばまれている。それらの制約とは①対照グループまたは比較グループが存在しない，②低い回答率（20％から40％，DeMaris & Jackson, 1987; Tolman & Fennett, 1990 による）や高いプログラム脱落率（Gondolf, 1990, 約半数のプログラムがインテイク時の参加者の50％以上の脱落率を持つ）による調査対象者の偏り，③実施機関の職員による私利的調査結果の問題（Rossi & Freeman, 1989）や，④生活背景や外的条件のコントロールができていないこと（Gondolf, 1997）である。

明らかに，評価研究過程では資金と資源不足が大きな問題である。また，治療効果調査を実施するのは，調査対象者の特質上，困難であるとも考えられる。再犯率については，再犯率を報告しない他の地域に移った加害者や，加害時の居住州から移住した加害者を含まないために，過少に報告される場合もある（Shepard, 1992）。加害者たちが短期移動する傾向を持っていることを考えれば，個人的なコンタクトを通して加害者とそのパートナーを追跡することは，決して容易な仕事ではない（Gondolf, 1997）。さらに加害者はDV加害のあと，相手との関係を持っていないかもしれない。加害者とそのパートナーの調査を実施する時に，調査者にとっての重要な懸念の一つは倫理的な問題である（Campbell & Dienemann, 2001; Gondolf 2000; Sanders, 1990）。つまり調査者はデータ収集の過程で被害者の

安全を守りながら，回答者（加害者）からは同意と最大限の協力を得たいという難しい状況に常に直面しているのである。

「限定的に焦点を絞る評価」の問題点

インプット・アウトプットモデルは有益で判りやすく，好都合な調査計画であるが，評価の焦点が狭いために批判が強まっている。第一に，このモデルは成功に寄与する可能性のあるプログラム内の要素を検証していない。第二に，加害者に前向きの変化をもたらす複雑な心理的，社会的過程をこのモデルは過度に単純化している可能性がある。加害者の暴力停止というのは前進と後退を繰り返すと考えられるので，直線的なインプット・アウトプット調査方式での把握は難しいと思われる（Valliant, 1982; Fagan, 1989）。第三に，加害者の行動的変化だけに評価の焦点を絞ると，治療プログラムが潜在的に持つと思われる他者に与える効果を除外することになる。また，インプット・アウトプットのモデルはさまざまな組織間の相互関係と共働作業や，それらが生み出すプラスの影響については検証しない（Gondolf, 1997）。ドメスティック・バイオレンス加害者の治療における共働作業の重要性を考えれば，評価面でシステム分析を除外することは，治療成功に何が本当に役に立つかを理解する妨げになる。

プルマス・プロジェクトの効果研究

ドメスティック・バイオレンス加害者の治療プログラムの効果評価には，実際的な困難と課題があるが，治療プログラムが理念を重視して決められたり導入されたりするだけでなく，経験的知見に基づいてなされるためには，加害者たちの治療に何が有効かを知るための経験的証拠を蓄積することが重要だと私たちは信じている（Gingerich & Eisengart, 2000）。さらに，調査研究には「参加者と配偶者の生活を改善し力づけるようなプログラム」を拡めたり改良したりすることも含むべきだと思う。調査は知的訓練以上のものであり，調査結果から誰に，どのように利益を得てほしいかを真剣に考えたものでなければならない（Small, 1995）。

私たちの調査研究は，ドメスティック・バイオレンス加害者に対する解決志向アプローチの効果を検証する試みとして開発された。効果を評価する過程で使える資力・財源などの制約があり，それによって調査計画は妥協を余儀なくされた。

しかし他方，私たちは評価の対象を拡大して参加者やそのパートナーが有益とみなしたプログラムの内容を含むものにした。また，治療成功評価の定義を拡大して，重要な評価点として「暴力の停止」の上に「親密な関係における関係作りのスキルの改善」を加えた。この研究はまた，調査研究者と臨床家とが共働した努力の賜物である。

この研究は，この治療プログラムの効果を各グループの治療前と治療後と6カ月後に，複数の報告資源（プログラム参加者，そのパートナー，ファシリテーター，公式の逮捕記録を含む）に基づいて調査したものである。私たちは評価過程において量的・質的データの両方を集めた。量的データは「暴力行為の停止」「親密な関係作りの行動」「自己評価の前向きの変化」に関するプログラム参加者の行動変化を測るために使った。質的データは参加者の態度をポジティブに変化させることに寄与したプログラムの内容を検証するために使った。私たちは次の質問に答を出そうとした。

- パートナー・配偶者がプログラム参加者の人間関係における行動が進歩したと思うか
- 自己報告によるプログラム参加者の自尊心は高くなっているか
- 3種のデータ（逮捕歴，参加者の自己報告，パートナー・配偶者の報告）によるプログラム参加者の再犯率は何％か
- 公的逮捕歴による参加者のプロフィルと再犯率にはどんな関係があるか
- 参加者およびパートナー・配偶者が有効と考える治療要素は何か
- 参加者からみたファシリテーターの有効な行動は何か
- 参加者からみた無効な治療要素は何か
- プログラム参加者は治療プログラムに参加して何を学ぶか
- プログラム参加者自身とパートナー・配偶者からみて参加者はどのように前向きに変化するか

調査対象者

評価研究に参加した人は，裁判所から「暴力行為をやめ，グループ治療のプログラムを完了すれば，訴追を免れる機会を与える」と言われたドメスティック・バイオレンス加害者の男女であった。自ら有罪を認めたためプログラム参加を命じられた人も数名あった。プログラムの効果を評価するためにプログラム参加者

表10.1 プログラム参加者の人口統計的データ (N=90)

	%
性	
男性	85.6
女性	14.4
民族	
白人アメリカ人	84.1
アフリカ系アメリカ人	10.2
アメリカ先住民	3.4
ラテン系アメリカ人	2.3
年齢	
20歳以下	3.3
21～30歳	16.7
31～40歳	44.4
41～50歳	30.0
51歳以上	5.6
教育年数	
高校未満	12.6
高校卒業	49.4
大学卒業	36.7
大学院またはそれ以上	1.3
職業	
失業者	20.2
労働者	55.1
専門職／技術者	7.9
サービス業	6.7
学生	5.6
生活保護／障害在宅者	2.2
自営業	1.1
家事従事者	1.1
結婚状態	
単身	11.1
既婚	46.7
離婚または別居	42.2

の配偶者・パートナーも研究に加えられた。参加者には研究に参加するという正式の同意書を提出してもらった。さらに，調査チームのメンバーの一人が参加者の配偶者・パートナーから治療参加者とは別に同意を得るために連絡を取った。プログラム参加者と配偶者・パートナーに「この研究への参加は任意であり，与えられた情報は秘密にされ，参加してもしなくても治療に影響しない」ということが明確に伝えられた。

プログラム参加者

データの分析は1996年10月から2002年1月までに実施された14グループの参加者のデータに基づいている。その治療プログラム参加者全員のうち，男性77人（85.6％）と女性13人（14.4％），計90人が研究プログラムに参加した。参加者の年齢は19歳から61歳まで（mean=37.2, SD=9）である。主として白人（84.1％）で，その他は10.2％のアフリカ系アメリカ人，3.4％のアメリカ先住民，2.3％のラテン系アメリカ人であった。参加者は平均12.6年の教育を受けている（SD=1.5, range=9-19）。彼（女）らの婚姻状態については46.7％が調査当時結婚しているかパートナーと同居しており，42.2％は離婚または別居中，11.1％は未婚であった。参加者の半数を超える人が労働者であると自己申告し（55.1％），7.9％は専門職，6.7％はサービス業従事者，5.6％は学生，2.2％は生活保護受給者または障害者，1.1％は自営業，1.1％は家事従事者，20.2％は失業者であった（表10.1参照）。

免許を持ち経験を積んだ臨床ソーシャルワーカーがインテイク時に主として調査目的で精神状態検査を実施した。精神障害の診断・統計マニュアル（DSM-Ⅳ）によれば，プログラム参加者の18.8％はⅠ軸と診断された。その内訳は6.7％が間欠性爆発性障害，2.2％が大うつ病，2.2％が統合失調感情障害，2.2％が衝動抑制の障害，2.2％がPTSD，1.1％が双極性障害，1.1％がADHD，1.1％が適応障害であった。90人の回答者中，25.5％の性格的特徴はⅡ軸診断でパーソナリティ障害の可能性が示唆された。他の研究結果と同様に，参加者の相当多数が反社会性パーソナリティ障害を持っている（20％）。その他の診断には，依存性パーソナリティ障害（2.2％），自己愛性パーソナリティ障害（1.1％），強迫性パーソナリティ障害（1.1％），特定不能のパーソナリティ障害（1.1％）が含まれている。さらに，4.5％が脳外傷，6.7％がⅢ軸の身体症状を持っていた（表10.2参照）。参加者の「機能の全体的評定尺度」（GAF数値）は50から74（mean＝61.6，SD＝4.1）であり，平均的なプログラム参加者は，ごくマイルドな症状を示してはいるが社会的，職業的，教育的環境において機能できることをこの数字は意味している。

　私たちは，犯罪関与と幼児期経験について参加者の情報を集めた。90人の参加者中，61.4％が薬物やアルコール乱用問題を持ち，23.3％がドメスティック・

表10.2
プログラム参加者のDSM-Ⅳによる診断（N＝90）

	%
Ⅰ軸	
診断なし	81.1
間欠性爆発性障害	6.7
大うつ病	2.2
統合失調感情障害	2.2
衝動制御障害	2.2
PTSD	2.2
双極性障害	1.1
ADHD	1.1
適応障害	1.1
Ⅱ軸	
診断なし	74.4
反社会性パーソナリティ障害	20.0
依存性パーソナリティ障害	2.2
自己愛性パーソナリティ障害	1.1
強迫性パーソナリティ障害	1.1
特定不能のパーソナリティ障害	1.1
Ⅲ軸	
診断なし	88.8
脳外傷	4.5
身体症状	6.7

機能の全体的評定尺度
(Global Assessment Functioning, GAF)
Mean＝61.6, SD＝4.1, range＝50-74

表10.3
プログラム参加者のプロフィル（N＝90）

	%
アルコールあるいは薬物乱用	61.4
他の犯罪行為への関与	23.3
親の離婚または別居	39.5
親のアルコール依存	56.9
児童期の虐待経験	44.3

バイオレンス以外の犯罪に関わった経験があった。さらに，プログラム参加者の39.5％が親の離婚または別居を経験し，56.9％はアルコール依存症者の子どもであり，44.3％が児童期に虐待された経験を持っている（表10.3参照）。上記からみるとドメスティック・バイオレンス加害者の相当数が薬物乱用や児童虐待の経験を持つという現在までの文献が示唆する特徴と今回の研究参加者のそれとは一致している。

配偶者・パートナー

40人の配偶者・パートナーが効果研究に参加することに同意し，グループ治療プログラムが開始される前にアンケートに答えている。全部で90人の参加者のうち，結婚しているかまたはパートナーと同居していた人が46.7％であったことを考慮すると，40人の回答率は非常に良好である。治療グループ終了時にアンケートに答えたのは回答者40人のうち34人（85％）で，治療終了6カ月後の追跡電話インタビュー期間中に連絡がとれたのは22人（55％）であった。

データの収集方法

参加者の自尊心の自己評価および，親密な関係における参加者の対人関係行動をパートナー・配偶者が評価した報告は，治療前，終了時，6カ月後の追跡調査時の3時点で集められた。（6カ月後の調査は電話で行われた）。加えて，6カ月後の電話調査時には1）参加者およびパートナー・配偶者によるプログラムの評価と，2）相手との親密な関係における暴力のレベル，の2点に関しても聞き取りがなされた。評価測定に使った方法は以下の通りである。

自尊心評価の指標（Index of Self-Esteem, ISE）

「自尊心評価の指標（ISE）」は，クライアントがもつ自尊心に関する問題の程度，深刻さおよび規模を計るためにハドソン（Hudson, 1992）が開発した25項目の尺度である。プログラム参加者は文章化された項目に1から7の尺度を使って答える（項目の例「私はいやな人間だ」「『人は私と話すことが本当に好きだ』と私は思う」）。ISEスコアは0～100点で，高いスコアは低い自尊心を表す。100までのスケールには二つの指標点がある。30（±5）以下のスコアの場合は自尊心の問題に関して臨床上大きな問題がないことを示している。他方，70以上の

スコアは，回答者が自尊心について重大な問題を持っていることを示す。「自尊心評価の指標」は信頼性と妥当性が高い（Hudson, 1992）。本研究ではこの尺度での信頼係数は .92（Cronbach's alpha）であった。

解決度確認尺度（Solution Identification Scale, SIS）

PATH（Peaceful Alternatives in the Home）のジェフリー・ゴールドマンとメアリー・ベイダナンは，解決志向カウンセリングにおいてカップルの人間関係行動の変化を評価するために30項目の尺度を開発した（Goldman & Baydanan, 1990）。それはミルウォーキー BFTC のロン・クラル（Ron Kral）が開発した解決度確認尺度と，イヴォンヌ・ドラン（Dolan, 1991）が開発した性的虐待のサバイバーのための解決志向回復尺度に触発されて作られた。ゴールドマンとベイダナンのこの尺度は，文章を読んでパートナー・配偶者に1から10のスケールで答えてもらうものである。1は「全くなし」で10は「いつも」を表わす。文章の例「パートナー・配偶者と協力する」「怒り以外の感情を表す」「パートナー・配偶者の友人関係を応援支持する」。解決度確認尺度のスコアの合計点は30〜300点で，親密な関係作りのスキルが良好な場合には高いスコアになる。この尺度はもともと，カップル（時には相手と家庭内暴力関係にあるカップル）のセラピーのために開発されたものであり，その信頼性と妥当性テストの報告はなされていない。しかしながら，この尺度は解決志向に基づいて作られており，その原則は今回の治療グループの実践の方向性と同様である。当研究において，この尺度の信頼度係数は .93（Cronbach's alpha）という高い値であった。

追跡アンケート

参加者およびその配偶者・パートナーの治療グループに対する意見をきくために二種の自由記述型追跡アンケートが開発された。質問項目はミルウォーキー BFTC（de Shazer et al., 1986）と C・M・ヒンクス研究所（Lee, 1997）がそれぞれの効果調査のために用いた質問用紙を改訂したものを使用した。プログラム参加者のために作られた12項目のアンケートでは，以下の点を中心に質問している。グループ過程で参加者が獲得目標としたゴールについての彼ら自身の捉え方，ゴールの達成度，前向きで新しい行動がどの程度生まれたか，親密な人間関係におけるアンケート実施時の暴力行為のレベルなどである。その他の質問は，グループ過程の経験について参加者がどのように捉えているかを知る目的で作られ

た。プログラム参加者が有効だと考えるグループ過程の内容と，グループ過程そのものやそれへの自らの関わりについての満足度とが尋ねられた。配偶者・パートナー用には7項目の質問が作られた。そこでは参加者の前向きの変化をどう思うか，参加者が有益だと思ったプログラムの内容，親密な関係において身体的および言語的虐待を含む暴力行為がどの程度かなどに焦点をあてている。このデータはグループ終了6カ月後に外部のインタビュアーの電話調査によって収集された。

さらに，治療プログラムの有効性は再犯率と参加者のプログラム完了率を使って測定された。

再犯率

再犯率は，参加者が治療プログラムに参加した後の暴力行為の回数を測定したものである。私たちが収集したのは，参加者のプログラム終了後の累積再犯率で，期間は6カ月に限定しなかった。再犯のデータは被害者相談所，保護観察所，地区検察局から得たものである。各機関からのデータにおける再犯の定義は，それぞれの機関の機能と所在により異なる。たとえば，地区検察局のデータは通報された後，告発されたドメスティック・バイオレンスのケースを記録したものである。被害者相談所の場合は，加害者に対する告発の有無や，拘束命令を出すよう被害者が要求したかどうかに拘らず，被害者がその施設のサービスを受けるために紹介されてきた場合には必ず事例として記録している。当研究ではドメスティック・バイオレンスの再犯について，以下のような従来の総合的基準を使った。(1) 参加者がドメスティック・バイオレンスの疑いで逮捕された，(2) ドメスティック・バイオレンスの容疑で参加者が告訴された，(3) 参加者の配偶者・パートナーが被害者相談所でサービスを受けるために紹介されてきた，(4) 参加者に対する拘束命令の要求が被害者から出された。

さらに，参加者の身体的／言語的虐待行為に関して参加者とそのパートナー・配偶者からグループ治療終了6カ月後に外部のインタビュアーによって電話面接で聞き取りがなされた。インタビュアーは，プログラム参加者とその配偶者・パートナーに，参加者の治療プログラム参加前と，電話面接時点を比較して親密な関係での暴力のレベルについて，0から10のスケールで評価するように依頼した。

完了率

　完了率は，治療プログラムを成功裡に終了したプログラム参加者をパーセンテージで表している。その数値は，プログラムに登録して最初のグループミーティングに参加した人数と，8セッション中少なくとも7回出席した参加者の数を比べたものである。

調査の方法について

　調査の方法は，先行の調査研究を参考にし，ドメスティック・バイオレンス加害者治療の「解決志向的で，長所重視のアプローチ」という理論的方向に基づいて選択した。先行文献ではプログラムの完了率と再犯率はドメスティック・バイオレンス加害者のためのプログラムの治療効果を計る方法として，適切且つ妥当であると判断されている（e.g., Cadsky et al., 1996; Saunders, 1996; Shepard, 1992）。本研究では加害者の暴力の停止に関するデータは，公的逮捕記録および6カ月後の追跡面接による参加者とパートナー・配偶者の自己報告から得たものである。解決志向治療の考え方と同じように，この研究では，治療効果の測定にドメスティック・バイオレンス加害者の前向きの変化という尺度を使った。加害者のセルフ・イメージの自己評価を計るためにISEを使った。個人にとって有意義なゴールを達成することと自己肯定は関連があると想定される。親密な関係での加害者の対人関係行動にプラスの変化があったかどうかを加害者のパートナー・配偶者の視点から計るために「解決度確認尺度（SIS）」を用いた。ISEおよびSISの両調査の焦点は，解決志向的で長所重視のアプローチを用いた治療方法と一致するものであった。親密な関係における暴力レベルを調査するために，過去の有力な調査で広く使われた尺度はストラウスとジェレスによる葛藤戦略指標 Conflict Tactic Scale（Straus & Gelles, 1990）と虐待的行動指標 Abusive Behavior Inventory（Shepard & Campbell, 1992）の二つである。この二つの調査法が私たちの研究に含まれていないのは，これらが問題志向であり，私たちの解決志向アプローチとの間に根本のところで哲学的な相違があるからである。私たちは長所と解決を評価の過程で強調するが，プログラム参加者の暴力行為の停止が治療プログラム効果の重要な指標であることに変わりはない。公的記録および6カ月後の暴力再犯率のデータは，親密な人間関係での暴力の程度を測るに適したものだと考えられる。

データ分析の方法

本調査で用いた諸法で集められたデータは，データ処理と統計分析のために，点検されコード化された。この目的のために The Statistical Package for Social Sciences (SPSS) を使った。プログラム参加者とパートナー・配偶者が記入したアセスメントデータを使った治療前・治療後の比較について，一連の「ペア t 検定」を行った。

調査結果

自尊心評価の指標 (ISE)

プログラム参加者は，治療前，終了時，6カ月後の追跡調査の3時点で「自尊心評価の指標（ISE）」に回答した。プログラム参加者90人のうち，87人が治療前のISEを書き終えている。この87人中，82人が治療終了時にISEを記入し（94.3％），そのうち48人が6カ月後の電話追跡調査でISEに答えた（55.2％）。つまり治療前と終了時の2回ともISEを完成したのは82人の参加者である。治療プログラム終了時の平均値22.4（SD＝11.2）は，治療前の平均値24.5（SD＝12.8）に比べ向上している。ペア t 検定で治療前と治療後を比較すると，参加者の自己評価がかなり高くなっていることがわかる。($t = -2.2$, $df = 81$, $p < .05$; 表10.4参照)。

48人の評価プログラム参加者にプログラム完了6カ月後に連絡がとれた。この追跡電話調査で連絡が取れなかった参加者のうち，3人は電話そのものがなく，25人の電話はつながらず，2人は引っ越し，治療時には同意していたが3人は電話調査には応じられないと言い，9人は何度も試みたが連絡がとれなかった。連絡が取れなかった参加者にはアンケートを郵送した。結果的に6カ月後の追跡調査による「自尊心評価の指標ISE」の平均値は21.2（SD＝12.4）で，治療前の平均値26.8（SD＝14.1）に比べ向上している。治療前と6カ月後の追跡結果をペア t 検定で比較すると，参加者の自尊心に関する自己申告にはかなりの進歩が見られた。

解決度確認尺度 (Solution Identification Scale, SIS)

評価研究に参加している配偶者・パートナーに，治療前，終結時と終了6カ月後の追跡電話調査時の3度にわたってSISに回答してもらった。評価研究を行っ

表10.4
治療前,治療後および6ケ月後追跡調査でのSESとSISの平均値を比較するためのペアt検定

測定方法	治療前平均値	治療後平均値	t	df	p
自尊心評価の指標ISE※ (n=82)	24.5 (SD=12.8)	22.4 (SD=11.2)	−2.2	81	<.05
解決度確認尺度SIS (N=34)	197.9 (SD=64.7)	236.8 (SD=40.3)	3.6	33	<.001
	治療前平均値	追跡時平均値			
自尊心評価の指標ISE (N=48)	26.8 (SD=14.1)	21.2 (SD=12.4)	−3.1	47	<.01
解決度確認尺度SIS (N=22)	192.0 (SD=55.3)	236.5 (SD=37.7)	4.1	21	<.001

※ISE(自尊心評価の指標)ではスコアが高いほど自尊心についての問題が大きいことを示している。

ていた時点で結婚しているか,またはパートナーと暮らしていたプログラム参加者は46.7％にすぎなかった。40人の配偶者・パートナーが評価研究に参加し,SISに回答した。治療終了時にはこの40人のうち34人(85％)が,6カ月後の追跡電話調査時には22人(55％)がSISに回答した。

プログラム参加者の配偶者・パートナーの報告によれば,参加者がプログラムに参加して以来,親密な関係における参加者の対人関係スキルにかなりの進歩が見られることがわかる。治療後のSIS平均値236.8(SD=40.3)は治療前の平均値197.9(SD=64.7)に比べて良好な数値である。ペアt検定の結果を見ると,配偶者・パートナーの評価によれば治療前に比べて治療後のSISスコアはかなり上がっており,親密な関係におけるプログラム参加者の対人行動が改善されたことを表している。(t=3.6, df=33, p<.001; 表10.4参照)

22人の配偶者・パートナーが6カ月後の追跡電話調査に答えている。治療終了6カ月後の追跡時のSIS平均値は236.5(SD=37.7)で,治療前の平均値192(SD=55.3)に比べて良い結果である。ここでのペアt検定の結果も,治療前よりも追跡調査時のスコアがかなり上昇しており,親密な関係での参加者の行動が配偶者・パートナーから見ても改善されたことを示している。(t=4.1, df=21, p<.001; 表10.4参照)

暴力の停止

プログラム参加者による再犯率の公的データは被害者相談所,保護観察所,地

表10.5
再犯率の記録

報告	機関再犯率%	（実数）
公的機関記録(N=90)		
地区検察局	6.7	(6)
保護観察所	4.4	(4)
被害者相談所	15.5	(14)
上記三機関のいずれかでのカウント	16.7	(15)
配偶者・パートナーの報告(N=22)	13.5	(3)
プログラム参加者の自己申告(N=47)	2.1	(1)

区検察局から得た。公的データは累積再犯率であり，参加者がプログラム終了後に暴力を行使した回数から計算し，期間を6カ月以内に限っていない。地区検察局のデータによる再犯率は6.7％（6人），保護観察事務所では4.4％（4人），被害者相談所の場合は15.5％（14人）であった。各機関に報告された再犯率が異なるのは各組織の機能と所在地の違いによるものである。全体の再犯率16.7％（15人）は，被害者相談所，保護観察所，地区検察局の3箇所で報告されたすべての再犯ケースの重複を除いてまとめた数字である（表10.5参照）。

表10.6
6カ月後追跡調査時における再犯率（参加者の自己申告）
(N=47)

自己申告の暴力程度 （0から10のスケール）	参加前※ ％（参加者の人数）	6カ月後追跡調査 ％（参加者の人数）
0	2.1　(1)	97.9　(46)
1	21.3　(10)	0.0
2	8.5　(4)	2.1　(1)
3	2.1　(1)	0.0
4	8.5　(4)	0.0
5	21.3　(10)	0.0
6	4.3　(2)	0.0
7	17.0　(8)	0.0
8	10.6　(5)	0.0
9	2.1　(1)	0.0
10	2.1　(1)	0.0
平均	4.6	0.0
SD	2.7	0.3
範囲	0-10	0-2

※参加前と6カ月後追跡時での暴力のレベルを比較するためのペアt検定
($t=11.3$, $df=46$, $p<.001$)

私たちは公的記録だけではなく，グループ参加者とその配偶者・パートナーによって報告された親密な関係での暴力レベルの変化をも検証した。6 カ月後の追跡調査時にプログラム参加者とその配偶者・パートナーに次のことを評価してもらった。参加者の配偶者への暴力レベル（肉体的・言語的）を 0 から 10 のスケールで，プログラム参加前と面接時点とで比べるものである。その結果，プログラム参加者も配偶者・パートナーも参加者の暴力的行動が大幅に減少したと認めている。追跡面接の質問に答えた 47 人全員が，1 人を除いてプログラム参加前には親密な関係のなかで何らかの暴力をふるったことがあると報告している。しかし，追跡面接時の親密な関係においては男性 1 人のみが暴力をふるったと報告した。それもスケール 2 という低度の暴力であった（表 10.6 参照）。参加者が認識する暴力のレベルは，治療前の 4.6（SD＝2.7）から，6 カ月後の追跡時（$t=11.3$, $df=46$, $p<.001$）のゼロ（SD＝0.03）へと大きく減少した。配偶者・パートナーたちもこのようなめざましい改善があったことに同意している。追跡面接時に質問に答えた 22 人の配偶者・パートナーのうち 3 人（13.5％）だけが，低レベル

表10.7
6カ月後追跡調査時に配偶者・パートナーにより報告された再犯率 (N＝22)

参加者の暴力レベル （0〜10のスケール）	参加前※ %（配偶者の人数）	6カ月後追跡調査時 %（配偶者の人数）
0	0.0　(0)	86.4　(19)
1	22.7　(5)	4.5　(1)
2	4.5　(1)	4.5　(1)
3	13.6　(3)	4.5　(1)
4	13.6　(3)	0.0
5	4.5　(1)	0.0
6	4.5　(1)	0.0
7	4.5　(1)	0.0
8	9.1　(2)	0.0
9	9.1　(2)	0.0
10	13.6　(3)	0.0
平均	5.0	0.3
SD	3.3	0.8
範囲	1-10	0-3

※参加前と6カ月後追跡調査時の参加者の暴力レベルを比較するためのペアt検定
（データ数値は配偶者・パートナーの報告による）($t=6.7$, $df=21$, $p<.001$)

表10.8
児童期の虐待経験と評価研究期間中の再犯率のクロス集計
(N=79)

	再犯有り (n=12)	再犯なし (n=67)
児童期の虐待経験有り	75%	39%
児童期の虐待経験なし	25%	61%

Chi-square=5.4, df=1, p<.05; Fisher's exact test, p<.05; Cramer's V=.26, p<.05.

の暴力（スケール1, 2, 3）を受けたという。配偶者が感知した暴力のレベルは，治療前の平均値5（SD=3.3, スケール1〜10）から6カ月後追跡時の0.3（SD=0.8, スケール0〜3）へと大幅な減少を示している（t=6.7, df=21, p<.001; 表10.7参照）。

参加者プロフィルと再犯

私たちは，公的逮捕記録に基づき，再犯と参加者のプロフィルとの関係を検証した。その結果，再犯とDSM-IV I軸精神障害またはII軸パーソナリティ障害は無関係であることがわかった。さらに，以下の状況も参加者の再犯とは関係ないことがわかった。薬物・アルコール乱用問題，ドメスティック・バイオレンス以外の犯罪行為，親の離婚，親のアルコール依存歴である。しかし，カイ二乗検定の結果，参加者の自己申告による児童期の虐待経験は公的逮捕記録の再犯と大いに関係があることがわかった（$\chi^2=5.4, df=1, p<0.5$）（表10.8参照）。

完了率

1996年10月から2002年1月の期間に14回のプログラムが開催され，合計97人が各プログラムの初回グループセッションに出席した。この97人中，90人がプログラムを完了し，その率は92.8％である。7人の未完了者のうち，3人は後のグループに参加し，プログラムを終了した。

参加者はグループ治療での自分の経験をどう言ったか

標準化された効果評価法を使うことに加えて，参加者にグループ経験を語ってもらうことがセラピストにとっての貴重な情報になると私たちは確信している。

データ分析は75人のグループ参加者が回答したいくつかの資料を基にしている。資料の一つはグループ終了時に，グループの経験から学んだことを参加者に

1ページに書いてもらったものである。さらに電話追跡調査による以下の三つのオープン型質問への応答もデータ分析に加えた。

- グループに参加して何があなたに最も役に立ったと思いますか
- ファシリテーターが話したり，したりしたことで，あなたが役に立ったと思うことは何ですか
- あなたが話したいと思ったり，私たちに知らせたいと思ったのに，私（電話調査員）が尋ねなかったことがありますか

データ分析の方法

プログラムの性格を参加者がどのように認識しているのかを理解するために「コンテント（文章内容）分析」を用いた。コンスタント比較法（constant comparison method）を基に作った新しい分析方法が質的データを研究するために使われた（Glaser & Strauss, 1967; Lincoln & Guba, 1985; Charmaz, 2000）。質問の各段階でデータと方法について双方向の検討が行われた。つまり，次の手続きが取られた。

1) 終了時の1ページの課題および追跡調査による参加者の回答がコンピューターに入力された。2) 質的質問を分析するソフトウェア QSR NUD*IST VIVO (Nvivo) がデータ分析を進めるために使われた。3) 最初の段階で, 全データはオープンプロセスを使ってコード化された。つまり各「ユニット」は一つのアイディアごとに識別され，各々にコードが作られた。コードの内容を標準化するために各コードを入力するルールが作られた。同じようなテーマを記述するコードは後に「ツリーノード trees nodes」としてまとめられた。個々のコードの特徴とコード同士の関連を一番良く説明できるようなレベルの概念化ができるまでこの過程を続けた。言い換えれば，追加データが問題の理解をそれ以上深めないと思われる程度の「理論的飽和状態」に達した時点で，コード化や，再コード化，コード間の関係づけを止めた。時には，ユニットの含む特性をより正確に説明するためにある項目をコードに入れるかどうかのルールが変更された。全データを一度一通り分析した後に，コードの修正リストを作り，全データはこの新分類法に従って再度コード化された。

グループ参加者の体験談は内容豊かで非常に興味深いものだった。その内容はグループから学んだことについてだけではなく，グループで経験したことについ

ての広範な知見にまで及んでいた。その内容は以下の質問のような形でいくつかのテーマとして考えてみることができる。

1. 参加者はプログラムの本質についてどう言ったか
2. 参加者はどの治療内容が有益／無益だと言ったか
3. 参加者は有益なファシリテーターの行動は何だと言ったか
4. 参加者は治療プログラムに出席して何を学んだのか
5. 参加者はプログラムに出席して得た利益は何だと言ったか

参加者はプログラムの本質についてどう言ったか

「私はクラスに来ている」

大部分の参加者は，グループ治療プログラムを「治療プログラム」や「グループ」ではなく「クラス（講座）」としてとらえていた。次のコメントがこのような見方を表している。

・「怒りを自覚するためのクラスから私が学んだことは……」
・「この二，三カ月間，私はドメスティック・バイオレンスの講座に参加してきた」

このような説明に見られる共通のテーマは，このプログラムは教育的目標をもつクラスだという考え方である。そのような見方は，ドメスティック・バイオレンスの加害者は，ある種のスキルを欠いているので再教育が必要だという社会的通念の影響であろう。さらに，病気を暗示する治療よりも，新しいことを学ぶクラスという言葉のほうが前向きで学習・成長志向の響きを持っているからでもあろう。

「このクラスは私が予想したものとは違うので驚いている」

参加者のなかには，以下のコメントでわかるようにクラスに出席した後でクラスの本質について考えを変える人もいた。このような参加者は最初はクラスが無益なものだとか，裁判所から押しつけられたものだという否定的な見方を持っていた。しかし，その人たちの全員が，見方が前向きに変わったといっている。さらに，彼らはこの治療プログラムが参加者を見下すようなものでも，問題に集中するものでもないと見ていることが次のコメントから判る。

- 「このクラスはいろいろな意味でとても違っていた。私は以前リノ市でクラスに参加したことがあるが，その時はもう一度学校に通っているような気がした。それは学生にとっては良いかもしれないが，大部分の人には不幸だ。人は何が正しく，何がまちがっているかを誰かに教えられるのじゃなくて，実行することで人生について学ぶべきだと思う」
- 「最初8週間のドメスティック・バイオレンス・クラスが始まったときは，なぜ私たちがこのクラスに来させられたかが話の中心になると思っていた。驚いたことに，ここでは私たちがなぜ治療クラスにいるかには全く無関係に，各人のゴールについて作業した」
- 「私は自分の意志に反してこのクラスに参加した。私は，今まで暴力をふるったり，虐待をしたりしたことは全くない。しかし，二回目のクラスの後，自分が怒ること，しかもものすごく怒る時が私の生活のなかにはあることに気づいた！ クラスに出ても何も学ぶことはないと思っていたが，それはまちがいだった。クラスに出席して以来，私の生活には変化すべきことがあるのに気づいたし，必ず改善の余地があることもわかった」
- 「このクラスに初めて参加したとき，自分にとって役に立つことなどないだろうと疑っていた。このクラスを終了した今では，なぜかは説明しにくいが私は前よりずっとおだやかになっている。小さなことでは爆発しないし，前はじっくり考えないで衝突して問題がたくさん起こったが，今では考えてから状況に反応するので，物事を前よりずっと処理しやすくなった」

どの治療内容が参加者にとって有益だと言ったか

　参加者は治療プログラムのさまざまな前向きな特質について話している。前向きの特質の多くはこのグループの本質と一致している。それは変化をおこす環境を作るために，本人が設定するゴールを中心とした，ゴールと解決志向のグループ・プログラムである。

ゴール志向
数人の参加者はグループのゴール志向という本質を簡潔に説明している。

- 「このクラスの基本はゴールを設定し，新しい方法で問題に取り組んだり対処したりすることだった」
- 「『良い習慣』とでも言うべきものを作るためにゴールを設定するという考え

方がとても気に入っている」
- 「このクラスは自分の生活について，また自分がどうなりたいかを考えさせる」
- 「この講座は私がゴールに集中し続ける助けになった」

ある参加者は，クラスのゴール志向の本質についての彼の見方をボーリングのたとえを使ってみごとに説明している。

- 「私がクラスのことを説明する一つの方法は（ダサいかもしれないけど）『ゴール』をボーリングのピンにたとえることなんだ。このクラスで教わったのは，一本ずつのピンに向かってランダムにボールを投げるのではなく，もし適切なピン（ゴール）をめざせば，1本を倒す勢いを他のピンを倒すためにも使えるということだ。上手く10本一度に倒してストライクを取るときもあるし，スペアになるときもあるけど」

前向きで非難しない姿勢に終始する

プログラムのなかで評価されたもう一つの特質は，前向きの変化を重視し，参加者を全く非難しないことであった。参加者の大多数は裁判所命令によって治療に参加させられ「ドメスティック・バイオレンス加害者」というラベルを背負ってきていたので，プログラムが懲罰的で，対決をせまられ，自分が非難されるものと予想する人が多かった。この治療プログラムの前向きで非難しない姿勢は，多くの参加者にはうれしい驚きだっただろう。

- 「このプログラムが前向きな結果を生んでいる理由は，人の品位を傷つけたり辱めたりしないからです。自分の人生と自分がどうなりたいかを考えさせてくれます。このプログラムから学んだことは，誰でも何らかの理由で，もっと良い人間になるために変わったり進歩したりできるということです」
- 「このクラスを教えた人たちは，クラスの外で私たちがするべき作業を必ずするようにしむけてくれました。彼らは私たちが前向きで達成できることをするように期待していました」

新しい有益な考えと行動を育てる

人々が自分の生活に違いをもたらす変化に気づくように助けることが，解決志向アプローチの主要な信条である。グループ参加者の経験談から，そのような努

力が認められていることがわかる。

- 「このクラスは，新しいアイディアを考え直し，自分に関しても人生についても新しいことをやってみる自信を与えてくれるだけでなく，ものごとに取り組むもっと良い方法を作り出させ，幸せな変化を作り出す助けになります」
- 「このクラスは日常生活や困難な状況に取り組むスキルを与えてくれたので，助けになりました」

進歩の指標となる小さくて達成可能な変化

解決志向治療は，クライアントが自らの状況のなかで違いを生むような小さな変化を得ることに重点を置いている。小さなゴールは実行の可能性が高く，達成可能だと考えられることが多い。ある参加者は，具体的な例を挙げてそうしたポイントをまとめてくれた。

- 「ここは長期的なゴール設定をして自己学習するクラスですが，簡単なゴールから始めるので，自分の生活を本当に変えることができます。テレビのリモコンをゆずり合うことがこんなに喜びをもたらすものなのかとか，皿洗いという単純なことが日常生活をこれほど豊かにするなんて，誰が想像したでしょうか」

小さな変化を目指すので，参加者の努力は成功しやすい。そうしたフィードバックは，変化への動機づけを強めるので，プラスの影響力を持つ。

- 「私はゴールへの努力を続けることで，とても進歩しました。もうすでに良い結果が出てきているので，クラス終了後も続けます」

解決は自分のなかから生まれる

解決力を持つ人としての自己に焦点をあてることを評価した参加者もいる。

- 「変化の方向を見つめるならば，答えは自分自身のなかにあるとわかることがよくあります。問題を見ることをやめれば，答えが見えてきます」

説教ではない自発的学習

自分で始める経験的学習法が，プログラムのもう一つの優れた特質だという評価もあった。

- 「正しいとかまちがっているとかは誰かから教わるものではなくて，実践から学ぶものだと思います」

短期間のプログラム

ある参加者はプログラムの実施期間について短いが「強力」だとプラスのコメントをしている。

- 「私はこのコースが短くて強力なのでとても満足しています」

グループのほとんどの参加者からのフィードバックは解決志向治療の本質と一致するものだった。しかし，この治療方法に無関係か，予想できなかったフィードバックもあった。

男女混成グループ

参加者のなかには，物事を異なる見方から理解させてくれる男女混成グループを評価する人もあった。

- 「私は，クラスのなかで男女両方の物の見方から人間の行動についてたくさんのことを学びました。男女は違う考え方をします。これが理解できてすごく助かりました！」
- 「このクラスには男性参加者が多かったので，彼らの話や不満や感情について聞けてとても楽しかった。男性は女性とは基本的に違う考え方をしていると思っていたが，そうでもないと思うようになった」

参加者はどの治療内容が無益だと言ったか

数人の参加者が，このプログラムで役に立たないと思う面についてのフィードバックを提供してくれた。

クラスが大きすぎる

グループは4人～10人で構成されていたが，時にはグループが大きくなりすぎ個々の参加者が無視されたと感じる時があったかもしれない。「クラスが大きくなりすぎて，一人ひとりが実際に得られるはずのものが得られなかったと感じ

た。座っているだけで，自分が求めていたほどに話し合えなかったし，学べなかった。誰かのゴールを検討するのに時間を取りすぎて，私のゴールや，それが上手くいっているかどうかを話す時間が十分に取れなかった。全部で8時間のクラスのなかで，私個人には30分しか充てられなかったと思う」

クラスの期間が短かすぎる

プログラム期間の短さを評価する参加者がいる一方で，ある参加者は十分な進歩を見るためには期間が短すぎるとコメントしている。「一人ひとりがもっと進歩するためにはあと7クラスは足りないと思う」

配偶者・パートナーが同時に出席できないこと

ドメスティック・バイオレンスの場合，カップルを一緒に治療することについては，議論が大いに分かれるところである。しかしある参加者はパートナーと共に治療を受けたいという希望を述べている。実際，数組のカップルが時期を異にしてプルマス・プログラムに参加した。「配偶者と私がもし同じクラスに出席できていたら二人とももっと進歩していたと思う」

アルコール問題を取り上げなかった

「一部の人にとっては強い決定要素になるので，アルコール／薬物乱用についての話し合いがもっと必要だ」

裁判所命令による出席

このプログラムの参加者の多くは裁判所命令によるクライアントであり，自分の変化に特に熱心ではないと思われる。そういう態度は他の参加者の学習経験を妨げる可能性がある。「このような型のグループ学習は，すべての人に有益とはいえないと思うようになった。というのはここにいる人たちは刑期の代わりに来ているので，他の人の心からの自己表現を妨げている。彼らは個人としての成長には興味がないので，私自身の時間が無駄になったと感じる時があった」「私がこのクラスを誰かに勧めるかって？ 多分勧めないね。その人が自分の生活を本当に変えようと望まない限り。あっ，こんなことを言うと誰かの感情を害したかな？ 私が言いたいのは，自分の行動を本当に変えたいと思わないとダメだし，特にこのような形のクラスでは強制されて来ることは役に立たないと思う」

参加者は有益なファシリテーターの行動は何だと言ったか

クライアントとセラピストとの関係および相互作用の重要性はどれほど強調してもしすぎることはない。数多く出版されている結果研究のなかで繰り返し指摘されることは，どんな特定のアプローチの技法よりも治療上の関係が重要だという点である（Asay & Lambert, 1999）。私たちのプログラム参加者のコメントもファシリテーターの治療的・人間関係的行動に関することに集中している。数人の参加者は，ファシリテーターがすばらしい人々であり，くつろいで親しみやすく，やさしいという個人的性質についてもコメントしている。

治療的行動
期待を持つ 「このクラスを教えた人たちは，私がクラス外での作業を確実に行うように助けてくれた」「彼らは，私が何か前向きで成果が上がることをするように求めた」「誰もいい加減で済ますことはゆるされなかった。つまり自分のゴールに向かって努力したことを証明させられたんだ」

思考を促すためのよい質問をする 「彼らは真剣に考えさせるような質問をした」「このクラスは新しい考えをしっかりもう一度考えさせてくれると思う」「彼らは私たちが自分について説明せざるをえなくさせた」「心を開かせてくれ，質問によってより深く考えさせられた」「彼らはものごとを生き返らせる質問をたくさんした」

コンプリメントする 「ほめることはお互いの信頼レベルを高め，誰でも自分自身が前より好きになる」

いつも前向きでいる 「本当に有益な前向きの言葉を使うこと。前向きな態度で将来もっと改善できることに全ての注意を向ける。過去には焦点をあてない」

非懲罰的 「彼らは名指しで非難しなかった」

セッションの掌握 「ペアのファシリテーターはよく協力し，状況を完全に掌握していた」

効果的コミュニケーション 「私が本当に言いたいことを言えるように助けてくれた」「私が彼らの質問に答えざるをえないように工夫していた（質問をわかりやすく言い直してくれたり……）」

人間的共感 「ファシリテーターも私たちと同じような問題を持っていたが，私たちより上手に処理できていた（感情をより上手にコントロールできる）」

行動を重視する 「ゴールの進み具合をチェックするために報告義務があることは

役に立った。ゴールを実行に移す助けになった」
- フィードバックする　「提案をしたり，物事に対するファシリテーターのアイディアや意見を言ってくれた」「問題に対して良い助言をしてくれた」
- 個人的ニーズに対応する　「私は酒も薬物もやらないしパートナーもいない！　こんな難しい私の状況にも配慮してくれた」
- 個人的理解を深めるように助ける　「彼らは私の話を聴き，問題が何であるかを理解する助けをしてくれた」「ほとんどの場合は自分で考えさせるような質問をしてくれた。声に出してはっきり言ってくれたので問題を認識して解決を作りやすくなった」

対人関係に関する行動

- 引き込む　ファシリテーターは「他の人を理解し，他と関わり，他者の話をしっかり聞くというすべての理念に対して努力し，その方向に歩み，それを楽しんでいる」
- 勇気づける　「言葉，表情により勇気づけた」「一人ひとりが自分で考え，自分の問題の解決方法を作り出すように勇気づけた」
- 支持する姿勢　「自分の問題に自分で対応することができるように支持する（個々人の持つニーズに対応する）」
- 傾聴する　「話をよく聴き，私が本当に言いたいことを言えるように助けてくれた」「よく聴いてくれて，話を途中で遮らなかった」「彼らはよく聴いてくれた」
- 間を取る　「せかされずに，結果的に一人ひとりが自分のストーリーを話すことができ，誰もイライラしなかった」「各々が自分の気持ちを考える時間が取れた」
- 公平さ　「公平に接した」（えこひいきをしない）
- そこにいる　「そこにいるだけで，うろたえたときに助けになった」
- 誠実である　「彼らの言葉は心からのものだった」

参加者は治療プログラムに出席して何を学んだのか

参加者はめいめい自分でゴールを選んで作業したので，彼らがクラスから学んだことも各人各様である。しかし，主なものは，1）自己に注目すること，2）人間関係の重要性，3）有益な態度の習得，という3点であった。この学びは参加者が自発的に行ったり言ったりしたものだから，DV加害者全般の学習に何が役

立つかを理解する助けになる。

自己に注目する学習

　自己に注目する学習の重要なテーマの一つは，彼らの怒りのコントロール・処理能力が強化されたことであった。75人の参加者の記録を読むと，回答者の55％がクラスから学んだ主要なこととして，怒りをコントロールする新しい方法を学んだ／発見したことだと言う。その他の二つのテーマは自信の増加（33％）と人生への前向きな展望（57％）であった。

怒りの処理（アンガー・マネジメント）の学習

　現在のプログラムは怒りの処理法を特別に教えているわけではないが，参加者は怒りのコントロールのための効果的な方法をいろいろ発見している。彼らが自分で発見した方法のなかには，この問題に関する伝統的な知恵と同じものがたくさんある。

行動する前に考える　参加者は「行動する前に考える」ことの自己版をさまざまな方法で説明している。たとえば，「それで，家では，状況を考えた上で，何が悪かったかをどならずに話せるようになるまで，まず別の部屋に行く」「父親に対しては話す前にじっくり考える。話す必要があれば，どならずにこう言う。『私に話させて，一度だけ話を聞いて』。前のやり方だと私がどなり返し，誰も話の要点がつかめなかった」「反射的な暴力の代りに聞く機能が作動するようになったんだ」

腹を立てる前に尋ねる　「反応する前にまず尋ねること」「責められていると感じるときには知りたがることが私のゴール」「人が私に話しかけようとする時に，爆発しないでおだやかに聞くこともできるようになった」

立ち去る　「怒りに変わりそうなフラストレーションのはけ口に，散歩するとか前向きなことをすること」「家ではどならないですむようになるまで他の部屋へ行っているんだ。怒りをコントロールできるようになった。誰かがいやなことを言ったら背を向けて別のことをするんだ」

どなることは無益だ　「互いにどなり合うことでは何にも解決しないことを学んだ。問題を悪化させるだけだ」「自分の怒りの処理の仕方がまちがっていたことがわかった。どなったら状況はコントロールできなくなり，良くなるどころか悪くなるだけだから，どなってはいけないのだ」

怒らずに気持ちを表す　「何かに対する感情を抑える必要がないことを学んだ。他の人にぶつけなければよいのだ。それでも自分の気持ちを人に伝えられる。今ではカッとしなくなった」

ささいなことに腹を立てない 「ささいなことに腹をたてないようにおおいに努力してきた」「今ではほんの小さなことに爆発することはない」「小さなことに左右されないようにするほうがいい」

反応を選ぶ力をつける 「感情はある程度までしかコントロールできないが, 反応は自分で選べる」

怒りを自覚する 「怒りの気持ちが起きたら, それを自覚すること。怒っていると, 問題を前向きにも客観的にも処理できない」「状況が難しくなっても, 二言三言ののしれば自分を抑えることができる」

平静さを保つ 「職場の友人たちが, 難しい状況になっても私が平静さを保てることに気づいたと言ってくれた」「怒りをもっと穏やかな方法で処理するほうが自分にとってはよい選択だ」

飲酒を止める 「飲酒と麻薬を止めると, 忍耐強くなり, 癇癪を抑えることができた」

人間関係の重要性を学ぶ

私たちのプログラムでは, 参加者の83.5%が配偶者またはパートナーとの関係に問題をもち, 3.5%が自分の子どもを虐待し, 2.4%が自分の親との関係に問題をもっていた。自発的に述べてくれた75人のうち87%の参加者が人間関係について別な見方を学んだと言った。その内訳は53%がカップル関係, 9%が親子関係, 5%が原家族との関係, 3%が職場の関係, 16%が一般の付き合いについてである。そのなかの主なテーマは, 具体的な人間関係上の学習（たとえば妻の話を聞く, 家族と過ごす時間を増やす, 家事や子どもの世話を手伝う, もっと良い父親になる）から広い意味の関係性のスキル（他者を尊敬する, 思いやりを表す, ギブアンドテイクの関係を持つ, 人を信頼する, 双方向のコミュニケーションを使う, 他者のニーズに気づく, やさしくする, 自分にも他者にもゆとりを持つ, 人の良いところを探す）にまでわたっている。

人間関係について学んだこと

配偶者・パートナーの話をよく聞く 「私が学んだのは彼女の話をよく聞き, さえぎらずに話す機会を与えること, 彼女と彼女の気持ちにもっと理解を示すべきだということだ」「私のゴールは妻の話を本当によく聞くことだった。彼女は彼女に関する私の冗談が嫌いだった。彼女の話をじっくり聞かないのは, 以前からの習慣だったから, このゴールは私にとって良かった。良い出発点

になった」

- 双方向のコミュニケーション 「何でも自分一人で決めてしまわないで二人の間でコミュニケーションをとると、たいていの問題が始まる前に片付くことがわかった」「一時期，私はほとんどの人を閉め出していたが，このクラスは私の目を開いて，他者に私の話をするだけでなく，他の人の話を聞き，彼らを理解することを教えてくれた」
- 他者のニーズに敏感に 「このグループが私にくれた最大の恩恵は重要な他者のニーズに敏感になることだった」「彼女の気持ちに気づかせてくれた。彼女に言ったり，したりすることを立ち止まって考えるようになった」
- 親切にする 「親切にし，やさしい言葉をかける」「そうです。私は今実行していることを必ず続けます。それは，娘と過ごす時間を多く取り，やさしくすること。それが今，していることです」
- 家族との時間を増やす 「家族との時間をふやすことは思っていたほどつまらないことではなく，今は家族との時間を本当に楽しんでいる」「私の毎日の計画や生活に彼女のことも入れるようになった。そうしたら私が彼女に身近にいてほしいことをわかってもらえた。毎日彼女とだけ過ごす時間をわずかでも取るようにしている。そうすれば彼女は喜び，愛されていると感じる。それがとても大事だとわかった」
- 自分と他者の間に距離を置く 「不満と怒りを処理する方法は，自分のために小休止を取り，他者との間に時間と距離を置くことだ」「私のゴールは妻に自由を与えることだった。たとえば妻を約束の場所に一人で行かせるとか。最初はそれが難しかった。というのは，彼女は家に帰ってくるだろうかとか，別の病院へ送られてしまうのかどうかが不安だったからだ。今は他のことに気持ちを集中できるようになった。また楽しいと思うことをして自分に注意を向けている。おだやかで愛情のこもったやり方で夫の責任を果たすようにしている」
- 家事を助け子どもの面倒をみる 「以前は友人の手伝いをしても家では何もしなかったが，家事や家族との関係作りに責任があることを学んだ。家事をするようになって妻との関係がよくなった。私たちは前より言い争いをしなくなった」「妻は私の変化に気づいているようだ。私が前より家にいて，子どもたちの宿題をみてやったり寝かしつけたりしていることにね」
- もっと良い父親になること 「今では私は父親というよりお父さんらしくなった。前は自分の親父と同じようにふるまっていたが，娘には自分のような生活をさせたくなかった」
- 他の人の良いところを探す 「今までなら過剰反応していた場面でも，コンプリメントすれば信頼され，誰でも気持ちがよくなることがわかった」
- 思いやり 「他の人を思いやり尊敬することについてたくさん学んだ」「他の人

も私のことを思いやってくれることがわかった」
他の人を尊敬する　「人を尊敬し、あるがままに受け入れることを学んだ」
ギブアンドテイク　「自分のほんの一部を与えるだけですばらしい見返りがあることを学んだ」
信頼　「信頼にはさまざまな感情が混ざり合っていることがわかった。人を信頼すればするほど人生や生活に対応するのが楽になる」

有益な態度を習得する

　75人の参加者の98%は自分の態度が変化したと言っている。その内容は以下のとおりである。43%はゴールに集中し続けることによって態度に変化があることを学び、60%は他者にではなく自分のなかに変化を求めること、57%は前より責任を持つことについて語り、57%は前向きでいることを、8%は受容の大切さを、11%はやり過ごすことによって起こる自分の態度の変化について述べている。「前よりくつろぎ、柔軟性をもち、率直で忍耐強くし、変化することに真剣に取り組むことで起こる自分の態度の変化」について説明した回答者も少数だがあった。

有益な態度を習得する方法

ゴールに集中し続ける　「個人的なゴール作りをして、自分を改善する訓練を続ければ、物事はうまくいくことを私はこのクラスで学んだ」「自分のゴールをめざせば、小さな歩みでも変化できることがわかった」「このグループから学んだことは、何かに心を定めれば必ず達成できるということです」

常に前向きの姿勢でいる　「否定的サイクルと同じくらい簡単に前向きなサイクルを始められることがわかった。何かがうまくいかないと、全てがうまくいかなくなることは誰でも知っている。知らなかったことは、小さなことを良い方に変えると、それがさらに良い方向に雪だるま式に大きくなっていくことだ」「前向きなことだけに考えを集中し、否定的なことを考えなければ、落ち着いて前向きに対応できることを学んだ」

他者ではなく自分のなかに変化を　「変化は可能だが、変化を求める目的と理由は心のなかから生まれなければならない。人は他者を変えることはできないから、自分自身を変えねばならない」「変化を求めるとその答が自分のなかにあることがよくある」「私は、他の人については何もできないことがわかった。

他者が考え，感じ，行動するやり方を私が変えることはできない。私が変えられる唯一の人は私自身なのだ」

責任を負う　「このクラスで私が学んだ最も大切なことは，自分の行動と生活に自主性と責任を持たなければならないということだ」「このグループで学んだことは物事の本質，問題行動のペナルティ，善悪をしっかり考える必要があることだ」

受容する　「私はありのままの自分でいいこと，自分を表現していいことを学んだ」「私のゴールはもっと柔軟になって，自分のやり方を人に押し付けないことだった」「私が追求したゴールは，私たちが若くてデートしていた時みたいに，妻を違う見方で見ることだった。また彼女が何をし，どうなるかという期待を持たないことにした。もし私に何か良いことが起こったら，それを感謝するだけだ」

リラックスする　「リラックスすればするほど，ストレスが少なければ少ないほど，自分をコントロールできる」「深呼吸し，水かコーヒーを一杯飲む。一番良いことは，事が起こっても重く受け止めないで，冗談にし，笑いとばすことだ」「いつもまじめに緊張していなくてもよいことがわかった」

忍耐する　「忍耐することを学んだので，私はおだやかな人間になった。問題が大きくても小さくても前より理性的に処理できる。だから腹を立てないので暴力もない」「進歩には時間がかかるし，前進するには取り組む意志と忍耐力が必要だとわかった」

率直で柔軟　「私は柔軟性がプラスになることを学んだ」「グループから得た最大の恩恵は重要な他者のニーズに気づいたことと，もっと率直になれると自覚したことだ」

取り組む意志　「ゴールを設定し，それに取り組めば，簡単に到達できることがわかった」「たしかに後退はある。何かのきっかけで望まない行動に引き戻されるかもしれない。しかし取り組む意志があればゴールに引き返して，自分を変え，成長するためにもう一度やり直すことができる」「あらゆる変化は簡単には起こらない。考えと決意が要る。難しいことではある。あきらめるのは簡単だ」

参加者はプログラムに出席して得た利益は何だと言ったか

　他の人々との関係が改善したと答えた参加者は42%，生活の助けになる何かをする新しい決心をした人は39%，前より自分が好きになり自信を持った人は39%，希望がふくらんだ人は19%，新しいスキルを伸ばした人は10%である。

治療目的以外の個人的な成果を述べた人は17%（そのうち7%は薬物またはアルコールの使用を中止し，5%は就職し，2%は新しい教育を受け始め，3%は子どもと一緒に住めるようになった）である。

関係の改善
家族関係　「私は家族と不機嫌な気分ではなく楽しい雰囲気でいっしょに過ごす時間が増えた」「私と家族はお互いに前よりずっとやさしくなっている」「このゴールが家庭生活を改善したことは確かだ」

親子関係　「自分が悩んでいることを父にうまく話せないという問題がずっとあったが，今では父に自分の気持ちや考えを話すことができる。父と義母ともいっしょに，じっくり話し合うことができるので，何でも話し合える家族になり始めている。妻も子どもも父も全て含めてそのことで皆がずっと親密になった」

カップルの関係　「この組織は私とガールフレンドとの関係もよくしてくれた」「妻の話を聞き，頼まれたことをすることで，私たちは強いつながりを持ち始めている」

社会的関係　「このクラスやクラスメート，インストラクターの助けでお互いの個人的ストーリーを話し合えたので，前より気楽で親しみやすい人間になった」

職場の関係　「職場では考えてから話さなければならない。二人の従業員に対してはうまくできた」

決断力を養う
参加者の39%が生活のなかでより良いことをする決心をしたと言っている。何人かはゴールで決めたことを続けて行うと大まかに述べているが，明確で具体的に述べる人もいる。「将来も努力を続けます。もとの状態に戻るなんてとんでもない。前は誰からも，娘からさえも好意をもたれなかった。人からの反応は否定的なものばかりでした。それは本当にいやだった。どんな場合でも主導権を持てない感じがしていました。でも今では新しい戦術を学んだので，良い手応えを感じています」

自分が好きになり自信を持つ
「自分が前よりずっと好きになった」「自分が好きになり，家族も私の変化に気づいている」「クラスのおかげで二人とも前より良い人間になったと感じる」「実

際，感情をコントロールできて爆発しないで目の前の問題を解決できると，自分自身を誇らしく思う」

希望がふくらむ

「物事はなるに任せ，うまくいくかどうかを見守るだけで良いのだと考えられるようになった。任せると物事は最善の場所におさまるようだ」「妻も私も二度とコミュニケーション不足を起こしたくない」

新しいスキル

「肝心なことは今，努力しているこれらのスキルが前向きの効果を生むように見えることで，前より良いことはたしかだ」「夫も赤ん坊も，私が信念を持って努力しているやり方はこれまでとはえらく違っていると感じている」

参加者の配偶者・パートナーは治療プログラムについてどう言ったか

配偶者・パートナーが気づいた参加者の前向きの変化

グループ参加者の配偶者・パートナーは治療の成功による最大の受益者なので，治療効果の中心的情報提供者であると私たちは考えている。追跡面接中に私たちは彼らにオープン型の質問をした。「彼がこのプログラムに参加した後でどんな前向きの変化が起こったかご自分の言葉で話していただけますか」。22人の配偶者・パートナーが参加者の「感情をコントロールするスキル」「関係性のスキル」「家族との関わり方」「変化への動機づけ」などのさまざまな前向きの変化について話してくれた。

感情をコントロールするスキル

大部分の配偶者・パートナーが，参加者の変化については怒りのコントロールという問題を中心に話した。何人かは，参加者が暴力をやめたり軽減したりしたことについて次のように述べた。「前回いつ彼が爆発したか思い出せないくらいです」「子どもを叩いていません」「暴力をふるっていない」「身体的暴力が減っ

た」。他の人たちはパートナーが怒ることが少なくなったという。「怒りの問題はよくなっています」「前より攻撃的でない」「前ほど怒らなくなった」。配偶者が新しく怒りのコントロールのスキルを得たという人もいた。「感情を前よりずっとよくコントロールしている」「怒りを違った方法で処理することを学んだ」「怒りについて今ではもっと深く考え始めている」「時間をかけて物事をしっかり考え抜こうとしている」「行動を起こす前に考えている」。

　プログラム参加者が怒りのコントロールについて学んだ具体的スキルについてのコメントには次のものがある。「彼は自分の立腹に気づくときには，それをコントロールしようとし，実際に腹がたってしまったらガレージに行くようにしている」「彼は違った方法で怒りを処理することを学んでいる。腹が立ち始めると，私を一人にして気持ちを落ち着かせようとする（ガレージへ行く，車で出かける，別の部屋へ行く）。以前だったら怒鳴っていた」「彼はあまり怒らない。腹が立ったときにはおさまってから私のところへ戻ってくる。前より上手に処理している。以前は彼が怒ると怖かったが，今ではそんな気持ちにはならない」「彼は身体的に怒りを処理するのではなく，話し合うことを学んだ」。

　他方，参加者の感情表現やおだやかでいられる能力が前より増したなど，怒り以外の感情について話す配偶者・パートナーもいる。「彼は前よりも感情を表すことができる」「夫は胸中の思いを吐き出すことができる」「彼女は付き合いやすくなり，のんきでゆったりとしてきた」「彼は前より温厚で好感が持てる」「彼は前よりおだやかになった」「以前彼女はすごく暴力的だったが，今ではずっとまろやかになった」。回答者の一人は，彼女の配偶者が前より「ずっとゆっくり運転し，思いやり深く，衝動的でなくなった」とコメントしている。

関係性のスキル

　配偶者・パートナーの報告によると，参加者の変化のなかでもう一つ重要な分野は関係性のスキルである。多くの配偶者・パートナーは，参加者のコミュニケーション・スキルの前向きの変化が，コミュニケーションの相互性と表現能力を向上させているという。「彼はよく話を聞き，注意を払っている」「今では私と話し合いができる」「前よりよく話し合ったり，妥協しようとする。途中で怒りだすことが今では10回中4回になった」「他の人とのコミュニケーションも付き合い方も進歩したようだ」「十分に話し合いができる」「ただ怒鳴っていた時より，コミュニケーションが上手になった」「対人関係では前よりうまく状況に対

応できるし，寛容になった」。その他の関係性のスキルの変化は次のとおりである。

- 思いやり深くなった
- 妻のフィードバックを求める
- 相手を尊重する
- 言い合いが少なくなった
- 前より正直になった
- 前より寛容になった

対人関係性のスキルがプラスに変化したのは，カップルの間だけにとどまらない。参加者は社会的な関係においてもずっと前向きに機能している。「彼は人に自分からアプローチすることを学んだ」「彼は今の方が社交的なつきあいが増えた」。

家族との関わり

配偶者・パートナーは，参加者がカップルの生活や家族生活にずっと深く関わるようになったと話している。参加者は家事を手伝い，配偶者や子どもたちと過ごす時間を増やしている。「散歩やランチに行く。二人だけの時間を前より多く持つ。教会へ行く。私に花をくれる」「娘たちと共に過ごす」「6歳の娘の世話をする」「子どもの面倒をみる」「家族行事に加わる」。

生活の他の面での前向きの変化

配偶者・パートナーは生活に関する多くのプラスの変化についても述べている。報告された変化のなかで多かったものは薬物使用の中止である。「薬物を全く使っていない」「プログラム終了後，わりとすぐに喫煙と飲酒を止めた」「アルコールを控えている」「薬物使用を止めた」。他の変化としては，もう一度一緒に住む（復縁する），投薬を受ける（プロザックをのみ始める），仕事を続けている（「彼は1年以上同じ仕事を続けた」）がある。

参加者の配偶者・パートナーが有効だと感じた治療内容

追跡電話面接のなかで，回答者に「あなたの配偶者・パートナーにプログラムの何が有効だと思いましたか」と尋ねた。自分の配偶者・パートナーが内容の話

をしなかったので，プログラムについての情報をほとんど持っていないと答えた人が数名いた。しかし他の多くはプログラムが配偶者・パートナーにどう役立ったかについて幅広い意見を聞かせてくれた。

- 責任を持つ 「参加者が責任を取るべきことを指摘してくれた」
- 非難しない 「参加者は自分の行動を他人のせいにしないようになった」
- 結果を考える 「彼には『もう一度私を傷つけたら刑務所行きだし，人を傷つけてはいけない』ということがわかってきた」
- 希望 「希望を持たせた」
- 洞察 「自分の問題を適切に処理していなかったことを認識させた」
- 行動 「黙っていることの必要性を学んだ」「参加者は喫煙と飲酒問題をたくさん話し合った」
- 宿題 「宿題が役に立った」
- 前向き 「否定的でなく前向きでいようとする」

考察

今回の結果調査は，他の調査と同様にさまざまな困難，資源の制約，調査のもつ限界などに直面した。この調査の主な限界は，調査対象者数が十分でないこと，対照群または比較群がないこと，離婚や転居，投獄など，調査結果に影響を与える可能性のある外的要因が制御できていないことである。さらに，追跡面接の参加者およびそのパートナー・配偶者の回答率はともに約55％であった。DV加害者治療の他のプログラムの調査に比べて，比較的高い回答率を得ている私たちの調査も追跡調査における回答者選別上の偏りという問題を軽減することにはなっていない。というのは，治療が進んだりプログラムに肯定的な見方をしたりした参加者は，プログラムを認めなかったり治療が進まなかったりした人よりも高い回答率を示しているのかもしれないからである。追跡調査に応答したグループ参加者と応答しなかったグループの人々との間に何か重要な差異があったかどうかを見極めるために，さらに以下のデータを使って比較分析をした。公的逮捕記録，今回の問題と関連する可能性のある人口統計上の変数（人種，教育，年齢，雇用，性）および他の背景的変数（DSM-Ⅳ Ⅱ軸診断，アルコール／薬物乱用，親の離婚，

家族のアルコール依存，犯罪，児童期の虐待経験）である。カイ二乗検定の結果では，上記のどの変数に関しても二つのグループ間に有意差は認められなかった。言い換えれば，6カ月後の追跡面接時に，回答したグループと回答しなかったグループの間に，回答者を選別する上での偏りがあったとは，今回の調査データからは言えない。

　参加者およびその配偶者から報告された再犯率は慎重に解釈する必要があった。前述のように，6カ月後の追跡調査時における参加者と彼らの配偶者による回答率は約55％である。

　回答者と非回答者との間に選別による何らかの偏りがあったという証拠はないものの，ただしそれについても，6カ月後の追跡調査時に参加者および配偶者全員のデータが，私たちのもとにあったわけではない。さらに全回答者の46.7％のみが6カ月後の調査時に配偶者・パートナーと親密な間柄にあったが，公的逮捕記録による再犯率のデータは，治療プログラムの全参加者を対象に集められた。それでもなお私たちは，これらの公的記録による再犯率の妥当性について懸念を抱いている。というのも，治療プログラム完了後に州外に移転した参加者があるかもしれないからである。そうであれば，公的記録による再犯率はプログラムに参加した加害者による暴力行為の実際の発生状況を示していないこともありうる。これは加害者治療プログラムの評価調査全てに共通する問題である。6カ月後の追跡調査時に電話がつながらなかったり，連絡がとれなかった参加者が公的逮捕記録に基づく再犯者グループと有意に関連しているかどうかを調べた。追跡面接時に連絡が取れなかった42人の参加者のうち，10人は被害者相談所，保護観察所，地方検事局の記録で再犯が確認された。そうした情報は参加者がその地域に居住しているという確かな証拠にはならないが，6カ月後の追跡調査時に聞き取りができなかった参加者の何人かはまだ同じ地域司法制度内に居住していたことの確かな証ではある。

　さまざまな制約があったが，今回の調査研究では加害者治療プログラムの評価についての問題のいくつかをとりあげた。私たちは，治療プログラムにおける効果の定義を拡大して，評価の過程で量的，質的データを活用し，行動的要素（暴力の停止，親密な関係における対人関係上の行動の変化，参加者の自尊心）と過程に関する要素（治療プログラム内の構成要素）の両方を使った。さらに私たちは，データ収集において，プログラム参加者，参加者の配偶者とパートナー，プログラム・ファシリテーター，公的逮捕記録（地方検事局，保護観察所，被害者

相談所）など多方面の報告資料を活用した。さらに長所に重点を置く評価手法を用いることで，暴力の停止という行動上の変化に焦点を置く伝統的評価を拡げて，親密な間柄での人間関係行動が前向きに変化したり，それを習得することを含めた。

　数量的データを活用したので，DV加害者の治療プログラムに解決志向アプローチを使用した際の効果が初めてデータを用いて明らかにされた。私たちのプログラム終了後，公的記録に基づいた再犯率16.7%は他のほとんどの同種の治療プログラムよりもかなり低い。この再犯率は6カ月後の追跡面接時に配偶者・パートナーから報告された13.5%に匹敵する。同様に，プログラムの完了率92.8%は，大部分の他のプログラムの完了率と比べて自慢できるものである。7.2%という極端に低い脱落率は，プログラムが短期間であることと，治療過程の初期に決められた参加者の出席に関する明確なグループ・ルールによるところが大きい。評価プログラム参加者で親密な人間関係を持っていた人は（評価プログラム対象者の約半数），配偶者・パートナーの評価によれば親密な間柄での対人関係のスキルに，大幅な進歩を見せている。治療前から治療後にわたって進歩した参加者の対人関係スキルの進歩は，プログラム完了6カ月後も維持されていた。さらに，参加者本人も，その配偶者・パートナーもプログラム完了6カ月後に，参加者の言語や腕力による暴力行為が大幅に減少したことを認めている。参加者の自己報告によると，治療前と比較して治療後の自尊心が大幅に増したことがわかる。参加者の向上した自尊心は治療プログラムの完了6カ月後の調査時にも維持されていた。さらに参加者の再犯率は，DSM-Ⅳ診断，薬物／アルコール乱用問題，犯罪行為への関与，親の離婚，親のアルコール依存とは関係がないという結果がでた。しかしながら，児童期の虐待経験は，参加者の再犯率と関連があることがわかった。

　質的データの内容分析によると，プログラム参加者本人およびその配偶者・パートナーから見た，1) 有効な治療プログラムの内容，2) 治療に有益な構成要素が明らかになった。1) 治療プログラムの有効な内容には以下が挙げられる。ゴール志向，前向きな事項へ焦点をあてること，非難しないこと，有益で新しい思考や行動を育むこと，上から教え諭すのではなく自立的な学びに重点を置くこと，進歩が明確に測れる小さな変化目標を探すこと，本人の内側から出る解決方法や自身の長所に重点をおくこと，治療プログラムに男女両方を受け入れることなどである。参加者の配偶者・パートナーの見解も，有効な治療プログラム内容

については同様であった。2）治療に有益な構成要素としては以下のものがある。非難しないこと，前向き志向，希望を与えること，参加者が洞察力を花開かせることや，その行動に変化をもたらす支援をすることである。プログラムの有益な要素として参加者ではなく配偶者のみが指摘したのは，参加者が責任を担うことおよび暴力行為の帰結について理解させることであった。

ファシリテーターの治療行動で有益とされたのは以下のものである。参加者に期待をかける，内省を促す良い質問をする，コンプリメントする，前向きな姿勢を保つ，処罰的な態度をとらない，治療セッション全体を「掌握」している，効果的コミュニケーションのスキルを持つ，実行したことに焦点をあてる，フィードバックを与える，個別のニーズに向き合う，参加者が自分自身を理解できるように支援するなどである。ファシリテーターの有益な対人関係行動として参加者が挙げたのは，積極的に関わる，勇気づける，支持的な態度，傾聴する，心の余裕を与える，公平であること，いつでもオープンで話ができる，誠実であることなどである。質的データの分析から次の点が明らかになった。参加者がプログラム参加の利益を自分で述べていること，また配偶者・パートナーも参加者の行動の前向きな変化を挙げていることである。

参加者・配偶者・パートナーが指摘する有効な治療内容や有益なファシリテーターの行動は，セラピストがDV加害者のグループ治療プログラムを効果的に行う際の貴重な情報である。また参加者自身が述べる前向きの変化・恩恵・学びを検討すると，この治療プログラムが参加者や彼らの重要な他者に与える個人的，社会的なインパクトがよく理解できる。

結　論

上述の治療効果調査は，DV加害者治療プログラムの効果を検証するために行ういくつかの広範な試みの一部である。私たちの調査目的は以下の二点であった。(1) 解決志向で，長所を重視する，DV加害者のための治療方法において具体的な実証データを積み上げ，(2) このような仕事にたずさわる人々に役立つプログラム要素を検証することである。調査は実践に寄与し，また実践も調査に寄与するものであると私たちは強く信じている。

加害者治療プログラムの有効性を評価する努力が重ねられているにもかかわら

ず，ゴンドルフ（Gondolf, 1997）は「社会科学という法廷では，加害者治療プログラム評価の試みのほとんどは調査方法に問題があるか，状況証拠ゆえに証拠不十分として退けられるであろう」(p.208)と言う。ゴンドルフが言うような精緻な調査の必要性は私たちの場合にもあてはまるだろう。比較的低い再犯率，高いプログラム完了率，DV加害者の治療における解決志向アプローチに対する参加者・配偶者からの良好なフィードバックなどの調査初期に得た実践的なデータ証拠があるにもかかわらず，私たちのプログラムが他の治療アプローチよりも効果的だと断定的に結論づけることはできない。なぜなら，今回の調査においては比較群が存在せず，治療プログラムの経験者からランダムに評価プログラムの対象者を抽出することができなかったからである。本調査にはこのような限界があるので，DV加害者治療に解決志向アプローチを使うプログラムの有効性は臨床家と調査者によってさらに検討されねばならない。加えて，DV加害者治療の分野においては，方法論の厳密化，治療効果の概念の明確化，評価対象の拡大および長所重視の視点の採用などの明確な要請がある。

　将来の調査のための具体的提案を以下に示したい。1) フェミニスト・認知行動的モデル，精神力動アプローチなどを含む伝統的治療方法を経験した人々からなる対照群を採用する，2) さらに正確で精選された統計的分析のために，より多くの母集団を対象とする，3) 都市部と非都市部，富裕地域と貧困地域，民族的・人種的に多様な地域を開拓する，4) 追跡面接時の回答率を改善する方法を研究開発する，5) 多様な報告データや資料を活用する，6) 評価過程において長所重視をいかに計るかを具体化し，その枠組みを作り上げる，7) 加害者の行動の変化や，被害者を含む治療プログラム利用者へ与える社会的影響，プログラム実行組織の構成のあり方などに評価焦点を拡げる，などである。さらにプログラムを評価するうえでは，量的のみならず質的な評価方法を加えることは必須の要件である。質的方法を用いれば，DV加害者の微妙な変化の過程を調査者により良く理解させる助けになるからである。

11 おわりに
Afterword

プログラム修正の可能性

　私たちは変化を起こすことができそうな効果的なアプローチを発見すると，当然ながらそれを利用できるかどうかを確かめてそのアプローチの限界を知りたいと思う。私たちは本書のモデルが相当長期の治療モデルに使用できるかどうか，別の種類の問題をもつ人々にも適用されうるかどうかと度々質問されてきた。

　現行のモデルは，数多くの小さな修正と改良を経て進化してきたものだが，核心の構造は変わっていない。私たちが必要と信じる側面は三つの重要な要素と関わっている。(1) 人は自分の解決を作り出すことができるという信念，(2) 治療において選択は変化を促す大きな力となっているという信念，(3) ゴールに関連する小さい行動をすると，比較的短期間に，意味があり長続きする変化が始まるという信念。本書のモデルを活用するには最小限この三つの基本的要素がなければならないと信じる。

　これらの要素には利点とともに限界がある。たとえば，専門家による長期治療が必要と想定されるアプローチに，本書のアプローチを混ぜ合わせることは逆効果になると強く感じている。私たちは，参加者が短期間にゴール関連の行動に集中して重要な生活の変化を起こすことを期待されている場合には，強力で抵抗しがたい自己成就的予言が生み出されると信じている。反対に，変化は近い将来に起こる可能性はないとか，ある条件のもとでのみ起こるというメッセージが伝わると，その結果は予想通りになる。言うまでもなく，私たちは長期の，問題志向

的治療プログラムに解決志向的要素をつけ加えることには懐疑的であり，それは否定的結果を生むと信じている。一貫性をもった信念と期待は本書のアプローチの重要で不可欠な条件である。

次に出てくる重要な疑問は「長すぎるというのはどれぐらいを指すのか」「ある種類の人には他の人よりもグループセッションの回数を多くする必要があるのか」という二つである。8週間という構成はもともとは，初期の不十分な体制の産物である。それがうまく機能し，私たちの調査形式の一部となったので，8週間という構成を使い続けることになった。現在では，そうするつもりはないが，グループセッションを増やすことにはある程度の利点があるかもしれないと考えている。私たちのみるところ，人によっては目指す変化が定まるまでに2, 3回余分のコンタクトが要るだけである。

私たちは，グループセッションは「最高12回が限度で，最低8回は必要」だと信じている。私たちがこの結論に達したのは，少数の参加者は8回を越えるグループセッションを求めているように思われるからである。何人かの参加者は実際にもう数回のセッションがあったら有益だったろうと話している。ただ，グループセッションが12回以上になると，多くの参加者は意欲と集中力を欠くだろう。つまり，グループが12セッション以上続くと否定的治療結果が実際に生じるおそれがある。

セッションをすぐに付け加えないで，8〜12セッションという主要部の後に，ある間隔をおいて「追加」の複数セッションを設ける方法もある。この設定を希望者で実験してみたところ，参加者は当初は相当の関心を示したが，やり遂げる人は少なかった。この追加案を実行するなら，参加を義務づけなければならないだろう。私たちはこの代替案の影響を調査していないが，参加者がゴール行動に長期間取り組むことを奨励するので，プログラムの有効性が増し，彼（女）らが有効だと感じる行動にさらに集中することができると感じている。むろん，ファシリテーターが参加者の達成した変化に確信を持たなければ，反対の結果が生じる可能性がある。その恐れがあるので私たちはこの修正を条件つきで勧める。

グループセッションの時間についても度々話し合ってきたが，60〜70分のセッションが最適だと考える。ほとんどの人がそうであるように，参加者も集中力を1時間以上維持することは難しい。さらに1時間という拘束時間は治療グループも含めて，限られた時間内にできるだけ働こうとする人にとって予期せぬメリットがある。つまり時間を効果的に使うためのプレッシャーは効率性と生産性

を増す。

　私たちは長年さまざまな人数でグループを運営してきたが，最適数は約8人だという結論に達した。グループの人数が12人にまで拡大されると，グループ過程の質は受容可能なレベルで維持されるが，参加者のなかには集中力を欠く人もでてくる。12人以上のグループと作業するとほとんどの場合，不満足な結果になる。なぜなら全ての参加者のゴール作りとその利用に十分な注意が向けられないからだ。そうなると，脱落者が出たり，参加者がゴール作業に集中できなくなったりする。

他のグループへの応用──可能性の拡大

　私たちはこのプログラムを裁判所命令やソーシャルサービスによって子どもたちから離された親など，他の対象にも適用してきた。この方法では，裁判所が親たちに命令して，子どもを家庭に戻す前に8回のグループセッションに参加させる。そのゴールは家庭での養育を成功させ，子どもが施設へ再委託されるのを減らすことである。ドメスティック・バイオレンス加害者と同様に，親たちは最初，腹を立てるが，グループに参加する間に自分たちが支援され，期待されていると感じてすぐにグループの支持者になる。このグループのフィードバックの機会に，大部分の参加者はグループセッションの数をもっと多くすべきだったと述べた。それは，親たちが子どもを取り戻そうとしている時に，孤立し支援されていないと感じていたからに違いない。このような人々と働き始める前には，私たちは彼らを作業に参加させることは非常に難しいだろうと予想したが，それは間違っていた。実際には，大部分の親たちは解決について話したがり，他の人の解決について聞くことも喜んだ。私たちはこのプロジェクトについての調査は実施していないが，有望な結果が出ると思われる。

　私たちはティーンエイジャーに対しても野外活動プログラムとして，修正した解決志向のグループアプローチを使ってきた。このティーンエイジャーたちには，参加やプログラムの修了は義務ではなかった。最初の一人ひとりのゴール作りはなんとか成功したが，グループ過程は難航した。私たちは10年以上かけて，思春期の青年たちのためのプログラムを実生活の問題解決を援助する方向に転換してきた。スタッフはコンプリメントとともに解決アプローチを基にした対応と

探索を行う。私たちはこのプロジェクトを評価する調査を最近，実施したところである。

　薬物乱用の思春期青年たちの治療には，同僚がこのプログラムの修正形式を適用して成功している。この強制参加プログラムでは，ティーンエイジャーたちは，私たちのドメスティック・バイオレンス治療プログラムとほとんど同じ方法で，ゴールを作成し話し合うことを義務づけられた。地方判事たちは最終セッションに出席して，参加者の進歩を直接聞き，彼らの努力に賛辞を送った。

　このように解決志向グループのフォーマットは適用の幅が広い。解決志向モデルの長所の一つは，参加者が自分で解決を作り出す能力を持つと考えるので，ファシリテーターに一つ一つの異なる問題に対して異なる治療法を作るように要求しないという点である。

ドメスティック・バイオレンスへの対応方法

　本書は，ドメスティック・バイオレンスのための包括的対応方法を開発する意図はもっていないとはいえ，私たちがドメスティック・バイオレンス問題に取り組んで発見した重要な基本的対応方法を述べないことは怠慢と言えるだろう。

ドメスティック・バイオレンスへの多面的・多視点的対応方法

　既存文献は，ドメスティック・バイオレンス加害者は，同質のプロフィルをもつ人々ではないと述べている。ある加害者は，子どもの時に虐待を経験したり目撃したりしているかもしれない（Straus, 1996; Saunders, 1995）。別の人は，アルコール依存の問題を持っているかもしれない（Kaufman, 1993）。ある人は家庭外で暴力があり犯罪歴もあるが，他の人は「安全な場所」でのみ暴力を振るう（Holtzworth-Munroe & Stuart, 1994）。ある人はDSM-Ⅳ診断名を持ち，他の人は持たない。ある加害者は貧困に苦しみ，他の人は社会の「富める者」である。言いかえれば，治療プログラムは，多様な経路を経て暴力を振るうようになった広範な人々を扱うのである。さらにドメスティック・バイレンスは高度に複雑な社会・文化・政治的問題であり，根深い歴史がある。私たちの社会の人種的多様性が全体像を複雑にしている。というのは，異なる文化はジェンダー，結婚，権力，

権威についての多様な信念と慣行を育んでいるからである。

　従って，ドメスティック・バイオレンスを終結させる解決は一機関が提供できる単一のタイプの治療では済まない多様で多面的なものになるだろうと思われる。ドメスティック・バイオレンスに介入するさまざまな視点とアプローチを検証した結果，エイシコヴィチ，イーノシュ，エドルソン（Eisikovits, Enosh, & Edleson, 1996）は，現状はジェンダー関係における長期の根深い構造的変化へのニーズを見失わないものの，被害女性の直面する緊急のニーズに応えようとするプラグマティズムに傾く双方向主義（Goldner, 1992）が必要だと言う。シュワント（Schwandt, 1994）は，ドメスティック・バイオレンス問題を扱うために今まで使ってきたさまざまなシンボルと言語システムを持ちながら，現在の社会運動は多元的で柔軟なものになっていると言う。私たちのドメスティック・バイオレンス加害者治療のアプローチは，親密な関係内の差し迫った目に見える暴力を終らせるための多元的社会的努力の一つである（しかし，この解決志向アプローチは「欠陥と非難」の言語と相反する「解決と長所」という言語とシンボルを活用する点では，従来のアプローチとは際立った違いがある）

支援的関係作り

　ドメスティック・バイオレンスは複雑で多様な特質を持つので，それを終らせるには多様な働き手が必要である。実際に警察，保護観察所，地方検事，裁判官，治療者，ヘルスケア専門職，シェルター，研究者などの多くのシステムが直接関わっている。その背後には，家族，結婚，教会，メディア，学校などの制度が存在して，性別役割，権力，人間関係に関する価値観と実践について人々に伝えたり教育したりする中心的役割を担っている。

　私たちは，ドメスティック・バイオレンスを根絶するにはさまざまな社会・政治・文化的システムを統合する努力が不可欠だと信じている。無数の制度を統合することは，関係するネットワークが複雑なので容易ではない。しかしながら，私たちのプログラムの哲学と合致させるためには，制度間で共通のゴール・小さな変化・関連性を探すことが重要である。私たちは，より広いシステムのなかで，ある特定の働き手と協力関係を作ることが非常に有効なことを発見した。経験的事実からわかることは「逮捕・投獄・法的代弁者（弁護士）・被害者相談所・加害者プログラム・裁判所の非協力的参加者への対応」が一体になった介入が，

再犯の減少とプログラムの有効性に貢献することである（Edleson, 1991; Kaci & Tarrant, 1988; Steinman, 1988）。私たちは仕事上，加害者が自らの行動に責任があるとする地方検事，保護観察所，判事と連携している。グループ参加者の大多数は，自らの問題のために自分から治療を求めることは決してないと思われる。彼らは義務づけられているというだけの理由で私たちのプログラムに参加する。そのような背景から，私たちのグループ治療プログラムの「前向きの治療的影響力」は法的権力の強力なサポートがあって初めて可能になる。治療プログラムに参加しない場合には，短期の投獄も含めて「罰」が，加害者のみならず加害者となる可能性を持つ人にも暴力行為を減らしたり防いだりするメッセージになる。

　法的機関との連携の他に，私たちは被害者相談所との支援関係を作ることが非常に重要だと考えている（Gondolf, 1991）。ほとんどのドメスティック・バイオレンス加害者治療プログラムにとっての究極的関心事は被害者の安全である。被害者相談所は他では入手できない参加者の治療結果の情報を持っているので，私たちには彼らからのフィードバックが必要なのである。また，被害者への話し方によっては結果に影響が出るので，彼らに私たちの仕事の内容を理解してもらうためにあらゆる機会を利用している。その他の，加害者へのサービス提供者との協力も有益である。協力の重要性は既存の文献も強調している。なかでも加害者治療プログラムや被害者相談所のような他のサービス機関との協力が重要である（Eisikovits & Edleson, 1989）。

　研究者とサービス提供者の連携も不可欠である（Edleson & Bible, 2001; Gondolf, Yllo & Campbell, 1997）。サービス提供者と研究者がお互いの関心事について直接協力して答えることは非常に生産的だと思う。新しい方法やアプローチを創造しようとするサービス提供者の多くは，研究のサポートをほとんどといっていいほど受けられないので，有意義な変化が起こっているのかどうかがわかりにくい。また，サービス提供者は効果を上げたいと願い，自分たちの仕事のどの部分が有効だったかを知りたいと思うが，仕事を評価する有効な方法や資源を持っていない。研究者にとっての協力の利益には，研究の正当性の強化・研究の有効活用・質問項目の改善・調査実施の便宜増進・諸機関との協力の強化・現場との連携・研究努力と有意義な社会的目標との関連などが含まれる（Edleson & Bible, 2001）。専門知識をわかちあい，資源をひとつにまとめることにより，研究者とサービス提供者のパートナーシップが生まれ，それが社会の治療プログラム改善能力を高め，こうしたプログラムの知識が拡がる。

私たちは異なるパートナーと連携してそれを維持するための戦略を見出した。その要因は「過程の初期に協力の役割と期待を明確にする，コミュニケーションを継続して維持する，有益な情報の共有，信頼と協力を養う態度をつくる，上下関係をつくらない，問題解決を柔軟にする，理解強化のために相互の分野に時間を使う」などである。これらの要素は関係作りの基本で常識であるが，連携の維持には重要な効果がある。

社会的コントロールと治療の分離

私たちは一致協力して努力することの重要性を信じるものだが，異なるシステムの活動は連係することはあっても混同してはならないと思う。処罰，法的決定，変化の責任を取らせることの三者は明確に分離されていなければならない。各々のシステムには独自の義務と目的がある。職責の混同は参加者とサービス提供者のどちらにとっても問題である。たとえば，判事は十分な情報に基づいて最善の決断を下したいと思う。弁護士は，クライアントのために最善の弁護をしたいと思う。検事は法を犯した人に責任を負わせたいと思う。治療提供者は参加者個人の前向きの変化と成長を重視する。異なる分野の専門家同士の役割が抵触すると参加者に利益よりも混乱を生じさせる。

社会的コントロールと治療機能の分離はドメスティック・バイオレンス加害者の治療プログラムの提供者に関わりのある問題である。私たちは「加害者に問題の責任をとらせ，善悪を教えて社会的にコントロールする」という姿勢は取らない。セラピストは人を罰したりコントロールしたりすることを社会的に認められていないという単純な理由で，セラピストが行う治療は社会的コントロール機能を有効に果たすことができない。私たちは専門的に訓練されたこと，つまり人々の変化の自主的過程を助けることだけができるのである。治療と処罰を分離する利点としては他に次のようなものがある。(1) グループ・ファシリテーターは裁判所命令または要求によって治療を受ける参加者に対して，罰ではなく単純に治療を提供するという役割だけを負っているので，グループとの共働関係を作ることが容易にできる。(2) 参加者はうっとうしい裁判所と縁を切りたいために自分をよく見せる必要がなくなれば，彼らが感じている問題を率直に話して必要な変化を起こす可能性が高まる。(3) グループ・ファシリテーターは治療提供者であると同時に社会的コントロールの請負人であるというディレンマから解放される。

長所に集中する

　ドメスティック・バイオレンスに対して社会は，概して欠陥重視の観点に立って対応している。大部分の加害者プログラムは，ドメスティック・バイオレンス加害者の認知的・行動的欠陥を強調する認知行動的フェミニズムに立脚している（Saunders, 1996）。このプログラムの目的は，加害者に暴力問題に責任を取らせ，再教育するために対決することである。ほとんどの加害者プログラムの評価には，治療成功測定の唯一の規準として再犯率が使われてきた。繰り返すが，その場合には欠陥つまり加害者の暴力行為が強調される。そこから提起される疑問は，人はなぜ暴力を振るうのか，どのように暴力行為を行うのか，その暴力はどの程度深刻なのかなどにまつわるものである。「欠陥の視点」からの上のような質問は「暴力サイクル」（Walker, 1984）「加害者の心理・社会的特徴」「暴力に関わるリスク・ファクター」などのようにドメスティック・バイオレンス現象を否定的に理解させる原因となった（Walker, 1984）。

　ドメスティック・バイオレンス加害者の治療に長所重視のアプローチを推奨するという主張は論争をまきおこさずにはすまない。サービス提供者のなかには，加害者の弱点と欠陥にではなく，治療のなかで彼らの長所を足場とするという非対決型アプローチを採用することに不安を感じる人がいるかもしれない。彼らにとってそのようなアプローチは，否定的行動の除去に罰を使う従来の知恵の対極に思えるのである。他方，長所重視の視点からも加害者治療に関する新しい知識と理解を必要とする次のような疑問が出てくる（Bennett & Williams, 2001）。たとえば，1）親密な関係において〈どうやって〉〈何が〉人に暴力なしに話しあい，尊敬し，コミュニケートし，傾聴し，相互に対立解消することを学ばせるのか。2）暴力の代りの有益な行動を作るために使える加害者の長所は何か。関連する調査上の質問を次に挙げる。1）幼時に暴力を目撃・経験したのに暴力を使わない人には，どのような環境内の防御要素があったのか。2）人はどうやって暴力を振るわなくなるのか。3）対立解消に関連する意思決定はどのように行われるか，等々。これらの質問が加害者治療とドメスティック・バイオレンスへの対応に関する新しい知識と視点へ私たちを導いてくれる。

コミュニティへの対応に不可欠な多様性

　ドメスティック・バイオレンス加害者治療にとって，文化的多様性は重要な課題を投げかける。ドメスティック・バイオレンスのために逮捕され，起訴された男性のなかで，少数民族の男性は数の上で上回るが，彼らの治療完了率は白人男性にくらべてはるかに低い（Bennett & Williams, 2001）。人種の違いは〈信頼・安心・重大問題を話す意欲・ドメスティック・バイオレンス加害者の治療グループ参加〉に影響を与える重要な要素である（Williams, 1995）。多様な文化的背景をもつ人々は，ジェンダー，結婚，権力，人間関係について多様な信念をもち，対立解消スキルや支援を求める行動も異なる。ドメスティック・バイオレンス治療プログラムの全米調査（Williams & Becker, 1994）によれば，人種の差がないかのように振るまうことがドメスティック・バイオレンス治療プログラムの最も一般的アプローチだったが，それがこれらのプログラムの無効性の一因と考えられる。

　文化への対応力を養うことは，治療提供者が一貫して取り上げながら，ほとんど未解決の課題である。既存文献によると，文化への対応力の訓練内容は「文化の理解・文化に固有の知識・スキル」の育成である（Green, 1995）。理解・知識・スキルを高めるという要素を重視することは訓練「内容」の向上を意味する。私たちは，プログラム提供者は多様な背景をもつ加害者と働く場合に彼らの文化的前提についてたえず検証し，挑戦し，疑問をもち，拡げるという継続的，内省的過程にも関わるべきだと信じている。そうした内省的過程を通して提供者は文化的に敏感になり，有効な方法で彼らの実践を認知的，感情的，行動的に変えることができる（Lee & Greene, 2002）。

　多様性は人種・民族・文化に限定されるものではない。多様性のなかには，性的オリエンテーション，宗教的信念，障害なども含まれる。さらに，ドメスティック・バイオレンスは一般的に男性が女性に対して振るうものと思われているが，女性が男性を攻撃したり，両性が相互に攻撃し合うこともある。また同性関係の間で起こることもある。ドメスティック・バイオレンスを根絶するには，暴力がさまざまな形を取ることを理解しなければならない。

結論

　ドメスティック・バイオレンス問題へのアプローチは非常に多様でそれぞれ大きな違いがある。解決志向アプローチは，ドメスティック・バイオレンス加害者治療に「解決と長所」という言葉とシンボルを使うが，これは親密な関係内の差し迫った，目前の暴力を終わらせるための多元的・社会的努力の一部である。私たちが見るところ，役割と責任が明確に規定されている異なるシステム間で効果的なパートナーシップが作られなければ，有効な社会全般の変化は起こり得ない。このようなパートナーシップは，すき間から抜け落ちる人をなくすようなつぎ目のないシステムを生むことを理想とする。統合されたシステムは，1) 加害者がタイミング良く治療を受けて完了し，2) 犠牲者に有効な選択肢・支援・弁護・介入を提供し，3) そのアプローチの効果を評価して修正する。同時に，多様な背景をもつ加害者と，ドメスティック・バイオレンスのさまざまな形態をも見落とさないことが肝要である。治療プログラムを効果的に実施するためには，多様性の問題を，グループの時間と注意を割く一つの分野ととらえるのではなく，治療過程の不可欠の部分として取り上げねばならない。

　ドメスティック・バイオレンス加害者のための治療に「解決と長所」という言葉とシンボルを使うことには異論もあるだろう。私たちはドメスティック・バイオレンス加害者の効果的治療を探求する際には多様性と多面的な意見を重視する。唯一の見解，唯一の視点を固持することは虐待関係の行動の型を再現することになるだけである。但し，他の見解を評価する場合には，その見解の倫理性や観念的傾向はもちろん，関連するメカニズムや過程を注意深く検証することが重要である。

　次に引用するストーリーには，ドメスティック・バイオレンス加害者との私たちの仕事についての信念がよく示されている。数年前，私はシエラ高地でキャンプして登山していたとき，切り立った花崗岩の崖に囲まれた山の湖のほとりに座っていた。その崖は自然の円形劇場の形をしていたので，朝の光のなかで二人の登山者が岸壁を登る音が聞こえた。私は彼らの会話に耳をすませ，登攀に目をこらした。

　年長の経験豊かな登山者が指導役で，若い登山者に質問したりほめたりしているのがよく聞こえた。ときどき若いほうが「こんなことはできるはずがない」と

か「どこにも行けない，手がかりがないんだから」と言っている。年長者は「君はすばらしい，ここまでできたことに感心しているよ」と答えていた。続けて，「君の頭上にあるのは割れ目かい」。若いほうは伸び上がって割れ目にさわり答えた。「遠すぎるけれど，小さな突起があるからそれを使えるかもしれない」「それはいい。すごくよくやってるよ。君の頭上の岩棚でランチにしようか」「良い考えだね。そこまで行けると思うよ」。

つき出た岩棚に向かっている若い登山者は明らかに不安そうだった。見守り，耳を傾けながら私は手に汗をにぎっていた。年長者の声は平静ではっきりしていた。「もちろんこわいだろう。とても難しい場所なんだから。気持ちを落ち着かせるために何ができると思うかね」。若いほうはきびきびと答えた。「あなたは専門家でしょう。教えてくださいよ」。年長者はしばらく上を見上げていたが，よく考えてから口を開こうとしているようだった。若者はついに言った。「深呼吸してこの岩をよく見なければ」。年長者は「君は一人前の男だ。息を吸ってまわりを見てごらん」。この言葉は，若い登山者が今の自分のジレンマの専門家であり，年長者は若者の「成し遂げる」能力に敬意を表しているという現実をはっきり伝えていた。

若者は尋ねた。「僕があの割れ目に足を押し込んで岩棚にまわり込めると思いますか」。年長者は答えた。「ここからははっきりとは言えないができそうだよ。どう思う？」「やってみようと思う。ロープをゆるめないで……。あ，できた。今，岩の上に立ってる。思ったよりやさしかった」。年長者が叫んだ。「信じられない。何とすばらしい動きだったんだ。それが一番大事な動きだったんだよ。君は本当に立派な登山者になるよ」。

私は湖のほとりの平らな岩に身を横たえて，BFTCでのトレーニング中にスティーブ・ディ・シェイザーの言った言葉を思い出した。あのときスティーブは「世界の大部分は解決よりも問題の説明に終始している」と言っていた。山登りは，人生の冒険の大部分がそうであるように，解決に集中するほうがはるかに有益なことが多いのである。

付録 i

ドメスティック・バイオレンスの理論的視点
Appendix 1: Theoretical Perspectives of Domestic Violence

　ドメスティック・バイオレンスは私たちの社会においてひときわ重要な問題である。それは犠牲者（主として女性と子ども）に，ひいては社会全体にとって広範で有害な影響をもたらすものである。ドメスティック・バイオレンスの原因を説明するために，ミクロ指向（micro-oriented）理論，マクロ指向（macro-oriented）理論から多次元理論まで多くの理論が提示されてきた。

ミクロ指向の諸理論

　ミクロ指向理論は，ドメスティック・バイオレンスの病因とダイナミックスを個人の視点から理解し，説明する。個人の特性が検証の中心となる。

社会的学習理論

　社会的学習理論は，人が親密な関係のなかで暴力的行為をどうやって身につけるのかを説明するために，モデリングの概念（Bandura, 1973）と古典的／オペラント条件づけ（Skinner, 1953）を活用する。社会的学習理論は，人は暴力の経験や影響を通して行動の仕方を学ぶと主張する。この理論は，ドメスティック・バイオレンスの状況に適用される場合にしばしば「暴力の世代間伝達」と呼ばれる。原家族のなかで暴力を経験したり目撃したりした人は，暴力は求めるものを手に入れる適切な方策，または許容できる満足できる手段だと学習する（Doumas, Margolin, & John, 1994; Arias & O'Leary, 1988; Straus, Gelles, & Steinmetz, 1980）。批評家たちは，幼時に暴力を経験・目撃しても必ずしもすべての人が暴力的になるとは限らないので，この説明では不十分だと批判する。カウフマンとジーグラー（Kaufman, & Ziegle, 1987）は，彼らの行った検証では，暴力の世代間伝達は30％にすぎなかったと述べている。さらに，全ての暴力的人間が子ども時代に暴力にさらされていたわ

けではない（Arias & O'Leary, 1984）。それでもなお，ドメスティック・バイオレンスを説明する理論として，社会的学習理論は広く受け入れられている。つまり，暴力の犠牲者であることや暴力を目撃することは成人の暴力の不変のリスク・マーカーの一つであると思われている（Hotaling & Sugarman, 1986; Saunders, 1995）。

精神病理学と人格特性

精神病理学的説明によれば，人はさまざまなパーソナリティ・タイプ，精神病理，心理学的特徴によって暴力的になるとする。そのなかには，ボーダーライン・パーソナリティ（Dutton & Starzomski, 1993），攻撃的または敵対的パーソナリティ（Heyman et al., 1995），自己愛的パーソナリティ（Dutton, 1994; Gondolf, 1999; Hamberger & Hastings, 1990），遺棄についての極度の嫉妬と不安（Holtzworth-Munroe, Stuart, & Hutchinson, 1997），強い怒り（Feldbau-Kohn, Heyman, & O'Leary, 1998）に媒介された高度のうつ的症状（Vivian & Malone, 1997），低い自尊心（Gondolf, 1988），力への強い欲求（Dutton & Strachan, 1987）などがある。このような視点からすると，暴力行為は自己の行動を抑制できないような病的個人によるものだということになる。精神病理学的説明を批判する人々は，そのようなアプローチは暴力行為の加害者の責任を軽減し，暴力を持続させている現行の社会構造の影響力を過小評価していると論ずる（D. O'Leary, 1993）。

生物学的・生理学的説明

生物学的・生理学的説明は，暴力行為は個人の生物学的・神経学的要因によるところが大きいと主張する。ローゼンバウムと同僚（Rosenbaum, Hoge, Adelman, Warnken, Fletcher & Kane, 1994）は，彼らのサンプルの90％以上の男性が最初の攻撃的行為の前に頭部の損傷を経験しており，彼らが加害者になる確率は頭部損傷なしの男性にくらべて約6倍であるとの結果を発表している。その他の要因としては，児童期の注意欠如障害（Elliot, 1988）とテストステロンとセロトニンのような生化学的な要因（Johnson, 1996）が暴力に関わるリスク・マーカーとして確認された。しかしながら，このような説明理論は，加害者の行動に対する彼らの責任部分を減殺してしまう。

アルコールと暴力

物質乱用，特にアルコール飲用は，親密な関係での暴力と関連があるとされる（Fagan, 1993）。諸調査によれば，家族内の暴力・現在の飲酒・配偶者虐待の3者間に重大な関連性があることがわかっている（Kaufman, 1993）。

ミクロ指向諸理論は，個人的特性を中心として暴力行為を説明する。この理論は加害者の行動の責任や責めを軽減することになるが，ドメスティック・バイオレンスの病理の理解に多大な貢献をしたことは否めない。こうしたアプローチは親密な関係内の暴力を維持している社会構造の役割を過小評価することにもなる。

マクロ指向の諸理論

マクロ指向理論は，ドメスティック・バイオレンスの発生に社会的・文化的状況が影響を与えると主張する。ドメスティック・バイオレンスはもはや個人的病理とはみなされなくなっている。そうではなく，ドメスティック・バイオレンスは広範な社会文化的状況に組み込まれていて，それが暴力行為を強めたり支えたりしているという。有力な理論として，フェミニズムの視点，家族暴力（システム）的視点および暴力のサブカルチャーがある。

フェミニズムの視点

フェミニズム論は，主として女性に対する男性の暴力に焦点を絞るものである。この視点から見ると，女性に対する暴力は，家父長制の概念によって支えられている男性支配・女性従属の制度の表れ（Chornesky, 2000; Dobash & Dobash, 1979）であり，男性と女性の性別役割を教え込む男性支配の社会構造と社会的慣行を含むさまざまな社会制度によって維持されている（Yllo & Straus, 1990）。具体的には，家族は，女性の男性に対する服従と家父長的価値観を強化する最も強力な社会制度の一つである。暴力は社会的コントロールと女性に対する男性の力を維持する方法となっている（Levinson, 1989）。フェミニズムによる暴力の説明はまた，男性支配の文化的観念と女性の資源アクセスを制限する構造的力との関係に注目する。フェミニズムの視点を批判する人々は，それがドメスティック・バイオレンスをうまく説明できていないという。たとえば，社会的に強力な家父長制への信仰と構造が

あるにもかかわらず，女性に暴力を振るう男性はごく少数のパーセンテージである。さらに，ダットン（Dutton, 1994b）は，男性の特権と支配によって個々の男性の考えと行動を予測することはできないし，男性間の相違を無視しているので単純化され過ぎていると述べる。また，このような枠組は，レズビアンや異性間の関係のどちらにおいても女性への暴力を説明できないとする（Straus & Gelles, 1990）。しかし，なおフェミニズムの視点がドメスティック・バイオレンスを説明するマクロ構造理論として優勢であるのは，ドメスティック・バイオレンスの犠牲者の 90％～95％ が女性だからである（Kurz, 1997）。

家族システム的視点

家族システム的視点はドメスティック・バイオレンスを相互作用的・人間関係的角度からとらえる（Lloyd, 1999; Margolin, 1979）。この視点は，ドメスティック・バイオレンスの発生を理解するために家族構造の特質に注目し，男女ともに暴力を振るう存在としてとらえるので，ジェンダーを検証の主要な論点には設定していない（Stets & Straus, 1990）。暴力行為は，カップルがお互いの相違点を解消するために使う報復の方法の一部であり，それはどんどん激しくなる。家族のなかで暴力が起きやすい特徴的場面としては，体罰の使用によって暴力を正当化する，家族の対立解決の一方法として暴力を使う，体罰という形の暴力を使ってしつけをする，暴力を愛情と結びつける，などがある（Straus, 1990）。家族暴力の視点は，上のように人の行動は半ば不本意な家族という関係に強く影響されると考える。したがって一般に，ドメスティックバイオレンスを維持するメカニズムを強調し，女性に対する暴力に注目しないので，フェミニストたちから「家父長的信念と構造が女性への暴力を続けさせる役割」を無視しているとして強い批判をあびている。それはドメスティック・バイオレンスの犠牲者の 90％ から 95％ が女性だという事実を切り捨て，女性の犠牲者を支援するための資源を他へ流用していることになる。

暴力のサブカルチャー

暴力のサブカルチャーの見解として，サブカルチャーのなかには暴力を受容できるもの，むしろ奨励されるものとしてとらえているグループがあるこ

とが示されている。このようなグループは，求めることを達成するための暴力行使を容認する傾向がある。たとえば，社会的下層クラス出身者は，上層クラス出身者よりも暴力を容認したり行使したりする傾向がある（Wolfgang & Ferracuti, 1982）。シュウォルツとディケセレディー（Schwartz & DeKeseredy, 1997）は，男性ピアサポート・グループモデルを作ったが，そこでは女性に対する暴力は男性ピア・サブグループに支持され，女性を支配したりコントロールしたりする正当な方法として暴力を大目に見る傾向があったと報告している。

統合的枠組

統合的枠組はドメスティック・バイオレンスを説明するために，ミクロ的要因（心理的または人格特徴，関係ダイナミクス，物質乱用）とマクロ的要因（ジェンダー，階層，文化，人種）を統合しようとする。このような枠組は多次元的である。たとえば，ジェレス（Gelles, 1983）は暴力の説明に交換理論と社会的コントロール理論を使う。交換理論は，人間の行動は，報酬と罰の計算に基づいていると想定する（Homans, 1967）。社会的コントロール理論は，行動に対する社会的制裁の欠如または不適当さによって逸脱行動が起こると主張する。言いかえれば，加害者は暴力の報酬がコスト（たとえば社会的制裁や他の否定的結果）よりも大きいので暴力を使う。アンダーソン（Anderson, 1997）はドメスティック・バイオレンスの検証に，フェミニズムの視点と家族暴力（システム）の視点を統合する。家父長的信念と構造は家族内または親密な関係内で力の構造に影響を与えるので，女性に対する暴力を振るうリスクを増すことになる。ヘロン，ハヴィヤー，マクドナルド＝ゴメズ，アドラーシュタイン（Heron, Javier, McDonald-Gomez & Adlerstein, 1994）は，ドメスティック・バイオレンスの説明に，社会病因論モデルを開発した。暴力と攻撃性の多次元的相互作用モデルは，ドメスティック・バイオレンスの理解に構造的要素と個人的要素を統合している。女性に対する暴力は，社会システム，とりわけ家族組織における構造的不平等の結果である。個人的レベルでは，個人は親密な関係内で対立を解消したりコントロールを手に入れるための暴力行使を正当化しようとして，現実と道徳を歪めることもありうる。

付録 ii

宿 題
Appendix 2: Written Assignment

　治療プログラム参加者に以下のテーマに関して1ページの宿題提出を求める。もし宿題が1ページより少ない場合には、参加者に返却し、少なくとも1ページ分は書くように要求した。私たちは作文にではなく、テーマについての参加者の考えに関心をもっている。宿題の提出回数はそのグループの進展によって時間がどれくらいあるかで決める。8週間のプログラムで、ときには二つしか宿題を課さないときもある。しかし宿題6はいつも第7セッションで出し、第8セッションで提出してもらうことにしていた。
　以下が宿題のテーマである。

宿題1
人間関係をよくするための小さな行動にはどんなものがありますか。

宿題2
あなたがパートナーを大切にしていることを、パートナーにわかってもらうために、あなたはどんなことをしていますか。また、パートナーはあなたを大切にしていることをあなたにわかってもらうためにはどんなことをしますか。あなた方二人とも、相手があなたを大切にする気持をどのように表すか知っていますか。

宿題3
もし奇跡が起こって、あなたにこのプログラムを受けさせるようになった問題がすべて解決したとすれば、そのときのあなたの生活・人生はどんなものかを説明してください。

宿題4
あなたの人生・生活で、あなたに強烈で前向きの影響を与えた人について述べ、なぜそうなのかも書いてください。

宿題 5
今から 6 カ月後のあなたの生活はどんなふうになっていて欲しいですか？

宿題 6
このグループ・プログラムからあなたはどんなことを学びましたか。このプログラムが終わった後も，どの点について，努力を続けていくつもりですか。このプログラムの終了後，ゴールへの努力を続けるあなたの自信は 1 から 10 のスケールで計るとどれくらいですか。

付録 iii

グループのルール

Appendix 3: Group Rules

ルール 1．出席
　グループ・セッションは 8 回行われる。出席できない時にはあらかじめ連絡しなければならない。欠席してもセッション時の宿題は提出しなくてはいけない。2 度欠席すると以後はプログラムに参加できない（欠席は 1 度まで）。私たちは保護観察所に参加者の出席状況を報告する義務がある。時間は厳守。出席表が回収された後の到着は 1 回の欠席とみなされる。

ルール 2．暴力
　いかなる形の暴力も禁じる。どのような暴力でも用いたらプログラム参加は打ち切りになる。

ルール 3．守秘義務
　このグループ内で話されたことはすべて他言無用である。聞いたことには守秘義務がある。このルールに違反したらプログラム参加は打ち切りになる。

ルール 4．アルコールと薬物
　もし薬物またはアルコールの影響が認められたら，グループ参加は許されない。つまりグループ・セッションのある日に少しでもアルコールや薬物を使用

したら，グループから退出させられる。

ルール5．宿題

書面による宿題はすべてを読み，完了しなければならない。もしも何らかの理由で宿題ができないことがわかった場合には，自分の責任で助けを求めなければならない。

ルール6．グループでの討論

参加者はグループのなかで自分の考えや思いを討論しあうように期待されている。ファシリテーターや他の参加者の意見に不賛成の場合には，それを話すように勧める。その場合，他人の意見・考え・気持への敬意を忘れないで欲しい。

ルール7．相手を責めない話し方

他の人の行動に直接焦点を当てないこと，またそうすることは奨励されない。変えることができる行動は自分自身のものだけなのだ。

ルール8．ゴール

3回目のセッションの終わりまでにゴールを設定しなければならない。ゴールは次のようなものである。①あなたの生活を良くするもの，②これまであなたがしていない行動をするもの，③他人が見てその変化がわかるもの，④他人がそれによって前向きの影響を受けるもの。第3回セッションまでにゴールを作り出せないならグループに留まることはできない。

文　献
References

Adams, D. (1988). Treatment models of men who batter: A pro-feminist analysis. In K. Yllo &: M. Bograd (Eds.), Feminist perspectives on wife abuse (pp.176-199). Newbury Park, CA: Sage.

Anderson, K. L. (1997). Gender, status, and domestic violence: An integration of feminist and family violence approaches. Journal of Marriage and the Family, 59, 655-669.

Arias, I., &: O'Leary, K. D. (1984, November). Factors moderating the intergenerational transmission of marital aggression. Paper presented at the 18th annual meeting of the Association for the Advancement of Behavior Therapy, Philadelphia.

Arias, I., & O'Leary, K. D. (1988). Cognitive-behavioral treatment of physical aggression in marriage. In N. Epstein, W. Dryden, & S. Schlesinger (Eds.), Cognitive-behavioral therapy with families (pp.118-150). New York: Brunner/Mazel.

Aronsson, K., & Cederborg, A. C. (1996). Coming of age in family therapy talk: Perspective setting in multiparty problem formulations. Discourse Processes, 21, 191-212.

Asay, T. P., & Lambert, M.J. (1999). The empirical case for the common factors in therapy: Quantitative findings. In M. A. Hubble, B. L. Duncan, & S. Miller (Eds.), The heart and soul of change: What works in therapy. Washington, DC: American Psychological Association.

Bandura, A. (1973). Aggression: A social learning analysis. Englewood Cliffs, Nj: Prentice Hall.

Bateson, G. (1972). Steps to an ecology of mind. New York: Ballantine.

Bateson, G. (1979). Mind and nature: A necessary unity. New York: Dutton.

Becvar, D. S., & Becvar, R.J. (1996). Family therapy: A systemic integration. Boston: Allyn and Bacon.

Belenky, M. F., Clinchy, B. McV., Goldberger, N. R, & Tarule, J. M. (1997). Women's ways of knowing: The development of self, voice, and mind. New York: Basic Books.

Bennett, L. W., & Williams, O. J. (2001). Intervention programs for men who batter. In C. M. Renzetti, J. L. Edleson, & R. K. Bergen (Eds.), Sourcebook on violence against women (pp.261-277). Thousand Oaks, CA: Sage.

Berg, I. K. (1990). Goal negotiation with mandated clients. Milwaukee: WI: Brief Family Therapy Center.

Berg, I. K. (1994). Family-based services: A solution-focused approach. New York: Norton.

Berg, I. K., & Dejong, P. (1996). Solution-building conversations: Co-constructing a sense of competence with clients. Families in Society, 77, 376-391.

Berg, I. K., & Dolan, Y. M. (2001). Tales of solutions: A collection of hope-inspiring stories. New York: Norton.

Berg, I. K., & Kelly, S. (2000). Building solutions in child protective services. New York: Norton.

Berg, I. K., & Miller, S. (1992). Working with the problem drinker: A solution-focused approach. New York: Norton.

Berg, I. K., & Reuss, N. (1998). Solutions step by step: A substance abuse treatment manual. New York: Norton.

Berger, P. L., & Luckmann, T. (1966). The social construction of reality: A treatise in the sociology of knowledge. New York: Doubleday.

Blount, R. W., Silverman, I. J., Sellers, C. S., & Seese, R. A. (1994). Alcohol and drug use among abused women who kill, abused women who don't and their abusers. Journal of Drug Issues, 24, 165-177.

Bograd, M., & Mederos, F. (1999). Battering and couple therapy: Universal screening and selection of treatment modality. Journal of Marital and Family Therapy, 25, 291-312.

Cadsky, O., Hanson, R. K, Crawford, M., & Lalonde, C. (1996). Attrition from a male batterer treatment program: Client-treatment congruence and lifestyle instability. Violence and Victims, 11, 51-64.

Campbell, J. C. (1986). Nursing assessment for risk of homicide with battered women. Advances in Nursing Science, 8, 36-51.

Campbell, J. C., & Dienemann, J. D. (2001). Ethical issues in research on violence against women. In C. M. Renzetti, J. L. Edleson, & R. K. Bergen (Eds.), Sourcebook on violence against women (pp.57-72). Thousand Oaks, CA: Sage.

Cantwell, P., & Holmes, S. (1994). Social construction: A paradigm shift for systemic therapy and training. Australian and New Zealand Journal of Family Therapy, 15, 17-26.

Charmaz, K. (2000). Grounded theory: Objectivist and constructivist methods. In N. K. Denzin & Y. S. Lincoln (Eds.), Handbook of qualitative research (2nd ed., pp.509-535). Thousand Oaks, CA: Sage.

Chornesky, A. (2000). The dynamics of battering revisited. Affilia: Journal of Women and Social Work, 15, 480-501.

Chung, D. K. (1992). Asian cultural commonalities: A comparison with mainstream American culture. In S. M. Furuto, R. Biswas, D. K. Chung, K Murase, & F. Ross-Sheiff (Eds.), Social work practice with Asian Americans (p.27-44). Newbury Park, CA: Sage.

Davis, R. C., Taylor, B. G., & Maxwell, C. D. (2000, January). Does batterer treatment reduce violence? A randomized experiment in Broolyn. New York: Victim Services.

de Becker, G. (1997). The gift of fear: Survival signals that protects us from violence. Boston: Little, Brown.

de Shazer, S. (1994). Words were originally magic. New York: Norton.

de Shazer, S. (1991). Putting difference to work. New York: Norton. de Shazer, S. (1988). Clues: Investigating solutions in brief therapy. New York: Norton.

de Shazer, S. (1985). Keys to solutions in brief therapy. New York: Norton.

de Shazer, S., Berg, I. K., Lipchik, E., Nunnally, E., Molnar, A., Gingerich, W., & Weiner-Davis, M. (1986). Brief therapy: Focused solution development. Family Process, 25, 207-221.

Dejong, P. & Berg, I. K. (1999, March). Co-constructing cooperation with mandated clients. 45th annual program meeting, Council on Social Work Education, San Francisco.

Dejong, P., & Berg, I. K. (2002). Interviewing for solutions (2nd ed.). Pacific Grove; CA: Brooks/Cole.

DeMaris, A., & Jackson, J. (1987). Batterers' reports of recidivism after counseling. Social Casework, 68, 142-154.

Dobash, R. E., & Dobash R. P. (1979). Violence against wives: A case against the patriarchy. New York: Free Press.

Dolan, Y. M. (1991). Resolving sexual abuse: Solution-focused therapy and Ericksonian hypnosis for adult survivors. New York: Norton.

Doumas, D., Margolin, G., & john, R. S. (1994). The intergenerational transmission of aggression across three generations. Journal of Family Violence, 9, 157-175.

Dunford, F. (2000). The San Diego Navy Experiment: An assessment of interventions for men who assault their wives. Journal of Consulting and Clinical Psychology, 68,468-476.

Dutton, D. G. (1994a). The origin and structure of the abusive personality. Journal of Personality Disorders, 8, 181-191.

Dutton, D. G. (1994b). Patriarchy and wife assault: The ecological fallacy. Violence and Victims, 9, 167-182.

Dutton, D. G. (1995). Intimate abusiveness. Clinical Psychology: Science and Practice, 2, 207-224.

Dutton, D. G. (1998). The abusive personality: Violence and control in intimate relationships. New York: Guilford.

Dutton, D. G., Bodnarchuk, M., Kropp, R., Hart, S., & Ogloff, J. (1997). Wife assault treatment and criminal recidivism: An 11-year follow-up. International Journal of Offender Therapy and Comparative Criminology, 41, 9-23.

Dutton, D. G., & Starzomski, A. J. (1993). Borderline personality in perpetrators of psychological and physical abuse. Violence and Victims, 8, 327-337.

Dutton, D. G., & Strachan, C. E. (1987). Motivational needs for power and spouse-specific assertiveness in assaultive and nonassaultive men. Violence and Victims, 2, 145-156.

Edleson, J. L. (1991). Coordinated community responses to women battering. In M. Steinman (Ed.), Woman battering: Policy responses (pp.203-220). Cincinnati, OH: Anderson.

Edleson, J. L. (1996). Controversy and change in batterers' programs. In J. L. Edleson & Z. C. Eisikovits (Eds.), Future interventions with battered women and their families (pp.154-169). Thousand Oaks, CA: Sage.

Edleson, J. L., & Bible, A. L. (2001). Collaboration for women's safety. In C. M. Renzetti, J. L. Edleson, & R. K. Bergen (Eds.), Sourcebook on violence against women (pp.73-95). Thousand Oaks, CA: Sage.

Edleson, J., & Brygget, M. (1986). Gender differences in self-reporting of battering incidents. Family Relations, 35, 377-382.

Edleson, J. L., & Syers, M. (1990). Relative effectiveness of group treatments for men who batter. Social Work Research Abstracts, 26, 10-17.

Eisikovits, Z. C., & Edleson, J. L. (1989). Interviewing with men who batter: A critical review of the literature. Social Service Review, 37, 385-414.

Eisikovits, Z. C., Enosh, G., & Edleson, J. L. (1996). The future of intervention in woman battering. In J. L. Edleson & Z. C. Eisikovits (Eds.), Future interventions with battered women and their families (pp.216-223). Thousand Oaks, CA: Sage.

Elliot, F. A. (1988). Neurological factors. In V. B. Van Hasselt, R L. Morrison, A. S. Bellack, & M. Herson (Eds.), Handbook of family violence (pp.359-382). New York: Plenum.

Erickson, M. H. (1980). The collected papers of Milton H. Erickson on hypnosis (Vol.4, Ernest L. Ross, Ed.). New York: Irvington.

Fagan, J. (1989). Cessation of family violence: Deterrence and dissuasion. In L. Ohlin & M. Tonry (Eds.), Family violence (pp.377-425). Chicago: University of Chicago Press.

Fagan, J. (1993). Set and setting revisited: Influences of alcohol and illicit drugs on the social context of violent events. Rockville, MD: National Institute on Alcohol Abuse and Alcoholism Research.

Feder, L., & Forde, D. R. (2000, June). A test of the efficacy of court-mandated counseling for domestic violence offenders: The Broward Experiment. Executive summary of final report. Washington, DC: National Institute of justice.

Feldbau-Kohn, S., Heyman, R E., & O'Leary, K. D. (1998). Major depressive disorder and depressive symptomatology as predictors of husband to wife physical aggression. Violence and Victims, 13, 347-360.

Geffner, R., & Mantooth, C. (1999). Ending spouse/partner abuse: A psychoeducational approach for individuals and couples. New York: Springer.

Gelles, R. J. (1983). An exchange/social control theory. In D. Finkelhor, R. J. Gelles, G. T. Hotaling, & M. A. Straus (Eds.), The dark side of families: Current family violence research (pp.151-165). Beverly Hills, CA: Sage.

Gingerich, W. J., & Eisengart, S. (2000). Solution-focused brief therapy: A review of the outcome research. Family Process, 39, 477-498.

Glaser, B., & Strauss, A. L. (1967). The discovery of grounded theory: Strategies for qualitative research. Chicago: Aldine.

Goldman, J., & Baydanan, M. (1990). Solution Identification Scale. Denver, CO: Peaceful Alternatives in the Home.

Goldner, V. (1992, March/April). Making room for both/and. The Family Therapy Networker, 55-61.

Gondolf, E. W. (1988). Who are those guys? Toward a behavioral typology of batterers. Violence and Victims, 3, 187-203.

Gondolf, E. W. (1990). An exploratory survey of court-mandated batterer programs. Response, 13, 7-11.

Gondolf, E. W. (1991). A victim-based assessment of court-mandated counseling for batterers. Criminal Justice Review, 16, 214-226.

Gondolf, E. W. (1997). Expanding batterer program evaluation. In G. Kaufman Kantor & J. L. Jasinski (Eds.), Out of the darkness: Contemporary perspectives on family violence (pp.208-218). Thousand Oaks: CA: Sage. References 243.

Gondolf, E. W. (1999). MCMI-III results for batterer program participants in four cities: Less "pathological" than expected. Journal of Family Violence, 14, 117.

Gondolf, E. W. (2000). Human subject issues in batterer program evaluation. In S. W. Ward & D. Finkelhor (Eds.), Program evaluation and family violence research (pp.273-297). Binghamton, NY: Haworth.

Gondolf, E. W., & White, R J. (2001). Batterer program participants who repeatedly reassault: Psychopathic tendencies and other disorders. journal of Interpersonal Violence, 16, 361-380.

Gondolf, E. W., Yllö, K., & Campbell, J. (1997). Collaboration between researchers and advocates. In G. Kaufman Kantor & J. L. Jasinski (Eds.), Out of the darkness: Contemporary perspectives on family violence (pp.255-267). Thousand Oaks: CA: Sage.

Green, J. W. (1995). Cultural awareness in the human services. Needham Heights, MA: Allyn and Bacon.

Hamberger, L. K., & Hastings, J. E. (1990). Recidivism following spouse abuse abatement counseling: Treatment implications. Violence and Victims, 5, 157-170.

Hanson, B. (2002). Interventions for batterers: Program approaches, program tensions. In A. R. Roberts (Ed.), Handbook of domestic violence intervention strategies: Policies, programs, and legal remedies (pp.419-448). New York: Oxford University Press.

Harris, G., Rice, M., & Quinsey, V. (1993). Violent recidivism of mentally disordered offenders: The development of a statistical prediction instrument. Criminal justice and Behavior, 20, 315-335.

Hart, B. (1994). Lethality and dangerousness assessments. Violence Update, 4, 7-8.

Hastings, J. E., & Hamberger, L. K. (1988). Personality characteristics of spouse abusers: A controlled comparison. Violence and Victims, 3, 31-47.

Heron, W. G., Javier, R. A., McDonald-Gomez, M., & Adlerstein, L. K. (1994). Sources of family violence. Journal of Social Distress and the Homeless, 3, 213-228.

Heyman, R. E., O'Leary, K. D., & Jouriles, E. N. (1995). Alcohol and aggressive personality styles: Potentiators of serious physical aggression against wives? Journal of Family Psychology, 9, 44-57.

Ho, M. K. (1993). Family therapy with ethnic minorities. Newbury Park, CA: Sage.

Holtzworth-Munroe, A., & Stuart, G. L. (1994). Typologies of male batterers: Three subtypes and the differences among them. Psychological Bulletin, 116, 476-497.

Holtzworth-Munroe, A., Stuart, G. L., & Hutchinson, G. (1997). Violent versus nonviolent husbands: Differences in attachment patterns, dependency, and jealousy. Journal of Family Psychology, 11, 314-331.

Homans, G. C. (1967). Fundamental social processes. In N. Smelser (Ed.), Sociology (pp.549-593). New York: Wiley.

Hotaling, G. T., & Sugarman, D. B. (1986). An analysis of risk markers in husband to wife violence: The current state of knowledge. Violence and Victims, 1, 101-124.

Hudson, W. W. (1992). The WALMYR Assessment Scales Scoring Manual. Tempe, AZ: WALMYR.

Jacobson, N.J., & Gottman, J. (1998). When men batter women: New insights into ending abusive relationships. New York: Simon and Schuster.

Jenkins, A. (1990). Invitations to responsibility: The therapeutic engagement of men who are violent and abusive. Adelaide, South Australia: Dulwich Centre Publications.

Johnson, H. C. (1996). Violence and biology: A review of literature. Families in Society: The Journal of Contemporary Human Services, 77, 3-18.

Kaci, J. H., & Tarrant, S. (1988). Attitudes of prosecutors and probation departments toward diversion in domestic violence cases in California. Journal of Contemporary Criminal Justice, 4, 187-200.

Kantor, G., & Straus, M. A. (1987). The "drunken bum" theory of wife beating. Social Problems, 34, 213-230.

Katz, J. (1985). The sociopolitical nature of counseling. Counseling Psychologist, 13, 615-624.

Kaufman, J., & Ziegle, E. (1987). Do abused children become abusive parents? American Journal of Orthopsychiatry, 57, 186-192.

Kaufman, G. Kantor. (1993). Refining the brush strokes in portraits of alcohol and wife assaults. In Alcohol and interpersonal violence: Fostering multidisciplinary perspectives (NIH Research Monograph No. 24, pp.281-290). Rockville, MD: U.S. Department of Health and Human Services.

Keeney, B. P., & Thomas, F. N. (1986). Cybernetic foundations of family therapy. In F. P. Piercy & D. H. Sprenkle (Eds.), Family therapy sourcebook (pp.262-287). New York: Guilford.

Kernis, M. H., & Sun, C.-R (1994). Narcissism and reactions to interpersonal feedback. Journal of Research in Personality, 28, 4-13.

Kropp, P. R., Hart, S. D., Webster, C. D., & Eaves, D. (1999). Spousal assault risk assessment guide: User's manual. North Tonawanda, NY: Multi-Health Systems.

Kurz, D. (1997). Violence against women or family violence? Current debates and future directions. In L. L. O'Toole & J. Schiffman (Eds.), Gender violence: Interdisciplinary perspectives (pp.443-453). New York: New York University Press.

Lax, W. D. (1996). Narrative, social constructivism, and Buddhism. In H. Rosen & K. T. Kuehlwein (Eds.), Constructing realities; Meaning-making perspectives for psychotherapists (pp.195-220). San Francisco: Jossey-Bass.

Lee, M. Y. (1997). A study of solution-focused brief family therapy: Outcome and issues. American Journal of Family Therapy, 25, 3-17.

Lee, M. Y. (2000). Understanding Chinese battered women in North America: A review of the literature and practice implications. Journal of Ethnic and Cultural Diversity in Social Work, 8, 215-241.

Lee, M. Y., & Greene, G. J. (2002, February). A teaching framework of transformative multicultural social work education. Paper presented at the 48th annual conference of the Council of Social Work Education, Nashville, TN.

Lee, M. Y., Greene, G. J., & Rheinscheld, J. (1999). A model for short-term solution focused group treatment of male domestic violence offenders. Journal of Family Social Work, 3, 39-57.

Lee, M. Y, Greene, G.J., Uken, A., Sebold, J., & Rheinscheld, J. (1997, July). Solution-focused brief group treatment: A viable modality for treating domestic References 245 violence offenders? Paper presented at the 5th International Family Violence Research Conference, Durham, NH.

Levinson, D. (1989). Family violence in cross-cultural perspective (Vol. 1). Newbury Park, CA: Sage.

Lincoln, Y. S. & Guba, E. G. (1985). Naturalistic inquiry. Thousand Oaks, CA: Sage.

Lindsey, M., McBride, R W., and Platt, C. M. (1993). AMEND: Philosophy and curriculum for treating batterers. Littleton, CO: Gylantic.

Lipchik, E., Kubicki, A. D. (1996). Solution-focused domestic violence views: Bridges toward a new reality in couples therapy. In S. D. Miller, M. A. Hubble, & B. L. Duncan (Eds.), Handbook of solution-focused brief therapy. (pp.65-98). San Francisco, CA: Jossey-Bass.

Lloyd, S. A. (1999). The interpersonal and communication dynamics of wife battering. In X. B. Arriagapa & S. Oskamp (Eds.), Violence in intimate relationships (pp.91-111). Thousand Oaks, CA: Sage.

Ma, J.L.C. (1998, October). Cultural construction of the roles and functions of family therapists: The Hong Kong experience. Paper presented at the Second Pan Asia-Pacific Conference on Mental Health, Beijing.

Margolin, G. (1979). Conjoint marital therapy to enhance anger management and reduce spouse abuse. American Journal of Family Therapy, 7, 13-23.

Martin, D. (1976). Battered wives. San Francisco, CA: Glide.

McNeill, M. (1987). Domestic violence: The skeleton in Tarasoff's closet. In D. J. Sonkin (Ed.), Domestic violence on trial: Psychological and legal dimensions of family violence (pp.197-217). New York: Springer.

Mederos, F. (1999). Batterer intervention programs: The past and future prospects. In M. F. Shepard & E. L Pence (Eds.), Coordinating community responses to domestic violence: Lessons from Duluth and beyond (pp.127-150). Thousand Oaks, CA: Sage.

Miller, G. (1997). Becoming miracle workers: Language and meaning in brief therapy. New York: Aldine de Gruyter.

Milner, J. S., & Campbell, J. C. (1995). Prediction issues for practitioners. In J. C. Campbell (Ed.), Assessing dangerousness: Violence by sexual offenders, batterers, and child abusers (pp.20-40). Thousand Oaks, CA: Sage.

Monahan, J. (1996). Violence prediction: The past twenty and the next twenty years. Criminal Justice and Behavior, 23, 107-119.

Mulvey, E. P., & Lidz, C. W. (1993). Measuring patient violence in dangerousness research. Lawand Human Behavior, 17, 277-278.

Murphy, C. M., & Baxter, V. A. (1997). Motivating batterers to change in the treatment context. Journal of Interpersonal Violence, 12, 607-619.

Nardone, G., & Watzlawick, P. (1993). The art of change. San Francisco: Jessey Bass.

Neimeyer, R A., & Mahoney, M. J. (1993). Constructivism in psychotherapy. Washington, DC: American Psychological Association.

O'Hanlon, W., & Wilk, J. (1987). Shifting contexts: The generation of effective psychotherapy. New York: Guilford.

O'Leary, K. D. (1993). Through psychological lens: Personality traits, personality disorders, and level of violence. In R. Gelles & D. Loseke (Eds.), Current controversies on family violence (pp.7-30). Newbury Park, CA: Sage.

O'Leary, K. D. (1988). Physical aggression between spouses: A social learning theory perspective. In V. B. Van Hasselt, R. L. Morrison, A. S. Bellack, & M. Hersen (Eds.), Handbook of family violence (pp.31-56). New York: Plenum.

Pence, E., & Paymar, M. (1993). Education groups for men who batter: The Duluth model. New York: Springer.

Quinsey, V., Harris, G., Rice, M., & Lalumiere, M. (1993). Assessing treatment efficacy in outcome studies of sex offenders. Journal of Interpersonal Violence, 8, 512-523.

Rappaport, J. (1985, fall). The power of empowerment language. Social Policy, 1521. Rees, S. (1998). Empowerment of youth. In L. M. Gutierrez, R.J. Parsons, & E. O. Cox (Eds.), Empowerment in social work practice: A sourcebook_ (pp.130-145). Pacific Grove, CA: Brooks/Cole.

Rice, M. E. (1997). Violent offender research and implications for the criminal justice system. American Psychologist, 52, 414-423.

Roberts, A R., & Kurst-Swanger, K. (2002). Court responses to battered women and their children. In A R. Roberts (Ed.), Handbook of domestic violence intervention strategies: Policies, programs, and legal remedies (pp.127-146). New York: Oxford University Press.

Rosen, H., & Kuehlwein, K T. (Eds.). (1996). Constructing realities: Meaning-making perspectives for psychotherapists. San Francisco: Jossey-Bass.

Rosenbaum, A., Hoge, S. K, Adelman, S. A, Warnken, W.J., Fletcher, K E., & Kane, R. L. (1994). Head injury in partner-abusive men. Journal of Consulting and Clinical Psychology, 62, 1187-1193.

Rosenbaum, A, & O'Leary, K D. (1986). The treatment of marital violence. In N. S. Jacobson & A S. Gurman (Eds.), Clinical handbook of marital therapy (pp.385-405). New York: Guilford.

Rosenfeld, B. (1992). Court-ordered treatment of spouse abuse. Clinical Psychology Review, 12, 205-226.

Rossi, P., & Freeman, H. (1989). Evaluation: A systematic approach. Newbury Park, CA: Sage.

Russell, M. N. (1995). Confronting abusive beliefs: Group treatment for abusive men. Thousand Oaks, CA: Sage.

Saleebey, D. (1997). Introduction: Power in the people. In D. Saleebey (Ed.), The strengths perspective in social work practice (2nd ed., pp.3-19). New York: Longman.

Saunders, D. G. (1990). Issues in conducting treatment research with men who batter. In G. T. Hotaling, D. Finkelhor, J. T. Kirkpatrick, & M. A Straus (Eds.), Coping with family violence: Research and policy perspectives (pp.145-156). Newbury Park, CA: Sage.

Saunders, D. G. (1995). Prediction of wife assault. In J. C. Campbell (Ed,), Assessing dangerousness: Violence by sexual offenders, batterers, and child abusers (pp.68-95). Thousand Oaks, CA: Sage.

Saunders, D. G. (1996). Feminist-cognitive-behavioral and process-psychodynamic treatments for men who batter: Interaction of abuser traits and treatment models. Violence and Victims, 11, 393-413.

Saunders, D. G., & Azar, S. T. (1989). Treatment programs for family violence. In L. Ohlin & M. Tonry (Eds.), Family violence: Crime and justice: A review of research (Vol. 11, pp.481-545). Chicago: University of Chicago Press. References 247.

Schechter, S. (1982). Women and male violence: The vision and struggles of the battered women's movement. Boston, MA: South End Press.

Schwandt, T. A. (1994). Constructivist, interpretivist approaches to human inquiry. In N. K. Denzin & Y. S. Lincoln (Eds.), Handbook of qualitative research (pp.118-137). Thousand Oaks, CA: Sage.

Schwartz, M. D., & DeKeseredy, W. S. (1997). Sexual assault on the college campus: The role of male peer support. Thousand Oaks, CA: Sage.

Shepard, M. F. (1992). Predicting batterer recidivism five years after community intervention. Journal of Family Violence, 7, 167-178.

Shepard, M. F., & Campbell,J. A. (1992). The abusive behavior inventory: A measure of psychological and physical abuse. Journal of Interpersonal Violence, 7, 291-305.

Skinner, B. F. (1953). Science and human behavior. New York: Macmillan.

Small, S. A. (1995). Action-oriented research: Models and methods. Journal of Marriage and the Family, 57, 941-955.

Sonkin, D. J. (1995). The counselor's guide to learning to live without violence. Volcano, CA: Volcano Press.

Steinman, M. (1988). Evaluating a system-wide response to domestic violence: Some initial findings. Journal of Contemporary Criminal Justice, 4, 172-186.

Stets, J. E., & Straus, M. A. (1990). Gender differences in reporting marital violence and its medical and psychological consequences. In M. A. Straus & R. J. Gelles (Eds.), Physical violence in American families: Risk factors and adaptations to violence in 8,145 families (pp.151- 165). New Brunswick, NJ: Transaction.

Straus, M. A. (1990). Social stress and marital violence in a national sample of American families. In M. A. Straus & R. J. Gelles (Eds.), Physical violence in American families: Risk factors and adaptations to violence in 8,145 families (pp.181-20D. New Brunswick, NJ: Transaction.

Straus, M. A. (1996). Identifying offenders in criminal justice research on domestic assault. In E. S. Buzawa & C. G. Buzawa (Eds.), Do arrests and restraining orders work? (pp.14-29). Thousand Oaks, CA: Sage.

Straus, M. A, & Gelles, R. J. (Eds.). (1990). Physical violence in American families: Risk factors and adaptations to violence in 8,145 families. New Brunswick, NJ: Transaction.

Straus, M. A., Gelles, R. J., & Steinmetz, S. (1980). Behind closed doors: Violence in the American family. Garden City, NY: Anchor.

Sue, D. W., & Sue, D. (1990). Counseling the culturally different: Theory and practice. New York: Wiley.

Tolman, R. M. (1989). The development of a measure of psychological maltreatment of women by their male partners. Violence and Victims, 4, 159-177.

Tolman, R. M., & Bennett, L. W. (1990). A review of quantitative research on men who batter. Journal of Interpersonal Violence, 5, 87-118.

Tolman, R. M., & Edleson, J. L. (1995). Intervention for men who batter: A review of research. In S. Stith & M. A. Straus (Eds.), Understanding partner violence: Prevalence, causes, consequences, and solutions (pp.262-274). Minneapolis, MN: National Council on Family Relations.

Troemel-Ploetz, S. (1977). "She is just not an open person": A linguistic analysis of a restructuring intervention in family therapy. Family Process, 16, 339352.

Uken, A., & Sebold, J. (1996). The Plumas Project: A solution-focused goal directed domestic violence diversion program. Journal of Collaborative Therapies, 4, 10-17.

Valliant, G. (1982). The natural history of alcoholism. Cambridge, MA: Harvard University Press.

Vivian, D., & Malone, J. (1997). Relationship factors and depressive symptomatology associated with mild and severe husband-to-wife physical aggression. Violence and Victims, 12, 3-18.

Walker, L. (1984). The battered woman syndrome. New York: Springer.

Wallace, J., Vitale, J., & Newman, J. (1999). Response modulation deficits: Implications for the diagnosis and treatment of psychopathy. Journal of Cognitive Psychotherapy, 13, 55-70.

Walter, J. L., & Peller, J. E. (1992). Becoming solution-focused in brief therapy. New York: Brunner/Mazel.

Warrior, B. (1976). Wife beating. Somerville, MA: New England Free Press.

Watzlawick, P., Weakland, J. H., & Fisch, R. (1974). Change, principles of problem formulation and problem resolution. New York: Norton.

Weisz, A N., Tolman, R. M., & Saunders, D. G. (2000). Assessing the risk of severe domestic violence: The importance of survivors' predictions. Journal of Interpersonal Violence, 15, 75-90.

Wesner, D., Patel, C., & Allen, J. (1991). A study of explosive rage in male spouses counseled in an Appalachian mental health clinic. Journal of Counseling and Development, 70, 235-241.

Wexler, D. B. (1999). Domestic Violence 2000: An integrated skills program for men. Group leader's manual and resources for men. New York: Norton.

Williams, O. J. (1995). Treatment for African American men who batter. CURA Reporter, 25, 610.

Williams, O. J., & Becker, L. R. (1994). Partner abuse programs and cultural competence: The results of a national study. Violence and Victims, 9, 287-295.

Wilson, M., & Daly, M. (1993). Spousal homicide risk and estrangement. Violence and Victims, 8, 3-17.

Wittgenstein, L. (1958). Philosophical investigation (G.E.M. Anscombe, Trans.). New York: Macmillan.

Wolfgang, M., & Ferracuti, F. (1982). The subculture of violence (2nd ed.). London: Tavistock.

Yalom, I. D. (1995). The theory and practice of group psychotherapy. New York: Basic Books.

Yllö, K., & Straus, M. A. (1990). Patriarchy and violence against wives: The impact of structural and normative factors. In M. A. Straus & R. J. Gelles. (Eds.), Physical violence in American families: Risk factors and adaptations in 8,145 families (pp.383-399). New Brunswick, NJ: Transaction.

Zeig, J. K. (1985). Ericksonian psychotherapy: Vol. 1. Structures. New York: Brunner/Mazel.

訳者あとがき

　本書は，Solution-Focused Treatment of Domestic Violence Offenders: Accountability for Change（Oxford University Press, 2003）の全訳である。ドメスティック・バイオレンス加害者のグループ治療に解決志向アプローチを用いる「プルマス・プロジェクト」の実施報告であると同時に，現場に役立つグループ・カウンセリングの詳細な実践マニュアルでもある。

　ドメスティック・バイオレンスは，その報告件数が日本でも増加の一途をたどっている社会問題である。被害者への対策は支援者や臨床家の献身的努力によって，多様かつ有効に行われつつある一方，加害者への支援や治療プログラムは遅れ気味で，ドメスティック・バイオレンスに対する先駆的な取組みがなされている米国でもさらに有効なプログラムが必要とされている状況である（序論，10章）。

　私ども訳者は幸運にも，このプロジェクトの哲学である解決志向療法の創始者スティーヴ・ディ・シェイザー Steve de Shazer とインスー・キム・バーグ Insoo Kim Berg にワークショップやその他の機会を通じて直接接することができ，著書も訳出した。お二人の思想が本書の著者たちに脈々と受け継がれていることに感動を覚えるものである。彼らはファシリテーターとして，参加者の持つ些細な可能性を見逃さず，小さな一歩からそれを拡大していこうと取り組んでいる。

　さて，プルマス・プロジェクトのグループは，男女8名〜12名の参加者と男女各1名のファシリテーターで構成され，3カ月間に8回（1時間／1回）のセッションを行う。1991年から2002年にかけて14グループが行われ，参加者の暴力再発率が低く人間関係に肯定的変化が顕著であるという好結果を得ている（10章）。

3カ月8回という短期のプログラムであることも特筆すべき点ではあるが，本プログラムの特色は何よりもドメスティック・バイオレンス加害者への関わりにある。加害者を「非難せず」「問題に深入りせず」「尊重する」。本プログラムも先行するDV加害者治療プログラムの蓄積の上に築きあげられたものであるが，一見，被害者や子どもたちに深刻なダメージを与えたDV加害者への治療姿勢としてはふさわしくないようにも思える。しかし従来のプログラムはときに加害者に対して，加害への反省やパーソナリティの問題への取り組みを通して変化をもたらそうとするあまり，有効な変化が現れる前に参加者のプログラムからの脱落を招いてしまうことがあった。このプログラムでは，すでに法的裁定を受けている加害者に対して，治療者は暴力問題への取り組みを強いるのではなく，「参加者こそが解決の答えをもっており」「変化＝新しい人生への責任を担ってもらう」という一貫した姿勢をとる。
　その有効性は，参加者の感想によく現れている。

> 「最初8週間のクラスが始まった時は，なぜ私たちがこのクラスに来させられたかが話の中心になると思っていた。驚いたことに，ここでは私たちがなぜこのクラスにいるかには全く無関係に，各人のゴールについて作業した」
> 「ここは長期的なゴールを設定して自己学習するクラスですが，簡単なゴールから始めるので，自分の生活を本当に変えることができます。テレビのリモコンをゆずり合うことがこんなに喜びをもたらすものなのかとか，皿洗いという単純なことが日常生活をこれほど豊かにするなんて誰が想像したでしょうか」

　米国のように，加害者に対する裁判所命令の一つとしてDV加害者プログラムへの参加を義務付ける制度がない日本では，本書通りのプログラム実施は難しいと思われるが，私ども訳者は，このプロジェクトが今後の日本における加害者支援と再発防止に有効なプログラムの一つとして，当該分野の臨床家・支援者の皆様のお目にとまることを願って訳出した。
　また，解決志向アプローチは，日本では「短期・簡便」な治療として紹介されてきた。本書でもそのシンプルな哲学は同様なものの，攻撃的な加害者を前にして毅然として変化への希望を維持し，非病理的な視点を貫くファシリテーターには高度な臨床能力が求められることがわかる。著者たちは，解決志向グループ・セラピーの支援姿勢が，DV加害者への臨床／暴力やパーソナリティの問題への

対応という困難な状況においても効果があることを示すことで，「問題」を超えて，「解決」と「変化」を構築する参加者自身の力を信頼することの普遍的な重要性を強調している。本書に登場する事例におけるファシリテーターのさまざまな工夫は，教育現場，医療現場，職場の人間関係などにおいても，前向きな姿勢のあり方・生きかたを支援していくうえで，参考になる点が多いと考えるものである。

　本書を通して，加害者臨床における解決志向の理念が共有され，日本においてもこのプログラムがDV加害者治療の選択肢の一つとして育っていくことを期待している。

　本書を訳出するにあたって，忍耐強く協力を惜しまず細部をチェックして助けて下さった阿部ひろみさん，稲垣紀代さん，桐田弘江さん，西山昌子さん，Harue Nicholsさん，Marshall Nicholsさんに深く感謝している。金剛出版の高島徹也氏には出版者として以上の内容理解を示していただき，大いに力づけられたことを申し添えたい。

住谷祐子・玉真慎子

索 引
Index

人名索引

Adams, D. 17
Anderson, K. L. 267
Arias, I. 263, 264
Aronsson, K. 167
Asay, T. P. 236
Bandura, A. 263
Bateson, G. 22, 23, 28
Baydanan, M. 221
Becvar, D. S. 23
Belenky, M. F. 26
Bennett, L. W. 19, 52, 213, 214, 259, 260
Berger, P. L. 20
Berg, I. K. 22-27, 37, 40, 54, 170, 177, 178, 180, 201, 210
Blount, R. W. 52
Bograd, M. 18
Cadsky, O. 19, 223
Campbell, J. C. 34, 35, 215, 223, 257
Cantwell, P. 26
Charmaz, K. 229
Chornesky, A. 265
Chung, D. K. 207
Davis, R. C. 20, 214
de Becker, G. 34
Dejong, P. 25, 40, 177, 178
DeMaris, A. 215
de Shazer, S. 22-24, 27, 36, 37, 169, 177, 221
Dobash, R. E. 265
Dolan, Y. M. 22, 27, 221
Doumas, D. 263

Dunford, F. 213, 272
Dutton, D. G. 17, 19, 34, 214, 264, 266
Edleson, J. L. 19, 213, 214, 256, 257
Eisikovits, Z. C. 256, 257
Elliot, F. A. 264
Erickson, M. H. 22, 45
Fagan, J. 216, 265
Feder, L. 20, 214
Feldbau-Kohn, S. 264
Geffner, R. 18
Gelles, R. J. 223, 263, 266, 267
Gingerich, W. J. 216
Glaser, B. 229
Goldman, J. 221
Goldner, V. 256
Gondolf, E. W. 19, 34-36, 213-216, 251, 257, 264
Greene, G. J. 19, 23, 27, 260
Hamberger, L. K. 17, 19, 264
Hanson, B. 19, 20, 213
Hart, B. 34, 214
Hastings, J. E. 17, 19, 264
Heron, W. G. 267
Heyman, R. E. 52, 264
Holtzworth-Munroe, A. 17, 34, 255, 264
Homans, G. C. 267
Ho, M. K. 210
Hotaling, G. T. 19, 264
Hudson, W. W. 220, 221
Jacobson, N. J. 34
Jenkins, A. 19
Johnson, H. C. 264

283

Kaci, J. H. 257
Kantor, G. 17
Katz, J. 32
Kaufman, J. 263
Kaufman G. Kantor 255, 265
Keeney, B. P. 23
Kernis, M. H. 19
Kropp, P. R. 34, 214
Kurz, D. 266
Lax, W. D. 148
Lee, M. Y. 19, 23, 27, 210, 221, 260
Levinson, D. 265
Lincoln, Y. S. 229
Lindsey, M. 18
Lipchik, E. 18
Lloyd, S. A. 17, 266
Ma, J. L. C. 210
Margolin, G. 17, 263, 266
Martin, D. 18
Mederos, F. 17, 18
Miller, G. 22, 24-26, 37, 210
Milner, J. S. 35
Mulvey, E. P. 214
Murphy, C. M. 19, 27
Nardone, G. 169
Neimeyer, R. A. 26
O'Hanlon, W. 47
O'Leary, K. D. 18, 52, 263, 264
Pence, E. 17, 18
Quinsey, V. 35, 214
Rappaport, J. 24
Rees, S. 24
Rice, M. E. 34, 35, 214
Roberts, A. R. 16
Rosen, H. 26
Rosenbaum, A. 18, 264
Rosenfeld, B. 19, 213
Rossi, P. 215
Russell, M. N. 18
Saleebey, D. 24, 25
Saunders, D. G. 18-20, 31, 34, 213, 223, 255, 259, 264
Schechter, S. 16
Schwandt, T. A. 256

Schwartz, M. D. 267
Sebold, J. 19, 23
Shepard, M. F. 20, 213, 215, 223
Skinner, B. F. 263
Small, S. A. 216
Sonkin, D. J. 18
Steinman, M. 257
Stets, J. E. 266
Straus, M. A. 17, 34, 223, 229, 255, 263, 265, 266
Sue, D. W. 206
Tolman, R. M. 19, 31, 52, 213-215
Uken, A. 19, 23
Valliant, G. 216
Vivian, D. 264
Walker, L. 18, 259
Wallace, J. 34
Walter, J. L. 24
Warrior, B. 18
Watzlawick, P. 28, 169
Weisz, A. N. 31, 34
Wesner, D. 52
Wexler, D. B. 18
Williams, O. J. 259, 260
Wilson, M. 34
Wittgenstein, L. 24
Wolfgang, M. 267
Yalom, I. D. 148
Zeig, J. K. 22

事項索引

あ

遊び心 6, 157, 163-165, 173, 174, 189
アセスメント
　危険── 34
　従来の── 32, 33, 35-38
アルコール 34, 47,
　　52-54, 60, 182, 183, 185, 187-189, 219, 220,
　　228, 235, 243, 246-249, 255, 265, 270
怒りの処理（アンガー・マネジメント）
　.. 17, 18, 40, 238
インテイク 5, 14,
　　19, 42, 183, 192, 199, 200, 215, 219

円環的関係 23
エンパワーの言葉 24

か
解決構築 22, 23, 25, 27, 169, 174
解決探し 148
解決志向
　──アセスメント 31, 38, 39
　──アプローチ 14, 21, 24,
　　　28, 38, 64, 65, 169, 177, 189, 200, 208-210,
　　　216, 223, 232, 249, 251, 256, 261
　──モデルの仮定 45
解決度確認尺度（Solution Identification Scale, SIS）
　　　.. 221, 223-225
加害者の再教育 17
家族システム 16-18, 266
家父長的信念 16, 17, 32, 266, 267
関係性の質問 170
義務的参加者 72, 73, 157, 176-181
教育的／社会的コントロールモデル 21
境界性パーソナリティ障害 19, 54
共働作業 71, 93, 107, 176, 177, 216
協力的アプローチ 26
グループ・ルール 6, 48, 54, 58, 74, 181, 211, 249
傾　聴 44, 165-167, 177, 237, 250, 259
ゴール
　ウェルフォームド・── 29, 75, 82, 90-93, 109, 130
　市民として正しい（politically correct）── 96
　主要な── 130
　漠然としたゴール 80
　──達成 29, 48-50, 53, 63, 71, 77, 82, 137, 139,
　　　140, 141, 147, 152, 154, 166, 167, 170, 171, 201
　──作りの課題 73, 74
　──作りの過程 76, 159, 169
　──の定義 74
　──の評価 80, 126
　──の有効性 75, 80, 119
個人的視点 17
コミュニケーション・スキル 18, 245
コンプリメント 38, 47

さ
最初のコンタクト 5, 41, 159

裁判所命令 3, 5, 27, 39, 42, 136, 176, 200, 213,
　　　232, 235, 254, 258
再犯率 6, 7, 19, 20, 201, 213-215,
　　　217, 222, 223, 225-228, 248, 249, 251, 259
ジェンダー 17, 255, 256, 260, 266, 267
自己愛性パーソナリティ障害 19, 54, 200, 219
自己成就的予言 24, 37, 252
自信の言語 137
システム的視点 22, 23
自尊心評価の指標（Index of Self-Esteem, ISE）
　　　.. 220, 221, 224, 225
実証主義的パラダイム 32, 33
児童期の虐待経験 219, 228, 248, 249
社会構成主義 26
社会的学習理論 263, 264
宿　題 4, 14, 29, 49, 50, 58-63, 93, 94, 139,
　　　152, 171, 205, 211, 212, 240, 247, 268-270
守秘義務 59, 208, 210, 269
所有の質問 140, 172, 173
知らない姿勢 6, 41, 56, 115, 157, 158, 160, 209
スケーリング・クエスチョン 69, 77, 91, 117,
　　　133, 137, 146, 170
ストレス・マネジメント 18, 86, 87, 90
成功の言語 136, 139, 141
精神障害 33,
　　　35, 36, 50-52, 54, 55, 200-202, 205, 219, 228
精神病理学 36, 264
説明責任 13, 21, 25
全人的可能性 200
選択の質問 141
選択の重要性 39
創造性 66, 67
ソリューション・トーク 21, 22, 24, 92

た
他者のコミュニティ 141, 148, 209
脱落率 107, 215, 249
タラソフ判例 31
チーム 6, 64, 65, 67, 69, 70, 198, 205
長所に関する質問 180
長所の語彙目録（lexicon of strength） 24
抵　抗 34, 40, 53, 72, 73, 83, 92, 93,
　　　106-108, 162, 177, 190, 193, 207, 252

敵　意 40, 41, 176, 190, 194-199, 204
伝統的グループモデル 6, 148
伝統的心理療法モデル 92
動機づけ 18, 26, 27, 41, 63, 100,
　　　　　139, 144, 154, 170, 188, 207, 209, 233, 244
統合失調症 54, 200
ドゥルース・モデル（Duluth Model）....... 20, 213

な
認知行動的アプローチ 18, 37
脳器質性障害 55, 204
パーソナリティ研究 19
配偶者危険誘発アセスメント（SARA）............ 34
反社会性パーソナリティ障害 199, 200, 204, 219

は
評価的質問 165-168, 170, 172
「表面的」行動 51, 52, 56
表面に留まる 24, 38, 39
ファシリテーターの役割 ... 27, 43, 149, 150, 177, 193
フェミニズム 16-18, 20, 213, 259, 265-267
　　　──的視点 17, 18
ブラックホール 174, 175
ブリーフ・ファミリー・セラピー・センター（BFTC）
　　　　　.. 5, 201, 221, 262
プルマス・プロジェクト（Plumas Project）..... 28, 216
プロブレム・トーク 21, 23, 25, 36, 37, 61,
　　　　　65, 92, 101, 131, 132, 175

ブロワード実験（Broward Experiment）............ 20
暴力の世代間伝達 263, 264
暴力被害女性運動（battered women's movement）... 16

ま
マイノリティ 206-211
ミニマリスト・アプローチ 28
面目を保つ技法 210, 211

や
薬物乱用 17, 34, 35, 50-52,
　　　　　182, 219, 220, 235, 247, 255
勇気づける 28, 80, 162, 237, 250

ら
ラベル付け 13, 24
リスク・マーカー 34, 35, 264
類型学 33, 34, 36
例　外 5, 22, 23, 27, 29, 45, 46, 48, 53,
　　　　　56, 69, 82, 101, 104, 132, 134, 169, 170, 187
分かち合いの言語 148, 151

アルファベット
DSM-Ⅳ 200, 204, 219, 228, 247, 249, 255
EMERGE 16
PATH（Peaceful Alternatives in the Home）......... 221

訳　者

玉真慎子（たまま・しんこ）…………………… カウンセリング SoFT
住谷祐子（すみや・ゆうこ）………… 元葵橋ファミリー・クリニック

DV加害者が変わる
解決志向グループセラピー実践マニュアル

| 印　刷 | …………………………………………… 2012 年 9 月 20 日 |
| 発　行 | …………………………………………… 2012 年 9 月 30 日 |

著　者……………………………………… モー・イー・リー
　　　　　　　　　　　　　　　　　　　ジョン・シーボルド
　　　　　　　　　　　　　　　　　　　エイドリアナ・ウーケン

訳　者……………………………………………… 玉真慎子
　　　　　　　　　　　　　　　　　　　　　　住谷祐子

発行者……………………………………………… 立石正信
発行所………………………………………… 株式会社 金剛出版
　　　　　　〒 112-0005 東京都文京区水道 1-5-16
　　　　　　電話 03-3815-6661　振替 00120-6-34848

印刷・製本………………………………………… シナノ印刷

ISBN978-4-7724-1267-4　C3011　©2012　Printed in Japan

好評既刊

DVにさらされる子どもたち
R・バンクロフト，J・G・シルバーマン著　幾島幸子訳

加害者としての親が子どもたち，さらには家族の人間関係のあり方全般に及ぼす影響を分析し，加害者更正プログラムを提示する。　2,940円

DV被害女性を支える
S・ブルースター著　平川和子監修・解説　和歌山友子訳

自らもDV被害の体験をもつ著者が，DV被害女性を支えるために必要な原則をわかりやすくまとめたガイドブック。　2,730円

家族支援ハンドブック
I・K・バーグ著　磯貝希久子監訳

「家族」という視点を中心に，面接の進め方とそのハウツー，アイデアや注意事項を数多くのケースをもとに事細かに紹介したマニュアル。　4,620円

解決のための面接技法〈第3版〉
P・ディヤング，I・K・バーグ著／桐田弘江・他訳

実際に著者らとともに面接しているかのように解決構築のための技法が学べる格好の独習書。大幅増頁の大改訂第3版！　5,040円

ブリーフセラピーの技法を越えて
E・リプチック著／宮田敬一，窪田文子，河野梨香監訳

「技法優先で理論が弱い」との誤解を解く，ブリーフセラピー／解決志向アプローチの新たな展開を示す理論／実践書。　3,990円

精神科医のための解決構築アプローチ
藤岡耕太郎著

診察，カンファレンス，トレーニングと多忙をきわめる精神科臨床を効率的で人間的なものに変える，解決構築アプローチ導入の手引き。　2,940円

ブリーフセラピー講義
若島孔文著

ソリューション・フォーカスト・アプローチとMRIアプローチから導かれた新しいブリーフセラピー・モデルを，ワークショップの記録をもとに解説する。　2,730円

金剛出版　http://kongoshuppan.co.jp/